李文
主编

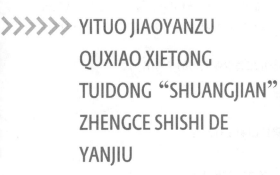

YITUO JIAOYANZU
QUXIAO XIETONG
TUIDONG "SHUANGJIAN"
ZHENGCE SHISHI DE
YANJIU

依托教研组区校协同推动

"双减"政策实施的研究

知识产权出版社
全国百佳图书出版单位
—北京—

图书在版编目（CIP）数据

依托教研组区校协同推动"双减"政策实施的研究 / 李文主编 . —北京：知识产权出版社，2022.12

ISBN 978-7-5130-8485-7

Ⅰ . ①依… Ⅱ . ①李… Ⅲ . ①义务教育—教育政策—研究—石景山区 Ⅳ . ① G522.3 ② G527.13

中国版本图书馆 CIP 数据核字（2022）第 225023 号

内容提要

本书阐述了依托教研组区校协同推动"双减"政策实施的路径与策略，以及教研组"双减"政策实施的研究成果。全书从四个模块展开：依托教研组区校协同推动"双减"政策实施的路径与策略，教研组"双减"课堂提质增效的研究，教研组"双减"作业设计的研究，教研组"双减"课后服务的探索。

本书可以作为中小学校教师及从事教育研究相关专业人士的参考书。

责任编辑：刘晓庆　　　　　　　　**责任印制：孙婷婷**

依托教研组区校协同推动"双减"政策实施的研究
YITUO JIAOYANZU QUXIAO XIETONG TUIDONG "SHUANGJIAN"
ZHENGCE SHISHI DE YANJIU
李　文　主编

出版发行：知识产权出版社 有限责任公司		网　　址：http ://www. ipph. cn	
电　话：010-82004826		http ://www. laichushu. com	
社　址：北京市海淀区气象路 50 号院		邮　编：100081	
责编电话：010-82000860 转 8073		责编邮箱：laichushu@cnipr. com	
发行电话：010-82000860 转 8101		发行传真：010-82000893	
印　刷：北京中献拓方科技发展有限公司		经　销：新华书店、各大网上书店及相关专业书店	
开　本：787mm×1000mm　1/16		印　张：22.5	
版　次：2022 年 12 月第 1 版		印　次：2022 年 12 月第 1 次印刷	
字　数：330 千字		定　价：98.00 元	

ISBN 978-7-5130-8485-7

编　委　会

主　　　编： 李　文

副　主　编： 陈绪峰　赵慧娥

执行副主编： 李爱霞　李　琳

编　　　委：（排名不分先后）

序　言

2021 年 7 月，中共中央办公厅、国务院办公厅印发《关于进一步减轻义务教育阶段学生作业负担和校外培训负担的意见》（以下简称"双减"）。"双减"成为区域教师研修机构及中小学校共同关注与研究的重要主题，也是共同面对的关键问题。

区域教师研修机构是引领教师学习、研究与专业发展的区域教师研修专业组织，在"双减"政策实施中肩负着重要的培训、研究与引领职责。区域教师研修机构如何找到助推"双减"政策实施的切入点，给予区域中小学校以系统、深入、专业的支持，成为区域教师研修机构推动落实"双减"政策的重要问题。中小学校是落实"双减"政策的主阵地，学校"双减"政策实施的路径、方法、策略等都需要进行研究探索与实践，而教研组是教师直接面对的、日常的、关系最为密切的专业组织，在"双减"政策实施中应成为最基础、最关键的组织单位。基于区域、学校及教研组各自职能定位及其在"双减"政策实施中所应发挥作用，并为了使三者实施效益最大化，2021年 9 月，我们经多次研讨确定依托教研组区校协同推动"双减"政策的落实，在石景山区教育系统内开展了大量研究探索。

依托教研组区校协同推动"双减"政策的实施，石景山区主要探索了以下三类模式。

第一，区域研修部门主导、区校协同推动教研组"双减"实施模式。它指的是区域研修部门发起和主导的、区域研修部门与学校和教研组协同推动"双减"政策实施的一种合作研修模式。北京教育学院石景山分院教师培训中心组织举办教研组长"双减"专题研修班，招生对象为区域内中小学校教研组长，分为三个阶段开展研修。第一阶段：对教研组长进行"双减"政策与理论、专题研究方法等的集中研修培训。第二阶段：教研组长领导本组教师开展"双减"专题研修实践，区域教研员在此过程中进行专题研修实践指导，参与听评课、研磨课例、打磨案例、专题研讨等。当然，这个过程中也离不开教研组所在学校的支持。教研组长"双减"专题研修班还组织了一些教研组"双减"专题研修展示活动，通过这些关键性任务推动参与展示的教研组进行更为深入的研究探索，并促进教研组之间的互动交流、探讨借鉴。

第三阶段：教研组长对教研组"双减"专题研究成果进行提炼，将研究经验系统化、理性化，区域师训、科研研修员对教研组长双减"专题研究成果提炼进行指导，也聘请一些区外高校、科研院所专业人员进行指导。

第二，学校主导、区域研修支持教研组"双减"实施模式。它指的是中小学校发起与主导、区域教师研修机构或专业人员予以支持的教研组"双减"政策实施研修模式。石景山区对该模式的实施主要有两种形式。其一，学校与区域教师研修机构的教师培训中心进行协同合作，并举办区级展示活动。学校为扩大其研究影响力，主动与区域教师培训中心联系，进行沟通协商、取得支持。区域教师培训中心为学校提供展示平台，并对学校各个教研组"双减"主题校本研修进行过程性、成果性指导，包括教研组"双减"主题确立、实践探索、经验提炼等，形成典型案例，在区域中小学校范围内进行展示交流。其二，学校直接与区域教师研修机构教研员、研修员协同合作。学校直接邀请区域教研员、研修员对于教研组"双减"主题校本研修进行指导，包括全过程性指导或者部分过程指导。

第三，教研组主导、区校协同支持教研组"双减"实施模式。它指的是学校某一教研组自主发起和主导"双减"研究与实践，同时取得学校支持、获得区域教研或科研方面指导的一种研修模式。在国家"双减"政策大背景下，石景山区中小学教研组通过各级培训、学校行政会议等方式，理解"双减"的本质与要求，确立"双减"校本研修方向及主题，教研组教师运用集体力量开展"双减"专题研修，实践探索、获得支持、形成经验，而有些教研组则在专题研修基础上立项成为市区课题，增加教科研方法的运用及课题研究成果的提炼，获得石景山区科研人员专业指导。

国家"双减"政策实施需要教师真正落实日常教学行为之中，教研组对于"双减"政策实施的探索则为这种日常教学落实提供了研究基础，而区校协同为教研组"双减"政策实施探索提供了组织上、专业上的支持，依托教研组区校协同推动"双减"政策实施模式为国家"双减"政策落实提供了可行的路径。在"依托教研组区校协同推动'双减'政策实施的研究"的引领下，我们开展了一年多的研究与探索，本书就是我们研究的重要成果之一。

在书中，我们首先阐述了区校协同下教研组"双减"实施、组织建设状况及相关研究成果，从区域和学校两个层面展开：在区域层面，探讨了区域推进教研组"双减"政策实施的若干模式、路径和策略；在学校层面，探讨了区校协同下跨学科教研组和单一学科教研组落实"双减"政策的实践策略。接下来，我们呈现了教研组在区校协同推动"双减"政策实施过程中所进行的实践探索和相关成果，从教学提质增效、教研组作业设计和教研组支持课后服务三个方面展开。在"双减"背景下教研组的教学提质增效研究方面，我们阐述了在"双减"背景下教研组的单元整体教学研究、"双减"背景下教研组的课程与教学资源开发研究、"双减"背景下教研组的教学变革研究三方面的实践经验和成果；在"双减"背景下教研组的作业设计研究方面，我们阐述了"双减"背景下教研组的单元设计与实施研究、"双减"背景下教研组不同类型作业设计与实施的研究、"双减"背景下教研组作业设计与实施的创新研究等三方面的实践经验和成果；在"双减"背景下教研组支持课后服务的研究方面，我们阐述了"双减"背景下学校整体推进课后服务的实践研究、"双减"背景下教研组支持课后服务的创新研究这两方面的实践经验和成果。

在依托教研组区校协同推动"双减"政策实施的实践道路上，我们已经进行了实施模式、路径和策略等方面的探索，并取得了一些经验和成果。在未来的路上，我们将继续协同合作、再接再厉，为推动国家"双减"政策落实贡献力量。

李　文

2022 年 9 月 15 日

目　录

第一编　区校协同下教研组"双减"实施及组织建设研究

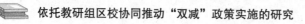

第二编　"双减"背景下教研组的教学提质增效研究

专题四　"双减"背景下教研组的单元整体教学研究

专题五　"双减"背景下教研组的课程与教学资源开发研究

专题六　"双减"背景下教研组的教学变革研究

第三编　"双减"背景下教研组的作业设计研究

专题七　"双减"背景下教研组的单元作业设计与实施研究

专题八　"双减"背景下教研组不同类型作业设计与实施的研究

专题九　"双减"背景下教研组作业设计与实施的创新研究

第四编 "双减"背景下教研组支持课后服务的研究

第一编

区校协同下教研组"双减"实施及组织建设研究

区域构建教研组长"双减"项目式研修模式的探析

——以石景山区教研组长"双减"高研班为例

李琳（北京教育学院石景山分院）

为了有效依托教研组推动"双减"政策落地，充分发挥教研组长在"双减"中的引领作用，石景山区教师培训中心根据区域教研组长"双减"高研班的实践，构建了"双减"项目式研修模式。

一、教研组长"双减"项目式研修提出的背景

"双减"政策出台，教师在"双减"实施过程中发挥着关键作用。有效发挥一线教师课堂提质增效、优化作业设计、提升课后服务的主力军作用，离不开教研组的引领和支持。教研组长作为教研组的核心人物发挥着重要作用。为了提升教研组长实施"双减"的领导力，引导教研组教师正确理解"双减"政策，形成认同"双减"的积极心理，在真实的教育情境中落实"双减"政策，创造性实施"双减"政策，北京教育学院石景山分院教师培训中心成立了教研组长"双减"专题研修班。

"双减"政策颁布以来，教育行政部门、各中小学也相继开展了一些推进政策落实的教师培训活动，但大多以政策解读、专题讲座为主，重理论轻实践、重讲授轻参与，忽视教师的主体性，存在教师回到现实的教育教学情境中依然无法有效落实"双减"的现象。为此，提出切实有效推进"双减"实施的教师培训方式是非常必要的，北京教育学院石景山分院教师培训中心

将项目式学习理念引入教师培训项目，构建了项目式研修模式。近些年，一方面项目式学习（Project-Based Learning，PBL）因其注重解决真实世界中复杂和有挑战性的问题，培养学习者沟通合作、批判创新的高阶认知能力和工作方式，在短时间内风靡全球，对世界各国中小学的教育教学产生了极大影响。❶另外，国内外有研究表明，项目式学习可以在师范生培养和教师培训中运用，能有效促进教师专业化发展。❷

二、"双减"项目式研修的内涵与特点

（一）"双减"项目式研修的内涵

项目式研修重视教师主体性的发挥，项目致力于培养能够解决现实教育问题的教师。学员在项目研修的过程中调整自己的教学理念和行为并获得成长，从而解决"双减"政策实施中存在的真实问题。项目式研修模式将教师学习、创造与培训资源产出相结合。教研组长不仅是学习者，还是研究者，教研组长在研修学习中起到引领作用，研修产品不仅能够促进自身专业发展和所在教研组建设，还能作为培训资源惠及全区其他教师，实现个人价值与社会价值相统一。

"双减"项目式研修是一种"实践—互动"取向的研修模式，它以提升教师解决"双减"教学问题的能力为目标，以"双减"教学中的实际问题为研修内容，以项目式学习为主要方式。项目式研修重视教师主体性的发挥，打破自上而下的讲授模式。项目式学习是研修中的主要方式，遵循项目设计、研发与产出的逻辑，学员以研修任务为驱动，以项目产品为导向，在真实教育情境中进行实践探索，总结经验并形成成果，从而对如何实施"双减"政策有切身体会。

---

❶ 滕珺，杜晓燕，刘华蓉.对项目式学习的再认识：学习本质与"项目"特质[J].中小学管理，2018（2）：15-18.

❷ 张文兰，苏瑞.境外项目式学习研究领域的热点、趋势与启示[J].远程教育杂志，2018（5）：91-101.

（二）"双减"项目式研修的特点

项目式研修与传统研修方式的区别集中体现在以下四个方面：真实的研修情境、系统的研修思维，协同的研修氛围和公开的研修产品。

第一，真实的研修情境。项目式研修重视在真实的教育教学情境中开展研修，教师研修的内容与自己的教育教学经验密切联系，需要解决教学工作环境中真实存在的问题，研修成果能够应用到教育工作生活中。"双减"项目式研修以教研组教师在实施"双减"过程中遇到的实际问题为出发点，教研组教师要基于以往的教育经验、专业知识，解决真实的问题，突出理论与实践的结合，研究的内容看得见、摸得着，与真实的教学挂钩，对教师的实际工作有帮助。在真实情境中研修，不仅有利于教师对具体问题的解决，而且能提升教师解决真实问题的能力。

第二，系统的研修思维。项目式研修强调项目的整体设计，把握项目整体与局部的关系、学员个体与团队整体的作用；以目标、过程和结果为导向，促进项目有条不紊地进行。项目管理者需要向所有参与者对研修目标、进度安排、任务分解进行系统地讲解。"双减"是一项教育政策，但实施"双减"是一项系统工程。"双减"在课堂提质增效、作业优化设计、课后服务提升三个方面对学校和教师提出了明确的要求。"双减"项目式研修将对这三个方面的提升作为项目目标。完成这个复杂项目需要系统的思维。研修团队在项目实施初期就明确了以目标、任务和成果为导向，选拔优秀教研组长作为学员，构建研修小组明确分工，确定研究主题、明确个人任务，把控项目推进的时间节点，聘请项目学科和科研专家进行指导。

第三，协同的研修氛围。项目式研修模式协同的研修氛围主要是通过研修共同体的构建实现的。研修共同体由学员、同伴和培训者（包括教研员、科研员和培训研修员）三个群体构成，构建了一种将自主探究、同伴互助和专业引领三者有机融合的研修氛围和学习文化。首先，项目式研修强调学员自主性的发挥。学员由被动的知识吸收者向学习探究者转变。虽然项目组对进度有统一的管理，但学员可以在一段相对自由与宽松的时间里，根据自己和教研组的实际情况安排研修节奏。其次，项目式研修突破了传统讲授式培训中培训者为中心的方式，由培训者担任指导教师，其主要角色是为教师提供支持和搭建脚手架。其中，及时有效的协助是至关重要的。最后，项目式研修重视团队协同，试图打破单个学员相对孤立的学习状态，重视发挥研修团队的作用，促进同伴互助的发生，使其互为学习者。协同氛围建设的目的是发挥学员的内驱力，自觉主动开展研究和学习。

第四，公开的研修产品。公开的项目产品是项目式研修最鲜明的特色。项目式研修高度聚焦研修的实际价值，强调成果的形成与转化。在研修的过程中，项目式研修注意激发学员的主动学习，引导学员在对提出的实际问题进行深入思考、专家指导、群体讨论基础上，形成解决问题的具体策略，并进行梳理、总结、提升，力图有实际成效并可复制迁移。"双减"教研组长项目式研修最终产生了"双减"专著、"双减"微课、"双减"宣讲团三种产品。作为区域校本培训"双减"专题的培训资源，产品充分发挥了优秀教研组的辐射引领作用，产生了一定的社会价值。

三、"双减"项目式研修的实施路径

"双减"项目式研修模式是一个系统工程。按照项目设计、研发与产出的逻辑顺序，在对研修任务进行分解细化的基础上，实施路径明确如图所示。

（一）研修前期

1. 项目整体规划

项目这个概念源于管理学，是指在特定时间内为实现与现实相关联的特定目标，把需要解决的问题分解为一系列相互联系的任务，以便群体间可以相互合作并有效组织和利用相关资源，从而创造出特定产品或提供服务。❶

---

❶ 胡佳怡.从"问题"到"产品"：项目式学习的再认识 [J].基础教育课程，2019（5）：29-34.

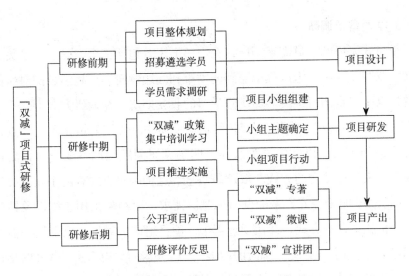

中小学骨干教师"双减"项目式研修模式实施路径

对项目进行整体规划中，分解任务是关键环节。"双减"项目式研修，是指项目团队围绕如何有效落实"双减"这个核心问题，根据"双减"政策要求，将"课堂提质增效""提升作业设计质量""提升课后服务质量"作为项目总目标，将每一个提升作为子项目，将子项目分解为不同的项目模块，又将项目模块分解为不同的研究主题。"双减"项目式研修在人员的分配上，是以组为单位承担子项目模块的研究任务。每一个教研组长带领自己的教研组成员承担具体研究主题，分工明确，责任到人。教研组集体学习是项目式学习的重要方式，小组成员通过相互协作进行对话，借助他人来提升自己的认知。

2. 招募遴选学员

"双减"项目式研修以教研组长为招生对象，采用组织推荐与个人自愿相结合的原则对学员进行选拔，尤其强调学员的自愿原则，参加学员要有迫切的学习愿望。选择教研组长作为培训对象的原因是，教研组长能够调动教研组其他成员的积极性，在相对短的培训周期内能够更好地完成项目式研修的任务。

3. 学员需求调研

项目式研修的学员需求调研, 在内容上主要包括三个方面: 一是关于教师在 "双减" 政策实施过程中遇到的困难和问题调研; 二是学员们对研修项目的建议; 三是调研学员参加研修学习的收获期望。在调研方式上, 石景山区教研组长 "双减" 高研班摒弃传统需求调研中常采用的量化问卷调查, 而选择质性访谈法; 以微信群为载体, 明确调研问题和回答要求, 以集体参与和个人表达相结合的方式获取调研信息。这种调研方式有助于获取真实信息, 项目组共收集 1.6 万字的调研信息。需求调研结果采用过程性反馈和结果性分析相结合的方式, 在访谈过程中, 项目组成员对每一位学员的需求信息都进行了及时性反馈。反馈的内容可以是解答具体问题, 也可以是认同回应, 还可以是鼓励赞赏, 主要目的是让学员感受到自己的需求被关注。项目组将需求调研结果进行分析, 并在开班仪式上面向全体学员进行分享。问题与需求是项目式研修的基础。

(二) 研修中期

1. 集中培训学习

研修项目政策与理论的学习贯穿整个研究项目过程, 在项目前期, 采用专题讲座的形式进行集中学习是非常必要的。"双减" 政策作为一项国家教育政策, 社会反响和影响力非常大, 同时教师对政策的理解和认识也需要加强。为此, 研修项目安排了关于 "双减" 政策解读、一线教师如何面对 "双减" 等主题讲座, 目的在于加深教研组内教师对 "双减" 政策的认识, 增强 "双减" 的认同感, 明确 "双减" 政策的具体内容, 逐步明晰自身的责任。

2. 组建项目小组

在项目前期的规划中, 项目组进行了 "总项目—子项目—研究模块—研究主题" 的规划和分解。项目式研修过程中关键是要做好角色分工, 让每个学员都明确个人带领教研组的研究主题。石景山区教研组组长 "双减" 高研班首先对学员进行研修意向调查，学员根据教育教学中的问题及研究兴趣确定一个研究主题。在尊重教研组长研究意向的前提下，项目组的指导者对教研组长的研究主题进行结构化和系统化处理，将相近研修主题组成项目模块，由选择相近研修主题的学员承担某个模块研究并构成项目小组，最终实现学员个人研修主题的确定及项目小组的构建。

3. 小组项目行动

学员在明确研修主题后，开始进入实践探索的环节。项目式研修的核心思想是"做中学"，在实践的过程中不断更新教育观念，对教学行为进行改进。项目开展的过程和行动研究的过程是非常相似的，项目组要为学员提供资源和工具。开展项目行动主要采用小组合作的形式，依据项目模块划分为不同的组，并设立组长。各组聚焦所承担的研修主题进行理论学习、实践探索、分享交流。除了组内成员间的研讨，此环节要引入专家的指导。学员们一方面要不断地推进个人所负责的任务，另一方面要了解整个团队其他成员的研究进展，并提出建议。石景山区教研组长"双减"高研班在项目实施过程中，为了保障行动过程研究化，首先开发了"项目研究行动记录表"，其中包括待解决的问题、"双减"政策依据、行动策略的拟定、行动策略执行、行动策略结果分析与讨论及行动反思六个部分。每个教研组要求开展不少于三次的实践经验分享活动，在组内分享自己近期的研究进展，研究困惑。项目组还安排专家进行指导，组内成员之间每个人都要互提意见，并及时填报项目研究行动记录表。为了掌握项目整体的推进，项目组以研究课、案例的展示与论文评比等活动形式调动学员的积极性和参与性。

（三）研修后期

1. 公开项目产品

在培训项目实施过程中，学员有很多收获，如实践经验、典型课例、研究报告等。传统培训项目中，此类成果大多停留在经验的层面，呈现零散化、碎片化特征。项目式研修模式关注成果的迭代优化，重视项目产品的公开与评价，强调培训项目产品要具有一定的社会影响力。石景山区"双减"高研班通过实践共产生了三种产品："双减"专著、"双减"微课、"双减"优秀教研组宣讲团。项目组对每一种产品的产出过程，都进行了精细的设计，重视过程性的指导。第一种，"双减"专著是学员以学术论文形式呈现个人研修成果，团队以"双减"专著呈现研修项目对"双减"的研究成果。项目组梳理教研组研究成果，出版专著，成果面向全区各中小学学校和教师公开发行，助推区域"双减"实施。第二种，"双减"微课的开发是建立在项目研修过程中对典型教研组"双减"研究成果的梳理，组织教研组教师以"微课"形式将这些宝贵经验呈现，并上传区域培训平台，作为全区校本培训资源。第三种，组建优秀教研组"双减"宣讲团前往区域中小学校开展宣讲活动，线下"双减"宣讲团是与线上"双减"微课相配合、相呼应的。"双减"微课通过线上的形式呈现学员成果，是一种相对静态的培训资源，而"双减"宣讲团则实现了线下的互动。教研组教师组成"双减"宣讲团，深入全区各中小学进行"双减"主题培训。

2. 研修评价反思

教研组长"双减"项目式研修采用项目实施的理念分解项目，从教研组教师实施"双减"过程中存在的问题出发，基于行动研究的设计，从行动策略的制定、执行、评估和反思四个步骤进行实践探索，重视团队内同伴互助、专家引领，重视行动过程中对教师实施"双减"观念和行为带来的改变。项目团队在培训结束后，采用问卷调查的形式进行满意度的调研。通过满意度调研，学员对此次培训的整体效果持满意态度，表示希望继续参加此种模式的研修。此外，此项目得到了上级领导的高度重视。高研班研修活动及成果作为区域推动"双减"工作的重要途径，多次被区"双减"工作专报采纳作为简讯上报市级领导。在研修结束时，在组织的评价与反思研讨会上，学员与组织者共同回顾项目，反思研修过程中的经验与问题并展开讨论交流，为下一步改进打好基础。

四、结语

实践表明，项目式研修模式是推进教研组实施"双减"的有效模式。教研组教师通过研修不仅解决了"双减"政策实施中遇到的微观的问题，而且习得了实施"双减"政策的有效路径。项目组不仅完成了以提升教研组教师"双减"政策实施能力的研修任务，而且构建了促教研组教师"双减"政策实施的项目式研修模式。但由于研究样本量较小，此模式需要进一步推广实验，对教研组长教师"双减"政策实施的具体情况还需要进行长期跟踪。

区域小学科学学科跨校联合教研组
实施"双减"政策的研究

——以"大单元教学"主题研修为例

赵淼（北京大学附属小学石景山学校）

杨春利（北京教育学院石景山分院）

一、研究背景

基层教研组是实施推进"双减"工作最重要的前沿哨所，是政策贯彻执行、实践落实的最重要的一级组织形式。随着 2021 年"双减"政策正式落地，如何高效地"减负""提质"，对学校教研水平提出了更高的要求。

石景山区现有 32 所小学，其中学校只有 1 名科学教师的有 10 所，有 2~3 名科学教师的有 18 所，有 3 名科学教师及以上的有 4 所。在这种情况下，有三分之一的学校在校内形成单一学科的教研组存在一定困难。基于"共享式"课堂教学理念，以变促"减"、以"研"增效，在教研员杨老师的引领下，石景山区尝试一种更普惠高效的教研形式——区校协同联合教研组，试图从区域资源共享、人才经验交流等方面，解决有些学校人少无法形成教研组的困境，从而组建新的教研模式。

二、区校协同视角下联合教研组建设的功能

区校协同的概念来自区域协同。本文的区校协同发展是指区域与各学校

之间及各学校之间，由于共同的发展目标所形成的一种自发协作、合力推进的发展机制。

（一）区校协同发展有利于协同理念

区校协同发展是由区校不同主体之间有共同的发展需求，具有强烈的主动协同发展意愿形成的。以此次教研组长高研班为例，正是各校进一步发展的需求与区域整体提升的目标相一致，各校参与才有很强的主动性。针对某些师资力量不足的学校，创新探索"联合教研组"，也是各校乐于积极响应的新尝试。

（二）区校协同发展具有系统组合功效

区域是由人口、产业、设施和环境等许多不同功能、不同类型的子系统组成的。区校协同发展是将区域发展与各自学校提升看作一个有机融合的整体系统，通过发挥整体系统的协调推进机制，更好地指导和推动各子系统的有机融合发展，实现各子系统的功能最大化。当学校发展达到理想的功能效果时，区域整体的功能效果也得到优化，使区域发展因区校协同发展而实现从量到质的飞跃。

（三）共享协作机制有利于加快目标完成进程

区校协同发展强调为共同发展目标进行合作，在操作实施层面具有严谨且高效的组织协调与运作机制。比如，建立定期的"联合教研组"活动机制，可以快速对教育教学中的研究热点进行剖析，找准问题，加快完成进程。各联合校成员都会在这种机制下合力推进实施。

（四）区校协同发展有利于各校优势互补

区校协同发展强调各方面各领域的全面协同、优势互补。各校有各校的优势，各校也有各校的短板。在联合教研组活动中，不同联合校之间既可以提供场地资源,也可以发挥骨干优势。年轻的同志可以从骨干教师那里得到宝贵经验,年长的教师也可以从青年教师那里获得灵感。

三、以"专题研修"为例,区校协同视角下联合教研组的建设过程

(一)区校协同联合教研组组长的选任

1.联合教研组组长的职责

联合教研组组长主要负责召集、组织及调动组员的教研积极性,充分发挥各校教师自身优势,整合区域共享资源。

2.联合教研组组长的任命原则

联合教研组组长的任命是以"专题研修"主要承担学校作为基地校。该校教研组长为联合教研组轮值组长,任期为每次"专题研修"全过程。

(二)区校协同联合教研组成员组成与规划

1.团队组成

负责人:区学科教研员。

基地校:主要承担"专题研修"学校。

联合校:参与"专题研修"学校(通常为一人承担一个学科的教学工作,缺乏团队教研的学校)。

成员组成:各校本学科的骨干教师及青年教师。

2.团队分工

团队分工情况如下(见图1)。

区校协同联合教研组是在区域教研员的引领者和促成下,以区校协同共同促进的方式在区域内尝试实施的一种创新教研组建设模式,目标是更好地将"双减"提质增效的理念真正落地,同时帮扶各校提升教研能力,充分发挥各校教师自身优势,整合区域共享资源。

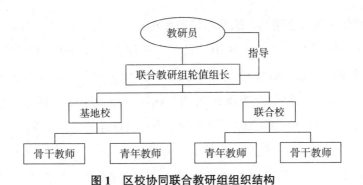

图1 区校协同联合教研组组织结构

区校协同联合教研组长在整个教研实施过程中起到上传下达、推动"专题研修"健康有序发展的作用。区域教研员随时对"联合教研组组长"组织、管理的科学性，以及"专题研修"问题引导的正确性随时指导，确保课题研修始终保持在正确的路线上。

无论"基地校"还是"联合校"，都有骨干教师或青年教师。在联合教研组活动期间，骨干教师主要辅助联合教研组长规划教研活动组织与实施，根据实际分配对青年教师（不一定是本校教师）进行一对一指导；青年教师在联合教研组活动中也会获得施展特长的机会，如利用数据统计软件进行数据分析，在专题研修中提出新颖有趣的实验点……对多校骨干团队提供合理辅助，加速成长进度。

（三）团队建设抓实抓活，专题研究"以研促建"

1. 聚焦学科核心点，确定研修定专题

区校协同视角下联合教研组建设实践的探索，是以"专题研修"为抓手，以新教材培训为契机，引导教师在围绕科学教材中的科学思维进行"识别、预设和反馈评价"的设计与实施过程和课堂教学中，实施有疑问、有观点、有求证、有思维的深度学习。这一方面可以推动教研组教研水平高质量发展，另一方面可以使青年教师在"专题研修"中获得更多的外部支持，尽快内化"双减"理念，将科学、先进的教学理念融入教学实践中来，关注每一个学生的成长，真正实现课业的提质增效。

2. 逐步深入以点带面，联合教研有策略

（1）开展以北京大学附属小学石景山学校为基地校的校内学科教研组深度教学研究。第一阶段已完成小学《科学》（六年级下册）"地球——我们的家园"单元"科学思维设计蓝图"构架，以及小学《科学》（六年级下册）"地球——我们的家园"单元教学设计及微课的录制工作。

（2）开展大、小校联合（跨校）学科教研组的单元整体教学研究。进行小学《科学》（三年级下册）第四单元"植物的秘密"和第五单元"植物的一生"单元教材中科学思维的识别、预设、反馈评价及教学设计工作。

（四）区校协同形成以"科学思维"为核心的基于大单元的教学设计与实践的研究成果

1. 整合教材教学顺序，帮助学生建立完整的植物生命体系

（1）立足宏观层面，规划大单元体系。依据学习进阶理论，对1~6年级植物主题内容进行整体纵向分析（见表1）。

在分析中，明确三年级的两个植物单元在小学整个植物主题学习中起到承上启下的重要作用。一、二年级的植物内容在三年级两个植物单元有进一步巩固与发展。同时，三年级的植物内容学习，有利于学生构建植物结构与功能相适应的科学观，能够为后续四、五、六年级植物与环境、生态系统等内容学习奠定基础。由此可见，三年级的植物单元学习及科学概念构建，对小学植物领域内知识的整体构建和学科科学概念的形成尤为关键。因此，为了能够更好地帮助学生学习三年级植物单元内容，开展学习进阶下的大单元整体教学设计研究尤为必要。

（2）围绕单元植物内容，找准学科核心概念。三年级植物主题是生命科学领域的重要组成内容，主要通过学生观察植物生长、亲历种植完整过程，获得植物结构与功能间的认识。新课程标准中三至四学段关于植物内容要求中提出"学生要能够描述植物一般是由根、茎、叶、花、果实和种子构成；描述植物的生存和生长需要水、阳光、空气和适宜的温度；描

表1 湘教版小学科学一至六年级单元内容

年级	册	单元					
一年级	上	走进科学	探访大自然	认识天气	常见的材料	常见的工具	—
	下	水	空气	形形色色的动物	各种各样的植物	纸飞机	
二年级	上	溶解	动物的反应	太阳和月亮	物体的位置	尺子的科学	—
	下	推力和拉力	植物的生长	四季	磁铁的奥秘	精彩的人工世界	—
三年级	上	空气的研究	各种各样的动物	土壤	固体、液体和气体	热胀冷缩	学蔡伦造纸
	下	控制溶解	水的三态变化	天气观测	植物的秘密	植物的一生	材料的发展
四年级	上	声音	人的消化与呼吸	影子的变化	地球和月球	物体的运动	设计小车
	下	物理变化	动物的一生	生物与环境	岩石与矿物	电	安装房屋电路
五年级	上	我们的脑	沉与浮	地表的变化	化学变化	热的传递	信息的传递
	下	探秘生物体的基本结构	微生物	光	地球的运动	简单机构	小小起重机
六年级	上	生态系统	水的循环	能量	浩瀚宇宙	建造桥梁	我们爱发明
	下	遗传与变异	化石	能源	地球是我们的家园	我学习了科学	科学的历程

述植物的根、茎、叶、花、果实和种子具有帮助植物维持自身生存的相应功能；举例说出植物从生到死的生命过程；描述植物通过种子繁殖后代，有的植物是通过根、茎、叶等繁殖后代。通过梳理之后，"生命系统的构成层次""生物体的稳态与调节""生命的延续与进化"为湘教版三年级科学"植物的秘密"及"植物的一生"两个单元的学科核心概念。这些学科核心概念的建立，最终有助于学生形成结构与功能、系统与模型、稳定与变化等跨学科概念。教师对植物单元核心概念进行梳理（见图2）。

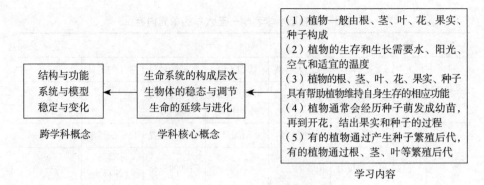

图2 植物单元核心概念梳理

（3）按植物生长顺序，重构单元教学顺序，编排概念发展序列。依据对教材两单元内容的分析，发现如果按照教材编排的顺序开展教学，易导致课程活动与活动间知识关联性不强，探究活动按照教师的预设进行，学生自主探究动机低，而这与课标课程理念相悖。新课标倡导以探究和实践为主的多样化学习方式，激发学生学习科学的内在动机。因此，应立足新课标，基于教材和学生的学情分析。在对湘教版三年级下册两个植物单元实施大单元整体教学时，可按照以下思路进行：学生开启植物种植，从植物的生长变化去观察发现植物的各个器官，同时了解植物各器官对植物生长变化的作用，梳理观察记录，归纳总结植物的一生。对两个单元内容进行整合，课程调整结构及科学概念发展序列安排如下（见表2）。

2. 自然笔记描绘探究痕迹，让学生作业喜闻乐见

由于突如其来的新冠肺炎疫情，原本顺利推进的种植实践探究活动被迫停止，而"联合校"教育研究科学院附属小学的赵老师提出以"自然笔记"的方式帮助学生充分落实概念进阶构建中"观察—描述—解释"的过程，让学生的探究逐步留痕。

为了让教师对新接触的"自然笔记"有更多的了解，区域科技协会的姚老师还为大家邀请了中国科学院植物研究所的孙英宝老师，为全体科学教师进行关于如何指导学生开展自然笔记的专题讲座，真正使区校协同发挥作用。

表2 "植物的秘密"及"植物的一生"课程结构调整图

课程	课时	科学概念	编排顺序的逻辑关系
种子萌发	3	种子的结构，种子萌发条件间苗和移植	
根和奥秘	1	根的形态及功能	
茎的奇妙	1	茎的结构及功能	
叶的神奇	1	叶的排列及作用	
开花结果	2	花的结构及功能，果实结构及作用，花与果实的关系，植物的繁殖方式	
植物的身体	1	绿色开花植物身体的共同结构	按植物生长顺序编排
植物的生命周期	1	植物的一生	

比如，学习花时，为了能将花与整体植株建立关联，请学生阅读自己制作的自然笔记，并在上面写下"花在绽放成长的过程中，植物各部分是如何提供支持与帮助""花为植物的生长做出了哪些贡献"。在整个记录的过程中，学生再一次将植物各器官系统间的关系进行整体的关联，同时对生命间分工合作、共同维持生长发育有了更深刻的认识。

自然笔记中的那棵不断完整的植物不仅体现了学生的观察记录和思考，也体现了学生头脑中不断构建的植物概念体系。知识不再是碎片式的储存，而是不断丰富和完整的一棵知识"大树"。

四、结语

区校协同联合教研组集中定期的区域联合教研，解决了以往教研中因教师平时课时量大、教研时间少、教研水平不高、缺乏系统连贯性等问题，使教研力量薄弱的学校或教师有了背后的支撑。

在区校协同的理念引领下进行的联合教研组活动，教师能够专时专用，聚焦教研主题，群策群力，集思广益。几个学期以来，联合教研组持续深入地围绕着提升学生科学思维能力，以大单元整体教学为研究策略，努力促进学生核心素养的形成，使研究贯彻始终。各校骨干名师汇聚一堂，提升了教研活动的研究水平，使各校优势互通有无，资源共享。

"区校协同""资源共享"是未来教育发展的必由趋势，是整合资源、提质增效的重要途径，希望今后石景山的区校协同联合教研组不断地总结经验，提高自身教育教学水平，给学生呈现更加优质的课堂教学。

区域支持下整校教研组
推动"作业设计"主题研修的实践

屈春玉（北京市石景山区古城第二小学分校）

何云（北京市石景山区古城第二小学分校）

"双减"政策出台后，区域教研部门联合各学校立即开展了"双减"政策实施行动，开展了"系统化作业设计主题研究"，并将作业设计纳入教研体系，系统化研究和设计符合学生年龄特点和学习规律、体现素质导向、涵盖德智体美劳全面育人目标的基础性作业、个性化作业、分层作业等。在研修中，学校不断探索有效的路径和策略形成了阶段性成果，并通过示范性的展示活动，以点带面在区域内推广。

一、区校协同背景下学校教研组研究现状

教研组是学校以学科为单位开展教学研究的重要组织形式，是教学活动的重要组织和基本单位，也是学校实施教学管理、落实教学工作的重要组织机构。教研组的建设直接关系到学校的学科建设和教学质量，甚至影响学校的长远发展。石景山区古城第二小学分校现有语文、数学、英语、体育、艺术和科任六个教研组。在"双减"政策实施的背景下，学校以教研组、备课组和"学科＋学科"为研修单位组建研修共同体，平时在年级组内、教研组内、学科与学科之间多次进行作业设计的研讨。学校在研讨过程中发现：各个教研组在设置作业时内容单一，形式不够灵活，不能够有效设置分层、分类作业。基于上述情况，学校联系各学段教研员走进教研组和备课组以提供有关作业方面的指导。在组织教研组进行作业设计整体框架结构过程

中，学校还邀请北京教育学院石景山分院的各个部门的研究员为教研组系统梳理，通过校本主题教研、专家引领的方式，从"被动执行视角"向"兴趣研究视角"转变，从作业管理到作业研究，以研究的视角开展"校本作业""特色作业"等研讨，指导各自学科的作业规范，评选优秀的作业并进行推广。让"双减"政策成为提高教学效能的引擎，成为改善学生生活质量、促进学生健康成长的有效路径。

二、学校教研组推进作业设计的研修过程

（一）区域研修员对各教研组进行专业指导

学校以区域教研为专业指导，引领教研组基于课程标准，根据学生的实际水平设计作业内容、作业类型、作业频次、难度结构、预估时长等。同时，在教研部门的引领下，学校各教研组基于学生的学习目标，紧扣核心精选作业内容，引导学生发现和解决实际问题；从学段特点、学科特点及学生实际出发，丰富作业类型，鼓励布置分层作业、弹性作业和个性化作业；探索跨学科综合性作业，提升作业实效；严控作业总量，重视作业批改，加强作业批改的及时反馈与针对性指导，对课时作业持续跟踪反馈。在区域教研部门的引领下，各教研组针对作业的目标设计、内容优化、作业形式、评价反馈等难点开展系列研究，将作业研究与备课组常规教研相融合，将学科教学与作业设计相融合，将课堂学习与课后实践相融合，持续优化作业设计与实施。

（二）各教研组根据学科特点设计作业内容

学校结合作业内容、数量和要求等方面规定制定符合学校特色的作业方案，探索符合学校特色的作业类型。学校尊重学生学习上的差异性，作业设计整体分层，学科灵活分类。学校提倡各教研组以"必做作业＋鼓励做作业＋选做作业"的三层分层作业设置作业类型，如语文、数学、英语三个教研组

把学生的作业分成引导性、形成性、诊断性三种作业类型。在三种类型的基础上，教研组分出不同的作业内容，根据学生层次不同，完成不同类型的作业；把引导性作业分成预习型作业、创新型作业、自主学习型作业；在形成性作业中分成当堂巩固型作业；将诊断性作业分成抄写记忆型作业、复习型作业、拓展型作业、阅读写作型作业、综合实践型作业。科任教研组更注重学生综合素养的提升，设计开发了"小海豚居家漫游记"，每天记录孩子在家的体育锻炼与居家劳动，提升学生的劳育、体育、美育水平。

阅读作业：形成小学全学科阅读作业。学校一改阅读任务大多被语文占据的设计思路，利用广播时间推荐学生全学科阅读单，借助教研组、年级组和"学科＋学科"之间的整体研究给出全学科阅读推荐，改善学生阅读格局。

劳动作业：形成"小海豚居家"劳动作业体系。学校以"生活教育"为办学理念，自2020年新冠肺炎疫情期间，学校就开启了"生活＋劳动"课程作业的研究，以"校务劳动""家务劳动""社会劳动"为主轴，丰富学生劳动作业安排的整体思考，让每个学段的学生劳有所得。

节日作业：形成年度节日课程系列设计实践活动。学校德育处通过多年的行动积累和整体设计，将每年重要的节日和纪念日，按照"我们的假日、我们的传统、我们的身体、我们的职业、我们的校园、我们的习惯、我们的研究"八个类目整体统整，形成传统金牌节日活动，让行动能够连点成线，逐年强化实施。

运动锻炼作业：形成学校特色系列的锻炼内容。学校体育组和游戏工作室的老师以体育健康监测为抓手，以新形势下体育改革作为大背景，有针对性地为各年级学生设计了锻炼计划和内容。校内，除传统体育课和大课间外，体育课还开展诸如跳皮筋、跳房子、冰雪操等实践活动；校外，体育教师布置了亲子运动、韵律操等锻炼项目。

（三）居家期间各教研组进行作业设计

学生居家学习期间，学校结合"双减"政策要求，致力于减轻学生作业负担,赋予作业更丰富的内容和形式,促进学生全面而个性化地发展。为此,区域教研部门连同学校教师、教研组、学科与学科之间多次进行线上研讨,在征求教师、学生和家长等意见,结合学校原有作业框架,最终形成了具有古城第二小学分校特色的线上"阅读型""思维型""运动型""劳动型""融合型"的"五型"线上作业体系。"五型"作业源自学校原有作业设计的基础,同时加强学科间的联动。作业设立的时候尊重儿童的需求,体育、阅读、艺术和劳动等多样态的作业应运而生。

"阅读型"作业:鼓励低年级学生每晚阅读 20~30 分钟,中、高年级学生每晚阅读 40 分钟,可以亲子共读,也可以自主阅读。同时,学校向全体家长发出倡议开展"亲子共读一本书""爸爸妈妈童年的书"等活动;语文课每周安排一节课专门用作阅读指导与交流。同时,在线上学习期间,低年级学生通过"诗意端午"来吟诵有关端午的古代诗歌,中年级学生则通过为心爱的人制作一款爱心粽子说明书,高年级学生则通过"浓情蜜意话端午"等阅读活动,将自己的阅读内容用语文学习实践活动的形式展示出来。

"思维型"作业:鼓励学生在解决实际问题的过程中体验学习的快乐。全校学生以年级为单位开展主题实践活动。年级组长牵头组内学科教师,精选实践主题,培养学生主动发现问题、解决问题的意识。思维型作业在实践中通过减少机械性重复的作业,布置和生活息息相关的思维型作业,呈现作业答案的多样性,同时尊重学生的差异性,引导学生发挥创造性和创新性,促进学生自主、有效地发展。

"运动型"作业:是体育运动在体育课后的延续,帮助学生养成体育活动与锻炼的习惯,指导学生掌握一定的专项体育技能,增强体质、锤炼意志。体育教研组在广泛征集学生意见的基础上,结合年段体质测试标准和体育课教学目标,为各年级学生定制科学合理的居家运动清单。线上体育课上,教师会安排 5 分钟的"我行我秀"环节,让学生交流运动心得。

"劳动型"作业:以家务劳动为主的"基础性"劳动、关注学科融合实践的"拓展性"劳动、聚焦学生创造力思维发展的"创生性"劳动。劳动型作业以项目化、游戏化、体验式等方式展开,为孩子提供真实、有效的劳动教育场景。劳动老师与班主任及相关学科老师合作，立足儿童生活中常见的劳动工作进行主题设计。例如，在"我眼中的端午节"主题中，学生自主设计作业方案、深入探究，以劳促学、以劳育德。

"融合型"作业：是前四种作业的升级版，具有学科知识融合、学习能力综合的特点，引导学生拓宽学用领域，培养获取、处理和使用信息的能力，养成关注生活的习惯与意识。例如，学校举办的"'疫'样端午'粽'享乐趣——古城第二小学分校线上端午"主题活动，就是通过"端午植物我知道、端午生活我记录、端午脚斗我能行、端午粽子我来包"等实践活动，多学科融合在一起让学生分享他们的奇思妙想、记录端午的幸福瞬间。

学校与北京教育学院石景山区分院师训中心联合举办区级"双减"作业展示交流活动。为了能够让学校的作业设计得到推广，学校联合师训中心举办了"双减"作业展示区级交流活动。石景山区分院教师培训中心的李爱霞、李琳老师帮助教师系统梳理，开拓思路。通过教师培训中心专家的引领，教师们思路大开。研讨会当天，语文、数学、英语及科任学科将学科作业的研究成果在全区进行了汇报，得到了与会专家及教师的认可。学校作业设计用区级展示的方式，让教师从"被动执行视角"向"兴趣研究视角"转变，从作业管理到作业研究，以研究的视角开展"校本作业""特色作业"等研讨，指导各自学科的作业规范，并评选优秀作业进行推广，让"双减"政策成为提高教学效能的引擎。

三、区校协同背景下整校教研组推动"作业设计"成效与启示

区校协同背景下的整校教研组推动"作业设计"，在各个教研员的帮助下让各个教研组研起来，让教师动起来，通过备课组、教研组、学科与学科之间的多次研讨形成了各个年段的特色作业，学生的作业类型多种多样，这样不仅解决了教师布置作业难的问题，也消除了学生做作业的畏难情绪。最终，学生的作业质量有了很大提升，学校的整体教育质量也得到了提升。

原先设计作业只顾应对考试，对同类型作业机械重复练习；如今设计的作业按照一定的认知层级分类，让不同的作业瞄准不同的层级。通过区级教研部门的指导，各教研组充分教研、实践，现在的作业设计指向高阶思维与综合能力形成的个性化学习单，布置的作业符合学段学科特点、记忆规律，符合学生的实际需要和能力，实现了作业布置的分层化、弹性化和个性化。

　　"双减"政策的最终落实，需要区教研部门、学校、教师、学生和家长的共同参与，形成合力。因此，只有以多主体的协同参与为保障，促进不同主体之间的联动，同时加强校本化的作业教研，才能从制度上和理念上保障作业减量增效。

区校协同背景下教研组跨学科
"四步诊疗"教研的探索与实践

张曦（北京市石景山区炮厂小学）

一、问题的提出

"双减"政策的关键是减轻学生过重的负担，核心指向提质增效。教研组是"双减"政策在学校教学活动中具体落实的中坚力量，是沟通理论和实践的桥梁，"双减"政策落地需要学校教研组的有效研修活动的支撑。但学校目前多学科组建教研组的现状，在教研研修活动方面还存在一些问题，难以满足和承接"双减"政策落地的现实要求，为此需要革新教研组的研修活动。教研组自身的建设力量有限，需要借力区校协同为教研组的建设提供重要的外在支持。在区校协同背景下，教研组总结并运用"四步诊疗"法，推进教研组的改革和建设，为提升课堂教学质量奠定基础。

（一）教研组情况分析

受学校规模所限，学校由多学科教师组成科任教研大组，组内7名教师分别担任英语、美术、科学、音乐、书法、信息技术、体育、劳技和心理9个学科的教学工作，教师需要兼任多学科、多职务，跨多个教学年级，客观上增加了教研活动的难度。长期的各自为战让教研组教师间互动性较弱，学科间有明显的壁垒。教师间彼此缺少信任，没有形成合作意识和合作氛围，教研实效性不强。

教研组内青年教师较多，每位教师都有较强的教学能力和独立研究能力。

在"双减"政策背景下，机遇与挑战并存，教师有提升的需求和意愿。大家各自参与不同的研修，带来了差异性的思考角度，研讨让思路更加开阔，思维方式更加发散。学科特色鲜明是相互间的差异，也是互补的有利条件，在问题解决上可能"此之困惑正是彼之擅长"；育人角度上能够给学生更多元的评价。

（二）教研组教研现状分析

通过访谈教师和总结整理以往的教研内容发现，以往的教研活动存在一些问题，如活动目标不明确、活动任务不清晰、无法满足真实的课堂需求等；任务自上而下，非教师的自发需求；活动设计缺乏系统性，缺少跨学科意识；研讨的结果多束之高阁，效果不明显。因此，教师教研不主动，研讨不积极，应付居多。

为解决这些问题并提高教研实效，我们深入挖掘教研组内学科间的联系，收集探讨教师课堂上出现的真实问题案例，这个过程中也发现了很多学科有相似主题或相关内容。比如，美术与劳技学科同时都有泥条造型课；科学、美术、音乐都有"风筝"主题的内容等。年级不同，教学目标各有学科特点。各学科教材版本不同，互相照顾不周，导致出现内容重复、难易顺序颠倒等问题。大家各自备课，互不关注，情境、引入等环节设计不够完善。在这个过程中，我们看到学科间协作优化提质的很大空间，为教研提供了契机。

通过查阅文献、总结理论经验、寻求校行政层面理念与政策支持，借助石景山区教科研专家的指导力量，教研组积极探索适合多学科教研组的研修策略。教研组设想以教学中出现的真实问题为引领，尝试从课堂真实问题入手，采用"设计—计划—实施—观察—反思"的研究过程框架，通过结构化研讨和课堂实践总结反思，提炼出适合本校的校本研修方法和策略，重构教研生态，促进实现课堂的优化和教师专业化发展。

在实践过程中，我们总结出"四步诊疗"法教研策略，以打破学科间的界限。各学科同时以多元视角关注同一个相关主题，有针对性地展开研讨、实践与反思。

二、区校协同背景下教研组"四步诊疗法"研修策略

区校协同背景下，解决教研组建设面临的基本问题，需要在区校协同合作下共同循证。借助区校指导，教研组总结出了"四步诊疗法"研修策略，以此来促进教研组革新和建设。

（一）教研组"四步诊疗法"建设的内涵

"四步诊疗法"是指教研活动的四步流程化模块，源于中医对病人的诊疗过程衍生的理念。以中医问诊、探求病源、治标治本、调理阴阳的诊疗过程为灵感，借助区校协同指导力量，依据循证数据和理论框架指导，教研组建立了"四步诊疗"法教研策略模型，推动教研组建设，革除"疾病"，提升水平。

（二）"四步诊疗法"的基本构成

"四步诊疗法"的基本构成（见图1），具体包含四个基本步骤：问题会诊，辨析求因；头脑风暴，对症开方；临床实践，因"需"施教；固本鼎新，和合共生。

以真实教学问题为引领，各学科从不同角度像专科医生面对综合病情会诊病例一样，利用结构化研讨深入分析问题根源；立足学科特色，通过整节课或环节教学设计，多学科协作解决问题；借助问题解决的过程，达成各学科目标，完成学科核心素养的培养，拓展育人目标；使问题解决过程助人自助，发展综合能力，形成合力，助力学生可持续发展。

实践过程要求教师科学地分析问题，适当调整教学计划，相互整合形成问题教学单元，在同一时间段内完成教学；在教学素材和资源上相互借鉴，打破学科界限，灵活运用协作方式；实践中收集真实的数据、案例；实践后，审查评价教学，提出改进设想，总结协作方法和策略。评价关注教学是否对学生未来发展有益，关注新生的问题，为后续教研提供营养。

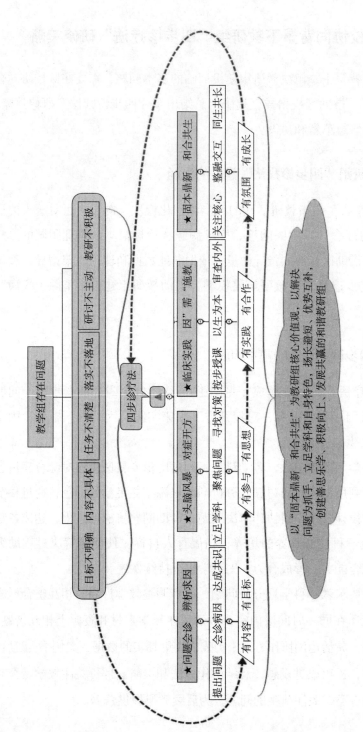

图 1 教研组模型框架

三、区校协同背景下教研组"四步诊疗法"的实践策略

（一）步骤一：问题会诊，辨析求因

教师收集教学中的真实案例，分享问题和困惑。教研组通过结构化研讨，组内共同会诊分析问题成因。在深入剖析问题的过程中，教师收集和学习理论知识，转变固有思维，达成新的共识。

以美术学科提出的"小钟表"点位偏移问题为例，大家以头脑风暴的形式为问题归因。从简单地归咎于家长、学生不认真……到更高层的学生年龄特点、认知水平、观察方式等问题，再到更深层次的思考，教师通过转换角度，摒弃追责视角，转而考虑为什么会出现这样的错误，由此取得共识：单一学科教学容易片面，多学科协作能够让学生建立更加完整的知识。带着问题，大家再次学习"双减"政策及"全人教育""核心素养"等政策和理念，从而获得更多的理论支持，坚定共识。

（二）步骤二：头脑风暴，对症开方

对"症"指的是指针对靶向问题，"开方"是对各学科为解决靶向问题，对有针对性的环节设计的比喻。像医生针对病灶研讨如何开具组合式药方一样，教研组尝试从不同角度攻击靶向，高效地解决问题。探讨过程中，大家依据真实学情和学科核心素养的要求，对靶向问题范畴做适当的拓展和延伸，以求更科学、更全面、更可持续性地帮助学生认知、理解知识，从根本上促进问题解决，并为后续的学习做好铺垫。这种探讨促进了学科间相互了解，也使大家形成了合作互助的意识。

以共识为基础，大家立足本学科，以问题为靶、以改善或解决问题为目标，寻找并收集各自学科可能与靶向问题有关的学习内容，形成关于靶向问题的"课圈"（"课圈"概念来源于"微信朋友圈"，是与问题有关的几节课，形成的课的群体。"课圈"可以形成一个问题单元）。根据这个问题单元，

教师进行完整的课堂教学或教学环节设计。通过各个学科的设计分享和研讨，教师能够了解学生在其他学科课上可能获得的学习资源和认知基础，了解学生其他学科对本问题的学习程度，再次分析学情，改进教学目标和环节设计。通过再次研讨，教师依据"课圈"内各学科教学目标的逻辑顺序，确定授课顺序。

例如，"小钟表"问题：信息课教师考虑用"绘画工具——图形拖拽"这节课引入小钟表为设计素材；体育课教师思考可以通过改造"叫号游戏"，与钟表点位联系，帮助学生记忆点位；科学课设计结合日晷、铜壶滴漏等古代的计时工具帮助学生理解时钟的来历；音乐学科在本学段有三节课与时钟有关，拟从情境设计、律动和节奏上帮助学生认知和感知时间；美术课从教具设计上下功夫，利用十字形教具帮助学生降低难度，加强记忆和理解。教师利用示范和艺术实践，拓展对学生有关时间问题的价值观引导。

通过研讨，大家相互启发。在认识时钟、感知时间的基础上，教师对"小时钟"问题单元的教学目标进行拓展。例如，科学学科拓展时钟的历史知识，让学生感受从古至今人们对精确计量时间的不断追求和科学的探究精神；音乐学科通过情境设置，体验不同情境下，让学生感受时间在以不同的节奏流逝；信息学科通过活动倒计时；体育学科运用一分钟拍球、一分钟跳绳等活动，让学生感受时间是有限的；音乐、美术学科作品分析帮助学生理解时间的宝贵；通过艺术实践和语言表达，帮助孩子们输出对"时间感知""珍惜时间""掌控时间"等时间观念的切身感受。

组内教师根据"先感知、再认知、探掌控、试表达""先易后难""先输入、再输出"这样的原则，研讨"小时钟问题单元"的课程排序。教师通过不同学科、不同角度全方位的设计，力求让知识更立体地呈现在学生面前，帮助学生发展多角度思考问题、解决问题的意识。

（三）步骤三：临床实践，因"需"施教

依据研讨成果进行教学实践，尝试"药方"是否有效，教研组将其比喻为"临床实践"，并根据学生真实出现的问题调整教学设计，因"需"施教。

在"小时钟问题单元"研究和实践的同时，教师发现学生在课后服务中出现自主安排时间的能力较弱的问题。这正是靶向问题的相关问题。针对这个问题，教师立即调整教学设计，利用音乐课《时间像小马车》歌词分析，帮学生意识到"时间对于每个人都一样，但大家各自做什么，需要自己来自主安排"；利用体育课，设计"锻炼计划时间安排表"这样的课后作业，帮助学生有意识地自主掌控时间，做时间的主人。

在此过程中，教师注意摒弃急功近利解决眼前问题的思想，不仅关注当下问题解决，更关注学生的可持续发展。因此，研讨和实施过程中要求教师审查自己的教学设计是否符合学生实情，是否符合科学的教育规律，是否能够放眼长远。像医生诊疗和开药方的过程中，关注禁忌症、不良反应一样，我们不仅为解决症状，更要为学生今后健康发展搭建良好的基石。在实践过程中，教师要关注课堂生成，相互沟通，灵活调整，并注意记录学习效果和变化，为其他学科的教学调整提供参考，为下一步的研究收集数据、案例和资料。

（四）步骤四：固本鼎新，和合共生

在完成教学实践后，教研组进行反思研讨并收集案例和数据，以进一步改进教学设计。教研组还组织组内教师将个人教研成果形成论文和案例，并巩固落实成果；复盘活动过程，整理协作成果，总结活动经验，提炼协作策略，改进校本教研模型，展开对新问题研究。

通过对"小时钟"问题单元教学实践、反思研讨，我们总结出：文化渗透、情境创设、游戏激趣、社团辅助、活动支持、作业巩固等多学科协作策略；与此同时，我们发现音乐课上的音乐资源可以用于体育课游戏、美术、信息课的实践活动中；科学课的视频资源，可以催生美术学科引入环节新的创意点。教研中，大家还不断提出新的问题和设想。比如，学科间教学资源如何更好地互通互助，是否可以开展多学科联动的课后作业设计……这些零星的火花催生新的思考，成为教研的原动力。

四、"四步诊疗法"的实施效果

(一)"四步诊疗法"促课堂问题解决

各学科教师共同关注同一问题,在相对集中的时间段从不同学科角度探讨,为学生创设问题语境,引领学生聚焦问题,促进学生高效地解决问题。

以"小闹钟"问题为例,在前测中,二年级 40 名学生有 21 名学生同时出现点位偏差的问题。协作教学实践后,通过作品检测发现,只有两名同学仍存在点位不清的问题。与以往的教学效果相比,这一问题有非常明显的改善。与此同时,通过多学科拓展目标,学生在课堂发言和美术作品创作中,明显能够对时间问题有更多角度的思考和表达,如联系音乐学科出现"小马车"钟表设计,联系科学学科的日晷形设计,联系信息课上用于计时的沙漏形设计等。通过引导,学生能够调动在各学科课堂上学习到的知识和经验运用于解决钟表设计问题之中。

协作教研不仅解决了美术课上"点位偏差"这一棘手问题,也使学生学习效果更有了进一步提升。

(二)"四步诊疗法"解决教研组现存问题,促良好教研生态

"四步诊疗法"以课堂真实问题为引领,以跨学科协作解决问题为抓手,系统地设计教研主题,解决了教研组活动目标空洞、分散不明确、活动任务不真实、活动效果不明显等问题。任务自下而上,由教师自发提出,解决了课堂上的实际困惑,增强了教师跨学科意识,激发了教师教研积极性。

"四步诊疗法"以合作为形式,立足自身学科特色,扬长避短、优势互补,促进了组内教师交流协作意识,形成了良好的人际氛围和研讨氛围。研修结果促进了新的问题发现和解决,促进了教研的可持续推进,形成了教研组的良好教研生态。

（三）"四步诊疗法"促进人的发展

1. 促进教师发展

通过协作式研究，"四步诊疗法"促进教师关注教育热点问题，学习政策和理论知识，指导教学实践。通过共同解决问题，教师能跳出学科界限，转变固有思维方式，能够从其他学科的内容和同伴的课堂上中获取启发，为自己的教学打开一扇新窗。团队与个人共同成长，共研协作方法，创造协作氛围，激发教研组研修活力，塑造教研组有活力的教研生态。良好的教研生态是教师成长发展的沃土。

基于协作研究，共同解决问题，教师发散性地思考创意，涉及课堂教学、课后活动、作业设计等多个领域，促进落实"双减"背景下的提质增效。在成果总结中，"四步诊疗法"增强了教研自信，提升了教师的个人专业素养。

2. 促进学生发展

教育最终的目标是为了促进学生的全面发展。多学科协同式的学习是达成育人目标的重要途径。通过协同式的教学，以及学科之间的互动、影响和渗透，"四步诊疗法"超越学科间的各种限制，帮助学生建立调动多学科知识、多角度思考，发现问题、解决问题的意识；帮助学生感受事物的变化和联系，让学生思考不片面、不偏激；促学生开拓新知识，研究新问题，提升良好的人格修养。

"双减"政策为教研活动提出了更高的要求，有效的教研组活动是实现减负增效、提升教师专业素养的主要阵地。通过"四步诊疗法"的实践研究，我们渴望能够重塑师生共同共长、善思乐学、积极向上、发展共赢的和谐教研生态，切实做到提质增效。

区校协同背景下中学文综教研组
"作业设计"主题研修的实践

师雪峰（北京大学附属中学石景山学校）

蒋开界（北京大学附属中学石景山学校）

当前，随着"双减"政策的逐步落实，作业的设计与实施成了中学教育教学共同关注的话题。目前，中学作业设计的现状与"双减"政策的要求有一定的差距。尤其在义务教育课程标准颁布后，建议各学科开展跨学科主题教学活动，设计跨学科作业。开展好教研组的作业设计研究工作，对落实"双减"政策很重要。中学文综教研组包括历史、地理、思想政治和心理4个学科。教研组围绕学科作业设计和跨学科作业设计进行了多次区校协同的主题研修实践，提升了教师作业设计和实施的综合素养。

一、教研组内关于作业设计的研修实践

2021年，中共中央办公厅和国务院办公厅印发的《关于进一步减轻义务教育阶段学生作业负担和校外培训负担的意见》颁布后，教研组教师认真学习和领会文件内容，根据《北京市义务教育阶段教师优化作业的十条建议》的要求，切实思考如何布置作业才能提质增效。为了落实"双减"政策，关注作业的时长和质量，通过作业的设计为学生发展赋能，促进学生学习能力的提升，教研组开展了一系列主题研修活动。

（一）作业设计读书分享

教研组围绕如何更好进行作业设计开展了读书分享研修活动。教师阅读

并分享了王月芬、张新宇等著的《透析作业：基于 30000 份数据的研究》；王月芬著的《重构作业：课程视域下的单元作业》；袁东波主编的《核心素养导向下的作业与命题设计》；方臻、夏雪梅编的《作业设计：基于学生心理机制的学习反馈》；教育部基础教育司义务教育高质量和基础性作业体系建设项目组编的《学科作业体系设计指引》等书籍。在研讨中，大家一致认为要从育人的角度，基于生活和学生成长及学情等方面设计好作业。

（二）作业设计大赛研讨

在历史安雁超老师代表教研组参加学校作业设计大赛的准备过程中，全组教师同心协力、一起探索，一致认为作业设计的出发点和落脚点是促进学生成长，要充分挖掘历史学科蕴含的教育价值，设计有学科特色的作业。2016 年，人民教育出版社出版的《中国历史》（七年级上册）第三单元设计了主题式作业"与文物对话"。学生通过完成作业，学会"读懂"文物，学会"以物说史、以物释史、以物证史"的学习方法。以"我是北京冬奥文化小使者"为作业题目，让学生介绍长信宫灯或者金缕玉衣。这个作业的设计意图：联系热点话题，做中华文化的宣传者、继承者、发扬光大者；围绕北京 2022 年冬奥会的火炬接力火种灯的相关文字资料和视频资料，学会在介绍西汉长信宫灯的过程中，体会该灯设计具有吸收油烟既有防止空气污染又有审美价值的特点，师生共同理解和传承中华优秀传统文化的历史智慧；联系北京冬奥会火炬接力活动的"迎接冰雪之约，奔向美好未来"主题，帮助学生分析承载着奥林匹克精神的火种，照亮着人类团结合作、战胜困难的前进道路，带给人们信心、温暖和希望，凝聚起共同战胜疫情的磅礴力量。

（三）优化作业分享研讨

为了提升组内教师的作业设计和实施能力，2022 年 6 月 7 日，教研组开展了优化作业分享的线上教研活动。组内教师针对自己在设计和实施作业相关实践中的心得体会进行了分享交流。初中政治学科的杨春老师分享了她与蔡雯老师、卢秀明老师共同参与设计的 2017 年人民教育出版社出版的《道德与法治》（八年级上册）第三单元"维护国家利益"的作业案例。

这一单元作业设计突出了以下特点：

（1）充分尊重真实学情。在深入调查学情的基础上，教师设计了有针对性、有梯度的作业内容，让不同程度的学生都能有所收获。

（2）紧密结合当前社会热点。教师主要围绕 2022 年北京冬奥会这一热点设置了各种类型的作业，让学生站在学科角度，能更加全面、理性、客观地看待北京冬奥会。

（3）作业设计类型多样，实现减负增效的目的。比如，通过完成实践类作业，能够引导学生更好地参与社会生活实践，从而实现知行合一。

通过研讨交流活动，组内教师认识到要充分发挥作业的育人功能，通过作业涵养学生的学科思维；在集体智慧中提升作业设计与实施的综合能力。

（四）作业设计问卷调查

教研组开展了"作业设计、反馈与应用现状调查"问卷调查，从认知提升、功能认识、学习与研究、具体实施等角度，对教研组当前作业设计的优势及不足进行了分析与总结。问卷结果显示，教师认识到高质量的作业设计是有效发挥作业育人实效的关键所在。教研组要多进行跨学科主题作业的设计和实施，大家集思广益，发挥教研组的集体智慧，助力学生全面和个性化成长。

二、区教研员精心指导

在教研组内进行作业设计研讨的基础上，区相关学科教研员通过精心指导，促进了组内教师的作业设计和实施能力的提升。

（一）地理学科教研员对作业设计的指导

为了更好地提升教师的作业设计、反馈和应用能力，2022 年 4 月 8 日，教研组邀请石景山区高中地理教研员张爱弟老师以线上教研的形式，为组内的全体教师做了"'双减'背景下地理作业系统框架的构建与运用"的专题讲座。张老师从作业的概念、功能和设计流程等方面入手，激发大家对作业设计的思考。之后，张老师以地理学科中的"植被、土壤与自然环境"内容为例，对如何制订作业目标、设计作业任务单、布置作业、收集统计作业、作业评价反馈等方面进行详细的论述，使教师对作业系统框架的建构与运用有了清楚的认识。大家共同认识到，一定要深刻理解作业的类别、功能和价值，系统构建基于学科核心素养培养的作业体系，提高作业设计的质量，发挥作业的学科育人价值。

（二）思想政治学科教研员对作业设计的指导

2022 年 4 月 28 日，教研组邀请石景山区初中道德与法治教研员胡洁老师以线上教研的形式，为组内的全体教师做了"'双减'背景下初中道德与法治单元作业设计策略探析"的专题讲座。首先，胡老师从三个问题出发引导大家思考教师应该具备怎样的作业观念。在深入浅出的讲解中，胡老师认为当前教师正确的作业观念主要包含六个方面：巩固知识与技能、培养习惯、发展能力、激发学习兴趣、提升学科地位和提升学生学业成绩。她鼓励教师要把握先机，注重角色转变：从练习册的使用者、批改者转变为高质量的作业设计者、评价者，着力开展提升作业设计质量的研究，这样才能更好实现"双减"政策有效落地。其次，胡老师从道德与法治学科作业的现状和问题出发，论述应如何看待单元作业设计这一问题。单元整体教学是连接课程标准和教学实践的桥梁。教师通过分析单元教学内容，在学生的认知水平和学习需求等基础上进行单元作业的设计和实施，能够有效引导学生内化、理解、深化和拓展已学内容。最后，胡老师结合初中道德与法治单元作业设计的实践对作业设计提出了以下策略：基于教与学统一，确立单元作业目标；立足单元整体，构建高质量作业内容；注重及时反馈，建立多元化评价体系。她还特别强调一定要从学情研究出发设计单元作业目标，立足单元整体构建高质量的作业内容，善于创设凸显价值性、结构化的作业情境。最后，胡老师提出应注重作业反馈，遵循评价主体多元、评价标准多维、评价形式多样等原则，建立多元化评价体系。胡老师以道德与法治单元作业设计的具体案例引导教师思考如何依据学情设计单元作业，将减负落实到实处。

此外，石景山区高中思想政治学科教研员刘巍老师，围绕新教师的"启航杯"大赛，手把手地帮助新教师精心设计适合学情的作业反馈。石景山区高中思想政治学科教研员李岚老师，也经常指导高三思想政治学科教师紧扣课程标准，精心设计有综合性、有思维深度的作业，促进高三教育教学质量的提升。

（三）历史学科教研员对作业设计的指导

石景山区初中历史教研员王洪云老师，多次指导历史学科组的作业设计和评价。石景山区高中历史教研员成学江老师和安丽萍老师，在指导高一历史研究课"影响世界的工业革命"时，建议结合学生语文名著阅读来设计作业。"狄更斯在《双城记》里对工业革命时代的描写，'这是最好的时代，这是最坏的时代'，请结合史实谈谈你对这句话的理解。"这个作业是结合语文学科对小说《双城记》的阅读来创设作业情境，学生结合所学，用史料实证的学科方法有理有据地分析工业革命的影响，学会用一分为二的观点分析问题。

（四）劳动学科教研员对作业设计的指导

教研组围绕"基于联合教研的中学史地政心学科中劳动教育的研究"开展课题研究，石景山区劳动教研员陈冬华老师多次指导组内教师在学科教学中挖掘劳动教育价值，并指导了初一跨学科活动课"百年首钢与奥运情缘"。初一年级的心理、历史、地理和道德与法治学科教师共同开展了百年首钢的奥运情缘跨学科综合课并设计综合作业。围绕作业反馈可以看到，精心设计的作业促进了学生的成长。下面是部分作业的反馈。

（1）在课中，大家认识了小孙同学的姥爷，他作为首钢的工程师，作为老首钢人，见证了首钢几十年的发展转型，为首钢的发展奉献了一生。姥爷身上哪种品质最感动你？请结合本节课所学和姥爷的故事，写出你最想对姥爷说的一段话。

同学甲

品质：努力学习，勇于创新，无畏困难；一段话：我会学习您的优秀品质，考好期末测试。

同学乙

品质：姥爷对首钢工作热爱，尽心尽责，对晚辈关爱，无微不至；一段话：我会向您学习，认真读书学习，不辜负您对我们的期望，将首钢精神传承下去。

（2）学习了本课程"百年首钢与奥运情缘"后，如果用三个核心词概括你对本节课的学习收获，你会用哪三个核心词？

同学甲

本土企业，石景山地理优势，优秀品质。

同学乙

百年沧桑，优越地理，劳动榜样。

（3）你觉得这节跨学科融合课程对你的成长有什么用？本节课最打动你的细节是哪一个？

同学甲

对我成长的作用：让我了解了北京的本土企业，增强了我对所居住地的自信与自豪。

同学乙

打动我的细节：老师们都从所教学科讲述了首钢，很细致。

同学丙

打动我的细节：姥爷一生为助力首钢事业发展努力，坚定自己的目标，是值得学习的老一辈劳动模范。

从学生的反馈来看，学生对劳动的价值、优秀首钢人的劳动精神等有了深刻的感受与体验，可以看到跨学科作业设计切实提升了学生的综合素养。

三、区师训处的规划引导

教研组长参加了石景山区师训处组织的"双减"背景下教研组长的培训班。在培训中，师训处的李爱霞老师和李琳老师结合培训，多次指导教研组教师设计作业，围绕"双减"背景启发大家规范设计作业，保证作业设计的质量。这些指导有效帮助教师提升了优化作业设计的意识及作业设计实践能力。

四、"双减"政策下作业设计主题研修效果

为更好地总结研修活动的经验，明确下一步研修的方向，文科综合教研组进行了"双减背景下学科作业设计与实践研究"调查问卷。本次问卷作答共计18人。其中，教龄小于5年的6人，教龄5~10年的1人，教龄10~15年的3人，15年教龄以上的8人。从学科来看，历史学科5人，政治学科6人，地理学科6人，心理学科1人。通过对这些数据的分析可知，教研组开展的各种作业设计和实施活动确实提升了教师的作业质量观，促进了"双减"政策的落实。

（一）教师的作业质量观提升很大

在"教研组开展作业设计研讨后，在'作业设计很重要'方面的认知提升"上，有13人选择"非常大"，占比72.22%；有5人选择"比较大"，占比27.78%。

在"关于作业的作用功能"上，选择"从教学的角度看，具有信息反馈和育人功能"占比最大，为94.44%；其次为"从学生的角度看，具有巩固作用和发展功能"。就师生双方而言，做作业和批作业的双边活动起到了沟通作用。

在"您认为正确的作业观念主要包括哪些"，选择最多的是"发展能力"占94.44%，其次为"巩固知识与技能"占88.89%。

（二）教师更加重视跨学科作业设计

在"跨学科作业设计的重要性"上，50% 的教师选择"比较重要"，44.44% 的老师认为"非常重要"；在"建立跨学科的科学的作业评价体系的重要性"上，选择最多的是"非常重要"，占 77.78%，其次为"比较重要"占 22.22%。

（三）实现教师在集体智慧中共同成长

"双减"背景下，如何科学地设计作业达到提质增效的目的？这需要在教研组、学科组、同头备课组中汲取集体智慧的力量，开展作业设计的反思与交流分享。尤其是在鼓励科学设计探究性作业和实践性作业、探索跨学科综合性作业的背景下，组内各学科之间的作业设计交流与合作对优化作业设计起到了至关重要的作用。在教研组一系列作业设计研讨活动中，在集体智慧的碰撞中，各学科教师实现了作业设计意识和能力的快速提升。

总之，作业改革是学校教育高质量发展的关键因素之一。"双减"背景下，如何在区校协同背景下开展作业设计的实践探索有效发挥作业育人功能？在区师训处和各学科教研员的指导下，教研组开展的"作业设计"主题研修实践活动初步给出了答案。通过这些活动，教师更加关注作业的优化设计与实施，逐步懂得如何规范设计和分析作业。教师在集体智慧中提升作业的设计与实施能力，也在教研组里遇见和成就更好的自己。

区校协同背景下中学理化生教研组"双减"作业设计主题研修探索

王巍巍（北方工业大学附属学校）

朱英（北方工业大学附属学校）

《关于进一步减轻义务教育阶段学生作业负担和校外培训负担的意见》明确提出"切实提升学校育人水平，持续规范校外培训，有效减轻义务教育阶段学生过重作业负担和校外培训负担"[1]。完善家、学校、社会协同机制，客观上要求区校协同，协同建设学校共同体。

一、教研组及教研组长的概念及功能定位

一般而言，教研组是教师从事教学研究的组织，也是学校行政赖以领导教学的有效形式。因此，教研组的建设直接关系到学校教育教学的质量，关系到学校的生存和发展。所谓教研组组长，主要是指学科组或者年级学科组的负责人，负责组织本组教师进行学科和教学研究，以提高本学科教学质量。教研组长的主要职责：组织本组教师认真学习学校的教学工作计划，结合本组特点制订教研计划；制定提高教学质量的措施，并负责检查落实的情况；组织好本组的教学活动，引导教师学习有关教学、教育的法规和文件；钻研学科课程标准、新教材，积极进行教学改革；开展好集体备课、听课、评课、说课等活动。

在新课程改革全面铺开的背景下，应该清醒地意识到教研组必须承担教学和科研的双重任务。因此，优秀的教研组长除了要完成教研组所赋予的传

---

[1] 中共中央办公厅、国务院办公厅印发《关于进一步减轻义务教育阶段学生作业负担和校外培训负担的意见》。

统职责外，还要处理好组内常规教学和教育科研之间的关系，成为学校教学科研良性循环的推动者。

二、教研组的现状分析

北方工业大学附属学校是一所九年一贯制学校，初中部共有语文、数学、英语、理化生、史地政、体育、信息艺术 7 个教研组，专职教师 60 余人。其中，由物理、化学、生物三个学科构成的综合组，组内共 9 位教师，50 岁以上 3 位，35~45 岁 5 位，35 岁以下 1 位。教研组在学校的教学工作中起到了前沿阵地的作用，但是通过区校教研组发展问卷调研发现，教研组的教研本质明显因为学科多、人手少而弱化，教师的专业成长只能依托区级教研活动，校级教研组对教师专业成长几乎无所帮助。面对学校教研组建设的现状，着力在区校范围内加强教研组建设势在必行。

（一）教研组计划落实不到位

在学校教学工作管理中，教研组起到了上传下达的作用。学校教务处在学年初制订学校教学工作计划，学科教研组根据学校教学工作计划制订本教研组教学工作计划，组内教师据此制订个人教学工作计划。教研组学习常常流于形式，在工作计划中缺少明确的教研目标和翔实的教研措施，组员之间也缺乏深层次的探讨和交流。另外，个别教师的个人工作计划只是为了应付领导检查，部分的活动计划没有真正实施。2021 年国家教育部颁布的"双减"政策中关于提高作业设计质量，实现作业提质增效功能；发挥作业诊断、巩固、学情分析等功能；鼓励布置分层、弹性和个性化作业，坚决克服机械、无效作业，杜绝重复性、惩罚性作业"这些政策要求更多地是停留在理论中、计划中，没有落实到位。

（二）缺少系统准确的量化评价，挫伤教师工作热情

学校以教研活动的次数、活动范围、活动材料多少来衡量教研组工作的

实效，往往这种评价更多地是以"材料丰富程度"来衡量，缺乏对教研组实际情况的预判，也缺乏对教研活动的深入指导和分析。这种缺乏横向比较的评比制度，导致教研组之间难以产生良性互动，很难激发教研组教师的工作积极性，也影响教师专业能力的发展。

（三）教研活动流于形式，教师思想落后

教研组的教研活动多集中在听课评课活动中。首先，集体备课和集体评课可以集思广益，但是个别教师过于关注自我，参加教研的积极性不高，即使参与教研交流，也会把教研活动当成任务，只是把自己的听课笔记写完并不愿意主动发表意见。其次，有些教师缺乏教学研究意识，面临教学问题时，无法及时发现自己的短板，不知该如何改变。例如，有些教师课堂效率不高，教学任务完成得不尽如人意，总是埋怨课时少、学生基础差，很少自觉反思教学过程是否存在问题，是否把教学与研究有机结合起来。年复一年不去调整和完善教学方式，导致教学效果不够理想。

三、区校协同背景下改进策略

在当前"双减"政策背景下，如何整合教师资源建设具有教研特色的教研组以促进学校发展成为学校关注的焦点。教研组作为一种组织形式，是学校发展的中坚力量，在促进教师专业发展、提高学校办学品质、提升区域教育水平等方面发挥不可忽视的作用。它对于本校这种小规模学校以区校协同、校内合作的模式开展教研组建设实践研究十分有必要，因此应完善学校现有的教研管理制度和文化制度，创造性地开展教研组活动，逐步形成有特色的一套校本教研制度。

（一）区校联动推进校本教研

校本教研在中小学学科建设的各个实施环节之间起到纽带作用，发挥着"助推器"功能。高质量的校本教研能够促进教师专业发展、提高教学

质量，从而促进学生和学校的发展。有效的校本教研需要着眼学校的整体规划和发展，以学校的实际情况为出发点、以具体实践为落脚点。教研组是落实教学常规、开展校本教研的基层组织。如何提高教研实效是许多学校综合教研组共同的问题。2021 年"双减"政策颁布后，其中关于作业设计成为学校综合组共同的研究焦点，虽然理化生综合组的课程标准不完全一样，但是育人目标是一致的。由于作业是教学中提质增效的重要途径之一，所以综合组尝试在区校协同背景下对"双减"作业设计进行研修和实践探索。

只有在正确的理念引领下，才能在教育教学中真正做到立足学生的终身发展。为了使教研组全体成员都能具备先进的理念，我们制订了理论学习计划。基于学校理化生教研组各学科背景的特点，教研组确定了共同学习"学科核心素养""双减文件""双减背景下的作业设计"等具有共性的板块作为理化生教研组理论学习的内容。为了保障理论学习的有效性并兼顾不同学科教师的实际工作，我们采取了自修与备课组研修相结合的制度，定期进行阶段性的学习分享交流与联系实践的反思交流。这一方式使组内各学科教师都能够具备较为先进的教育教学理念和作业设计理论，并能够将其落实在教育教学实践中。

对中小学一线教师而言，各学科教研组的学科建设工作应落实在对一系列学科教育教学问题的实践研究上，根本目的在于帮助学生更好地提升学科核心素养。然而，理化生教研组包含物理、化学、生物学科教师，决定了学校必须选择一个合适的共性切入点来进行教育教学实践研究，这是首要问题。①找到切入点。找到了切入点只是开了一个好头，真正落实多学科背景校本教研的关键在于规划行动路径。理化生教研组有 5 位高级教师，其中 3 位区骨干教师。依托区级骨干教师课改实施能力提升研修项目中的理论基础，在教研组长的带领下，大家经过头脑风暴确立了理念引领实践、主题教研为抓手、制度保障实践的行动路径。②以主题教研为抓手。为了提升校本教研的成效，教研组将基于学校、教师和学生实际出发的主题教研活动作为主要抓手。为了打破学科壁垒，教研组还明确了以学生学习活动的有效设计和实施为抓手来培养教师的科学精神。基于这样的思考,理化生教研组先后开展了一系列主题研讨,有"单元作业设计中的问题交流""不同作业类型对比的实践交流"等系列主题活动。

(二)加强区域引领,营造良好的实践研究氛围

众所周知,作业是"双减"中重要的改革点。作业可以很好地连接教和学,通过作业的布置不仅能够帮助学生对知识加强巩固及理解,而且还能让学生的思维能力和独立思考能力得到锻炼。石景山区物理教研员高飞老师一直带领物理教师研究如何设计可以发挥诊断、巩固、学情分析等功能的作业。考虑到区校协同和本教研组实际情况,理化生组就"如何设计高效作业"进行教研组的实践研究,以设计高效作业为切入点开展有效教研。研究分为"双减政策理论学习""初中理化生学科作业存在问题研究""作业类型研究与实践""双减政策下初中理化生作业设计的实施与对策"四个部分。在"作业类型研究与实践"活动中,物理备课组按照前置实践类作业的设计流程和策略设计如下作业。

第一步依据课程标准要求并结合教材章节安排进行教学内容分析,整理出本节课学习目标并以表格形式列出,分析这些新学内容和已学过内容之间的联系,梳理出学习新内容所需要的必备的知识、方法和技能以进行诊断。以"探究影响滑动摩擦力大小的因素"(以下简称"摩擦力")为例,本节课需诊断的知识方法技能:对物体进行受力分析、力的测量(二力的平衡和相互作用力)、根据现象归纳特点、控制变量法等。

第二步结合对第一步的分析,寻找和教学内容相关并且家中容易找到的物品、容易做的小实验等。"摩擦力"一课中,可以找到相关的物品,如有鞋的花纹、洗衣机下的轮子、牙刷刷牙、筷子提米等。

第三步对照第一步中的学习目标表格,挖掘第二步中的物品或者实验,或诊断学生,或自主学习,或对老师的上课起到"引子"作用,设计对应的问题并列在表格中,作业设计依据如下(见表1)。

表1　作业设计依据表格

学习目标	知识、能力点	实践活动
通过实例知道摩擦现象的存在	观察能力 分析现象能力 受力分析	挪动冰箱洗衣机等，感受摩擦力 牙刷在手臂上移动，体会摩擦力 观察刷毛，尝试判断方向 通过筷子提米感受摩擦力，通过受力分析判断摩擦力
通过实验探究知道影响滑动摩擦力大小的因素	变量的识别 控制变量法 因变量的测量 分析现象归纳结论	改变牙刷的移动方式，体会摩擦力大小的改变，尝试猜测影响因素 如何将感受到的摩擦力大小定量测量？为实验室设计实验做准备 筷子提米如何才能成功？尝试找到影响摩擦力大小的因素
知道增大有益摩擦减小有害摩擦的方法	物理、生活的结合	家中挪动物品时需要什么技巧？感受增大减小摩擦力的方法

第四步依据表格选取合适的活动（表格中罗列的并不是都要体现在作业设计中），进行整理归纳，设计出本节课的前置实践作业。

依据以上流程、策略，选取了两个活动，"摩擦力"一课中设计作业如下：

【作业1】找一只软毛牙刷，右手拿牙刷，在左臂上从左往右刷。（明确操作过程）

问题1：观察刷毛的倾斜方向。由此现象判断牙刷所受摩擦力的方向为_____。

问题2：对牙刷进行受力分析，画出受力分析图。根据受力分析图判断牙刷所受摩擦力的方向为_____。（受力分析，印证问题1并为摩擦力测量做准备）

问题3：牙刷如何运动，右手对牙刷的拉力大小等于其所受摩擦力大小？（摩擦力的测量）

问题4：反复尝试，找到增加或者减小牙刷所受摩擦力大小的方法。如何判断摩擦力的大小？（猜想实践影响滑动摩擦力大小的因素）

问题5：实验室中，如何量化滑动摩擦力大小？（为上课进行实验探究做准备）

【作业2】筷子提米实验。

找一个玻璃杯或者纸杯,里面装入米,中间插一根筷子,想办法用筷子把米提起来。

问题1:你是第一次就成功了吗?如果是,请简单描述一下你的实验过程(可以图文结合);如果不是,说一下你的改进过程。

问题2:你认为该实验成功的要点有哪些?

问题3:你在家中还能找到哪些和摩擦有关的现象?

四、区域协同背景下收获与反思

近年来,学校理化生教研组在石景山区教研室的引导下,基于中小学阶段学科建设的内涵与任务,明确理化生学科建设方向。化学备课组承担了市区合作课题;在2021年石景山区第十九届中小学教育教学培训与展示活动中,理化生教研组的"初中理化生学科单元作业设计及实施"荣获教研活动设计一等奖,教研活动实施三等奖;组内多位教师专业示范影响力不断增强,承担了市区级公开课及交流展示等任务。通过组织建设来提高教师专业能力及实践水平,是教研组建设的一个基本理念。一个教研组要有活力、有凝聚力,组内教师之间和谐的氛围是首要条件;其次组内教师之间良好的合作氛围也是必不可少的。这些区校教研实效又与学校理化生教研组特有的组室文化和教研学习共同体的建设同根同生,即在关注"双减"背景下的作业设计、落实核心素养的校本教研中,凝聚组内每位成员的思想、观念和规范等,形成整个教研组的教学研究合力及对专业发展的共同愿景,激励组内成员自觉投入教育教学实践,在实践中不断提升教研品质。

就实践反思与发展空间而言,学校理化生教研组的建设实践也存在一些不足。例如,在如何对跨学科校本教研工作进行科学、合理的自我评估与外部评估,以及如何才能保证三个学科的学科建设规划和实施有相互借鉴性方面等。然而,持续健康的多学科建设需要不断总结经验,并且需要制定具有可操作性的目标，单靠综合组是无法实现的，所以我们要充分发挥这种"自上而下"的区校协同教研体系，充分发挥教师的主观能动性，利用区校协同的平台去进行不间断地交流、研讨和探索，真正体现教师在教育、教学和科研中的主体性。

区校协同背景下教研组助力课堂教学
提质增效的运行机制研究

——以加减法课堂教学为例的实践研究

刘家萍（北京市石景山区金顶街第四小学）

张潇（北京市石景山区金顶街第四小学）

一、研究背景

"双减"政策的指导思想中提出：要着眼建设高质量教育体系。课堂教学的高质量是高质量教育体系的一个重要的体现。提升课堂质量需要学校和社会的互动和支持。教研组是学校中专门从事教学教研的基层组织，通过开展与教学有关的教研活动，以达到教师成长和教学质量双促进的目的。

石景山区金顶街第四小学数学教研组，探索助力课堂教学提质增效的运行机制，试图解决阻碍学校数学学科教学质量提升的两个主要问题。

（一）数学教师队伍构成不均衡

学校一至六年级专职数学教师共 13 名，其中数学教龄不足 3 年的 11 名，占比高达 84.6%。由于年轻教师较多不可避免地存在以下问题：对小学数学知识整体性的认识不够；受任教年级的局限，知识产生断层，缺乏对知识之间的沟通与联系；甚至所教知识或方法会对后续的教学产生干扰或障碍等。

（二）学生数学学习后劲不足

在对三至六年级上一学期期末测试中的失分情况和错题原因进行数据统计与分析后发现，学生对很多题目概念理解没问题，解题思路也正确，但就是算不对。学生数学学习后劲不足是导致卷面分值不高的主要原因，直接影响学生的学习效果与学习的积极性。

二、区校协同背景下，数学教研组助力课堂提质的运行机制

"教而不研，则教必失之肤浅；研而不教，则研必失之深晦"，为促进数学课堂教学质量的提升，提高教学实效，学校数学教研组充分结合外部力量（如区教科所、教师培训中心、小学数学教研室、学校教学处）与内部力量（如教师个人课题、教研组活动），将科研工作和教研活动有机结合，树立"围绕教育教研搞科研，搞好科研促教育教学"的理念，充分发挥课堂作为课题研究主阵地的作用，使课题研究做到基于教育教学，让教师充分研磨教材勾连不同阶段知识间的"一致性"，让教师在研究中不断提高科研能力和教学水平让科研成果切实促进师生综合素养的提升（见图1）。

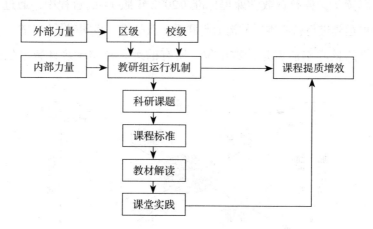

图1　教研组运行机制示意

三、数学教研组教研助力课堂提质活动的运行机制实践研究

学校数学教研组以解决教研组面临的问题为出发点,以加减法为研修案例进行助力课堂提质活动的运行机制实践研究。

(一)科研领航明确方向

在北京教育学院石景山分院李爱霞老师的指导下,依据北京市课题"基于数据分析实施小学数学有效教学的研究",在开展课题研究的过程中,教研组教师用数据发现、用数据决策、用数据评估、用数据反思,更加关注和满足学生的学习需要,有针对性地进行课堂教学设计,在切实减轻学生课业负担的同时,达到少时高效的教学效果,提升学生学习质量。

借助数据分析结果,教研组确定了数学组教研的重点:抓运算本质,研究运算"一致性",构建运算体系。本学期则以"小数加减法"和"分数加减法"为主进行课堂教学实践。

(二)以课程标准解读为指引

在解读《义务教育数学课程标准(2022年版)》的过程中,通过对运算中的四种运算进行核心本质的沟通与联系,教师进一步明确了加、减、乘、除四种运算的核心本质就是计数单位,所有的运算都是围绕计数单位进行的(见图2)。

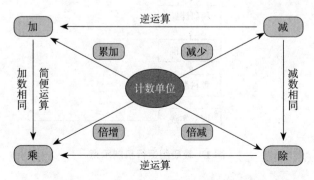

图 2　加、减、乘、除运算的关系

至此，教师对小学运算教学初步形成较为完整的大运算意识和核心意识。

结合本学期的教学内容，四年级与五年级都涉及加减法。四年级是小数加减法，五年级是分数加减法，因此本学期的教研活动围绕"加减法"的核心本质进行了深入的研究。

1. 加减法运算的一致性

整数、小数、分数的加减法，运算法则从表面上看似不同，但其实本质相同。整数加减法是末位对齐才能相加减；小数加减法需要小数点对齐再加减；分数加减法要先化成同分母分数再加减。这些运算法则的背后有一个一致的道理：只有计数单位相同，才能相加减。

2. 乘除法运算的一致性

整数、小数、分数的乘法，本质上都是计数单位的不断累加；对于除法运算来说，无论是整数除法、小数除法，还是分数除法，本质上都是计数单位的不断细分。可见，乘法和除法在运算本质上也是计数单位及计数单位的个数不断累加和细分的过程。

3. 数的意义的一致性

以下是数的意义的一致性（见表1）。无论是整数、小数还是分数，其本质都是计数单位个数的累加。在读数时，读的是计数单位的个数。在比较数的大小时，实际上也是在比较计数单位和个数。

表1　数的意义的一致性

分类	意义	读法	大小关系
整数	235=2 个百 +3 个十 +5 个一	二百三十五	从高位起，依次比较相同数位上的计数单位的个数
小数	0.35=3 个 0.1+5 个 0.01	零点三五	
分数	7/8=7 个 1/8	八分之七	同分母分数比较大小，分子大的分数较大；异分母分数比较大小，要先通分成同分母分数，再比较分子的大小
相同点	都是用计数单位及其个数来表达数	都是读计数单位及其个数	都是比计数单位及其个数

数的运算作为一个大的单元，每一次对数进行新的认识和学习时，都应该围绕"计数单位"这一核心本质进行教学。

（三）以研读教材为核心

学校主抓数学教学的孔副校长带领所有数学教师进行了三天的集中培训。首先，从数的不同形式与教学年级的角度梳理了小学 1~12 册教材中有关运算教学的内容。培训帮助年轻教师准确把握教材中有关运算教学的整体序列安排，建立运算教学的整体框架（见图 3）。其次，再从整体运算框架中，整理出有关加减法的教学序列（见图 4）。

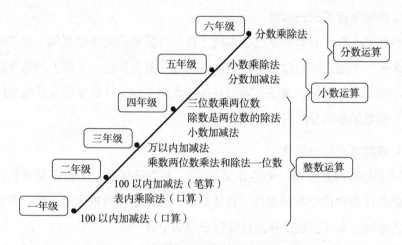

图 3　各年级有关运算教学的内容安排

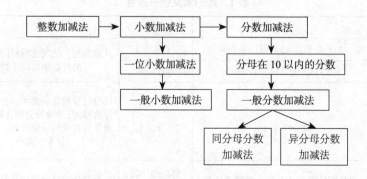

图 4　有关加减法的教学序列

（四）以课堂实践为检验

学校数学教研组长有幸参加了石景山区教师培训中心李爱霞主任组织的教研组长"双减"专题高级研修班。"双减"高研班为我们创建了与专家、教研员和各学校之间学习沟通的平台，尤其是为了增加针对性，还为学校数学教研组请来了石景山区数学教研员孙庆辉老师，一对一指导课堂实践研究，使教师能够深入领悟"运算"一致性的深刻含义及实际的意义。开展整数加减法、小数加减法和分数加减法的系列研究，在课堂实践中更好体现"运算"一致性，帮助学生构建大运算观念做了一些实质性的研究。

1."小数加减法"单元教学设计与实施

基于对教材与学情的分析，本单元学习的重点是帮助学生理解在列竖式计算中只有相同的计数单位的数才能相加减，以及把小数点对齐时只有相同数位才能对齐，即相同的计数单位的数才能相加减。

（1）基于运算一致性，创设"大问题"。在教学中，教师要根据学生的具体情况，对教材进行再加工，创造性地设计教学过程，做到"用教材教而不要教教材"。结合教材分析与学生的实际，如果只呈现小数位数相同的情况，则不利于学生理解小数点对齐的本质。因此，将人教版《数学》（四年级下册）中例1和例2的内容整合，把小数位数相同和不同的情况一起呈现，在实际情境中，让学生自主提出问题，拓展课堂教学空间。学生通过对比、质疑，更能启发学生的深层次思考，促进学习。

（2）基于运算一致性，聚焦核心，探究算理。本环节引导学生经历对比、质疑、辩证、理解"小数点对齐是为了把相同的计数单位对齐"，以"小数加法"为载体突出算理理解。在学生自主尝试计算后，教师通过正例和错例对比呈现，组织学生围绕"这两种算法有什么不同""哪种算法正确""为什么要先把小数点对齐了再相加"等问题展开交流、辨析，并借助多元表征从不同角度明晰算理。

（3）对比学习，串联知识一致性。教师引导学生讨论小数加法与整数加法之间的关系，讨论整数加法与小数加法有什么相同点和不同点（见表2）。

学生在本活动中，明晰了小数加减法与整数加减法的核心本质都是"相同数位对齐""只有计数单位相同的数才能相加减"，关联了知识间的一致性。这个活动使学生认知结构中加减法运算的体系更加完善，帮助学生回到知识的源头去思考问题，让学生理解运算的意义。

表2　小数加减法与整数加减法的异同

异同	小数加减法	整数加减法
相同点	相同数位对齐，计算方法相同	相同数位对齐，计算方法相同
不同点	小数点对齐：小数点对齐就是相同数位对齐。得数中一般要添加小数点	末位对齐：整数的末位是个位，末位对齐就是相同数位对齐

2."分数加减法"教学设计与实施

围绕"分数单位"来设计教学活动能更好帮助学生感悟运算"一致性"，在理解算理中抓住运算的本质。

（1）在分类中，聚焦"分母"。本节课以环保为主题创设问题情境，通过问题驱动让学生自主去发现问题、解决问题。在引入环节设计如下问题：

同学们，2020年5月，北京开始进行垃圾分类，同学们的环保意识越来越强，咱们学校的环境越来越美。在我校垃圾种类的统计中，厨余垃圾约占垃圾总数的1/2，废纸约占垃圾总数的1/3，有害垃圾约占垃圾总数的4/49，塑料制品约占垃圾总数的3/49，其他垃圾约占垃圾总数的1/50。你能提一个用加、减法解决的问题并列出算式吗？并尝试将这些算式分分类。

在分类中发现：按照运算的形式不同来分类，学生列出的算式可以分为分数加法与分数减法；按分母的相同与不同来分类，可分为同分母分数加减法与异分母分数加法、减法。在分类中找到分数加、减法的不同点，在于分母的相同与不同，将学习的焦点聚焦"分母"，其实也就是分数单位上来。

（2）在讨论中，聚焦"分数单位"。在大多数学生都根据已有学习认知，选择计算同分母分数加减法的题目"4/43+3/43=7/43"之后，学生能够说出分母不变，分子相加的算法。在这里，要抓住"为什么分母不变"引发学生进行充分的讨论，最终引向"分母相同，就是分数单位相同，分数单位相同，分子才能相加减"这一核心内容。

（3）在转化中，聚焦"统一分数单位"。如果说运算的一致性是小学数学运算知识层面的一条主线，那么还有隐藏在知识层面之下的另一条主线则是数学的思想方法。数学学习重要的不仅是知识本身，而是基于知识寻找知识之源，掌握获取数学知识的方法。

例如，提出问题："分母不相同的加减题，怎样计算呢？"部分学生能够借助通分进行计算，但问道："为什么要通分？"很多学生就答不上来了。这说明是学生对于算法的机械模仿并没有真正理解通分的目的是统一分数单位，教师有必要引导学生借助画图理解"为什么要将异分母分数转化成同分母分数"，并通过数形结合将份数不同（也就是分数单位不同）的图形，转化为份数相同的图形（分数单位相同），以帮助学生理解"统一分数单位"的内在深意。

教师还可以提出这样两个核心问题：为什么大家不约而同地想到了转化？为什么要转化？由此引发学生对转化原因的深度思考，从而明确转化不仅是为了把不同分母转化为相同分母，更重要是为了把不同的计数单位转化成相同的计数单位。只有相同的计数单位才能相加减，问题才能得以顺利解决。这样做可以凸显转化这一思想方法的优势，进而突出运算的本质。

（4）在沟通中，聚焦"计数单位"。在学生通过本节课对"分数单位"的深度认知之后，总结出分数加减法的计算方法是分母相同，分子相加减；分母不同，通过通分将分母转化成同分母分数，分子再进行加减的分数加减法。算法之后要联系以前学习的整数加减法末位对齐再加减。用小数加减法要小数点对齐再加减分数的算法引导学生在对比中发现：整数、小数、分数加减法，运算法则从表面上看似不同但其实本质相同。有一个共同的道理是把相同计数单位的个数相加减，紧紧抓住"计数单位"这个核心概念，完善学生对加减法运算系统的构建，进一步让其感悟数字形式不同的加减运算的一致性。

两位教师在课堂实践中紧紧抓住"知识间的一致性",激发学生已有的生活经验,帮助学生完成知识的正迁移,在学习计算的过程中明理晰法。课后石景山教育分院的孙庆辉老师也分别对两节课做出了细致的点评,不仅对教师的优点提出了表扬,还对课堂的教学活动给予了很多中肯的专业化指导。

四、教研活动的成效

　　通过教科所对学校教研组的课题指导、区教研员的课堂指导,教研组中的每位教师都在理论学习与课堂实践中得到了不少收获。

(一)形成了助力课堂实践的机制("四位一体"的运行机制)

　　以课题研究发现真问题,明确教研方向;以课程标准的深入解读为教研行动指引;以认真研读教材为教研活动的核心;以课堂实践为教研效果的观察检验,形成了"四位一体"的教研组运行模式(见图5)。

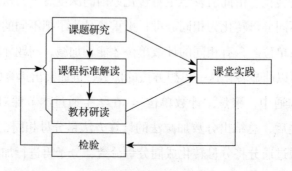

图5　教研组运行模式

　　在教研活动中,组内教师从教材的整体分析聚焦到每一个年级的每一节课,从大到小地进行聚焦式的教学设计,抓主线、抓核心,使教学结果更容易与整体的运算教学进行融合,更加利于学生以小见大;从运算本质出发触类旁通,形成知识体系,推动每一堂课的教学质量提升。

（二）促进教师对教材的准确把握与定位

教师改变仅依靠教科书开展教学的做法，通过教研组组员间的横向指导和学科专家的纵向引领，真正参与教学研究现场，经历了教材的研磨，教案的设计、实施、反馈的全过程，并在不断的研讨中调整、完善。无论是执教教师，还是组内参与教师，在教研活动中都有充分发表自己观点的机会，始终带着对研究主题的关注与理解，修正自己的认知，使自己的专业素养得到不同层次的提高。

（三）学生运算核心素养得到提升

新课标注重学生运算核心素养的培养，教师带领学生以核心本质"计数单位"为依托，打通不同学段中运算之间的"隔断"，沟通不同运算之间的联系。学生在学习的过程中不仅掌握了个别的知识点，而且从内容之间的关联中体会核心概念，边学边"联"，不断扩充、完善认知结构，对算理有了进一步的理解与感悟，有利于感受数学知识的整体性，构建知识的一致性。学生在学习中发现问题、解决问题，在倾听、交流、合作中学会学习，促进全面发展，提升运算核心素养。

五、结语

每一次的研究都是一场智慧的修行，以及思维的碰撞和专业的成长。在区校协同的背景下，教研组以科研课题为载体，以教研组活动为依托，真正把科研、教研、教学整合到一起，真正把校本教研落到了实处。教研组按照从"科研—实践"的思路躬身入局，以理论指导实践，提升课堂质量水平，使教研活动的实效性得以彰显，真正助力"双减"实施。

区校协同背景下教研组探索精准教研模式落实"双减"的研究

——以英语教研组"课堂提质"实践研究为例

万丽（北京教育科学研究院附属石景山实验学校）

一、"双减"政策下的区校协同发展

2021年7月24日，中共中央办公厅、国务院办公厅印发了《关于进一步减轻义务教育阶段学生作业负担和校外培训负担的意见》指出："提升课堂教学质量，优化教学方式，强化教学管理，提升学生在校学习效率。"❶校本教研是引导教师开展教学研究的主阵地，是保证学校发展和教师专业成长的内在机制。学校为保障"双减"政策的扎实落地，积极寻找多方资源，与北京教育学院石景山分院教师培训中心及北京师范大学未来教育高精尖创新中心联手，共同打造区域协同教研的新模式。经过一段时间的摸索和实践，学校在2021年5月和2022年6月，连续两年召开了区域教育教学研讨季展示交流活动，将技术支持下的校本精准教研模式的相关研究进行经验分享，在区域内取得了一定的影响和辐射作用。

北京师范大学团队在对英语教师进行前期调研的基础上，结合英语教研组的"研修主题"和教师的"教学困惑"，经过双方多次研讨，最终确定了英语"课堂教学111模式"。该模式基于学生的认知规律和教师对教学实际

---

❶ 中共中央办公厅、国务院办公厅．关于进一步减轻义务教育阶段学生作业负担和校外培训负担的意见 [EB/OL]．（2021-07-24）[2022-7-31]．http：//www.gov.cn/zhengce/2021-07/24/content_5627132.htm.

问题的深度思考，在落实"双减"政策的前提下，通过这一全新模式的应用与实践，基于每一堂课中师生的互动反馈数据，以及每一次教研活动中呈现的数据分析结果，帮助教师找准问题、精准施教、精准教研。该项目的实施和相关数据分析使教师的课堂教学更有抓手、教研活动更有保障，也使坚持质量导向、实现育人目标不再是一句口号。同时，这一模式的深入研究势必会对教研组的整体教研水平提出更高的要求。提质增效、基于课堂教学的教研组精准教研模式研究任重而道远。

二、英语教研组的现状分析

教研组作为提高教师素质、提升教师教学技能的重要组织，是学校开展教研工作的主阵地，加强教研组建设是促进学校发展的必然选择。"独行快，众行远"。在学校这样一个特殊组织中，只有充分调动并发挥每个人的优势，才能凝聚合力助力团队快速成长。鉴于此，学校近几年来一直在努力寻找适合教师和学生可持续发展的有效路径。尤其是自"双减"政策实施以来，学校依托北京师范大学"精准教研"项目，科学构建教研组的组织构架。"跟进式"教研活动的开展提升了教师的认知水平及专业素养，并取得了一定的成效。

学校英语教研组共有8位在编教师：1位中高级教师、6位一级教师和1位二级教师，年龄均在30~50岁，处于教师发展的黄金期。组长本人具备较强的教科研能力，对教材的理解有自己独到的见解，拥有较强的组织管理能力。其他几名教师分属2个校区、6个年级，每一位教师对自己的职业发展都有较为清晰的认识和规划。但是，随着近几年来教育大环境的悄然变化，教材的整合与调整，以及对课堂教学质量提出的更高要求，一些教师开始感到迷茫，怎样做才能落实"双减"政策？什么样的课才算一节好课？课堂教学如何才能达到提质增效？……这些问题随着要求和标准的提升，一直困扰着一线教师。一直以来沿用的执教模式已经不能适应当下教育发展的新形势和新要求，教师亟待转变教学观，迫切需要新的教学方式及教研模式来引领和改变当下的教学现状。

三、双减背景下英语教研组精准教研实践研究

《义务教育英语课程标准（2022 版）》[1]中提到：二级、二级＋（五、六年级）其课外阅读量应累计达到 4000~5000 个词。而三级（七年级）标准中则要求：课外阅读量应累计达到 4 万个词以上。基于上述标准，作为一所九年一贯制学校，学校小学高年级学生（五、六年级学生）的阅读量远远低于此标准，长此以往将不利于英语学科素养的形成和发展。

依托"双减"政策及新课标的相关要求，教研组针对教材内容和教学中的困惑提出教研组的"研修主题"，并围绕该主题开展学期工作。2021—2022 学年度，英语教研团队通过前期调研，了解学生在语篇阅读方面存在"短板"，并以此为抓手针对中高年级学生开展了有关语篇阅读的问卷（126 份有效问卷）调查，对相关年级的英语任课教师开展访谈，其调研结果如下。

（一）基于学生的调研结果

学生语篇阅读甚至是英语学习的兴趣，很大程度上取决于教师的教学风格及教学方式。语篇阅读量有限、文化差异、生活常识、陌生单词等都制约着学生语篇阅读的进程和积极性。而学生自身因缺少科学合理的语篇阅读方法，也是影响其阅读能力提升的重要因素之一。

（二）基于教师的调研结果

1. 语篇阅读认知层面的偏差

相当一部分英语教师对语篇阅读的重要性认识不足，对语篇阅读教学的培养目标认识片面，对学生英语语篇阅读素养的发展过程和特点把握得不准。

---

[1] 中华人民共和国教育部. 义务教育英语课程标准（2022 年版）[M]. 北京：北京师范大学出版社，2022：26-28.

2. 语篇阅读材料选择匮乏

目前，在英语语篇阅读教学实践中，存在两个阻碍学生思维能力发展的因素——语篇内容和语篇教学目标的局限性，具体体现：语篇阅读文本内容比较单一，教学目标设定大多聚焦表层信息的获取和浅显的意义推断，忽视对学生思维品质的培养。

3. 语篇阅读教学方法单一

在课堂教学中，教师更注重对词汇和语法的教学，具体体现：忽视对语篇阅读材料的教授，在一定程度上导致学生缺乏对语篇阅读的兴趣；语篇阅读教学流于形式，多以教师的讲授式为主，缺少学生的思维性活动；语篇阅读教学的方法手段单一，如多媒体技术等辅助性手段应用不足等。

通过对学生和英语教师的问卷及访谈发现，制约学校中高年级学生英语语篇阅读能力的主要问题：语篇阅读材料的选择、师生对语篇阅读教与学方式存在的误区及能力方面的欠缺。

（三）创建课堂教学模式

随着大数据、人工智能等新一代信息技术的快速发展，以及"双减"政策对教师专业能力提出的更高要求，融合信息技术转变教育模式和研修方式已成为教师队伍建设的主要目标之一。

基于以上问题，学校借助北京师范大学智慧教研平台，开展"教—学—评"一体化的语篇阅读教学研究。从语篇阅读的材料选择到课堂教学"111模式"的有效性探索，再到"两上两下"的教研活动的有序推进，组内成员基于智慧教研平台数据对课堂教学进行科学的诊断与分析，通过开展线上线下一系列的教研活动，找准问题"症结所在"并"对症下药"，在英语语篇阅读教学方面努力寻找适合师生双向发展的新方法。

教师的主阵地在课堂，落实"提质增效"的关键在于提高每一节常规课的质量。这就离不开科学的教学方法和规范的教研活动。本学期，学校英语教研组依托"精准教研"模式，在教研组长的带领下，通过组内研讨及同北京师范大学专家团队多次沟通后，最终将学期"研修主题"定为"基于智慧教研项目的小学英语语篇阅读精准教学的研究"，并以此开展相关活动。每周一次的教研活动，每月一次的组内研究课，每学期一次的展示交流，固定的活动时间，变化的活动内容，高效的活动方式，对执教教师是一种无形的鞭策，对其他教师是一种激励，对团队是一种洗礼。全新的教研模式颠覆了教师对固有教研模式的认知，以更加严谨、科学的方式助力团队在教研的道路上行稳致远（见表 1）。

表 1 传统教研和精准教研模式对比

传统教研	精准教研
● 教学设计 执教教师备课或同年级同备一节课，语言描述，执教教师记录要点，自行整理	● 教学设计 （1）执教教师上传教学设计，上传平台后组内教师在平台上看教学设计，点评或留言 （2）点评结束后，执教教师根据建议等修改教学设计并二次上传平台共享
● 课例 现场听课记录主要内容或使用量表进行点评	● 课例 方法一（平台传课）：执教教师根据教学设计提前录课并上传本课视频到平台，组内教师在平台上观课，"打点"进行二次评课 方法二（现场观摩）：利用手机"听课本 App"现场听课"打点"进行评课
● 教学研讨 同组教研，开展听评课活动	● 教学研讨 （1）第一次全组教研：（根据平台上针对教学设计的意见或建议）开展集体教研，共同修改教学设计，并提出改进建议 （2）第二次全组教研：教师本人反思课堂教学的优缺点，组内成员现场点评，专家结合平台"打点"的数据进行点评，并提出改进意见。结合本节课"暴露"出的问题，开展教学经验的"微分享"活动

1. 课堂教学的"111 模式"

传统的小学英语执教模式遵循 3P 原则，即 Presentation、Practice、Production，再辅以热身和最后的总结归纳。"111 模式"打破常规，从复习入手帮助学生充分激活所学内容，在新授环节进行常规性的语言学习。两者最大的区别在于拓展环节，语篇内容的选择很有"讲究"，要与本节课新授部分的主题、话题保持一致，且以听说为主要训练依据。可以说，这部分内容既是对新授知识的补充，也是对其内容的升华。其目的直指语言的工具性，学以致用。学生通过自学语篇了解内容，进而与同伴交流互动习得语言；再通过展示交流巩固语言（见图1）。

图1　课堂教学"111模式"五步教学法

2. 群体网络协同备课模式

不同于传统的教研模式，精准教研依托信息化平台强大的数据收集与分析，以及专家和教师团队的群体智慧，开展在线协同备课，线上线下双循环，助力教师快成长。教案备课主要包括以下四个步骤。

步骤一：撰写并上传教案。执教教师撰写教学设计，并上传至精准教研平台。

步骤二：协同评论教案。教研组其他教师登录精准教研平台对教学设计进行点赞和评论，发表自己观点。

步骤三：面对面交流教案。执教教师和教研组内其他教师开展群体的网络协同备课研讨活动，针对教学设计问题进行深入分析和策略指导。

步骤四：修改完善教案。根据前期建议，执教教师修改完善教学设计，并上传修改完的教学设计到精准教研平台。

3. 录播课听评课研修模式

录播课教研主要依托精准教研平台，执教老师需要把录制的课例上传到平台上。课题组组织教研组教师一起到平台上听课，听课过程中需要记录听课笔记，也会结合量表进行课堂观测，从而给执教教师提供科学客观的评价数据。录播课听评课教研模式如下（见图2）。

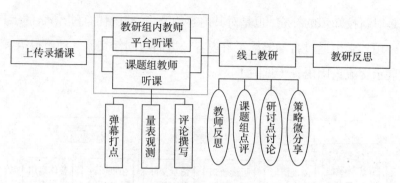

图2 录播课听评课研修模式

4.学科组精准教研模式

聚团队智慧，集众家所长。精准教研活动在精准的时间约束下，研究有方向。精准教研平台工具能够为课前、课中、课后围绕教师日常教学的备课、上课、听评课及反思学习提供有效支撑。学校通过精准的数据对教师进行在线实时指导，助力教师的专业化成长。执教教师根据平台数据汇总教研组教师的修改建议，结合专家组的反馈意见等，在协同备课的精准教研的模式下，不断精进各自的教学水平。同时，学科化利用大数据有效指导课堂教学，真正落实"提质增效"。学科组精准教研模式如下（见图3）。

图3 学科组精准教研模式

四、提升教研组成员的积极性

英语教研组从日常教学中的问题入手，确立教研组"研修主题"，以"研修主题"为抓手，借助精准教研平台开展线上线下协同备课活动。从观摩执教教师研究课视频，到教研组内教师线上点评线下反馈；从执教教师现场反思教学中的得失及困惑，到教研组分组讨论给出改进意见及建议……一次次思维的碰撞、全新的教研模式，对执教教师和团队教师而言都是互相学习和自我提升的有效途径。全新的教研模式在助力教师成长的同时，也帮助组内教师在展示课、教学设计撰写、拓展资源的选择、案例反思等方面取得了长足的进步和专业水平的提升，充分调动了教师的积极性。

五、教研组的建设成效

（一）促进教师专业发展

本学期，教研组教师在北京师范大学专家的引领下，贯彻落实"双减"政策，依托数据开展精准教学，通过专题培训夯实理论基础开展平台协同备课，进一步提升教师撰写教学设计的能力；开展组内听评课活动，在课堂实践的基础上，反思教学中的得与失；主题微分享，提高教师开展小微课题研究的能力。为促进教师不断进行回顾与自我反思，每一次的团队教研都从三个问题角度出发，帮助教师对自己的教学从研讨前的问题、研讨中的收获和对未来教学的展望进行全面反思总结。教学反思的根本是教学问题的解决，主要指向的是教学实践中产生的具体问题，以及通过研讨活动后让教师进一步明确如何改进教学设计以便更好地解决问题，将教师对教学行为的关注上升至对教学观念的转变，提高教师的教学能力。问题反思支架如下。

问题一：自身的教学问题是什么？

问题二：通过教研活动学到了什么？

问题三：之后教学活动中应该怎么做？

（二）学生语篇阅读能力提升

针对不同类型的语篇阅读，学生在教师的引领下并在同伴的协助下，通过不同类型语篇阅读活动驱动，语篇阅读能力有了显著提升。随着语篇阅读在英语课堂中的落地，通过课堂观察我们发现：教师对语篇阅读的学法指导越来越有章法，教师"重主题把握、重语境设置、重整体感知"；学生在教师的帮助下尝试采用"自由想象、直觉判断、看图排序、故事命名、情节推理、发现规律、归类总结等"语篇阅读小策略，大大激发了学习英语的兴趣。用语篇阅读引领不同年龄段的学生探索教材中的未知领域，这样的学习必将成为一段有趣的经历、一种愉快的体验。

六、结语

在"互联网+"时代，探索技术与教师教研相结合的有效方式，跟踪教师个体教研活动的全过程数据，进行多维度诊断分析、个性化资源推荐，可以满足教师专业化发展需求，使教师拥有实际获得感，将最终整体提升学校学科教师的专业能力，提升学科课堂教学质量。学校为教师搭建了学习、交流及展示的平台。为进一步落实"双减"政策，深耕课堂教学，优化教研模式，让我们一起为学校的可持续发展助力！

区校协同背景下
依托课堂观察助力英语教研组建设的研究

田菲（北京市第九中学分校）

一、背景

教研组是专门从事教学、教研的基层组织，肩负着教学、教研和教师培训等多项任务，是提高教育教学质量和促进教师成长的重要组织。教研活动鼓励教师针对教学实践中的问题开展教学研究，使课程的实施过程成为教师专业成长的过程。

区校协同为教研组的建设和发展起到积极的推动作用。教研员下校指导、参与校本教研为教研组建设和发展提供助力；"教研组长'双减'专题高研班"为教研组长的成长和提高提供了平台，"高研班"的课程内容丰富，与教学紧密结合，同时专家走进学校实地交流观摩，对学员进行指导和培训、对学习成果进行巩固，使其具有延续价值，发挥辐射作用。

北京市第九中学分校英语教研组在区教研员的建议和指导下开展了"课堂观察——走向专业地听评课"的学习活动，旨在借助课堂观察的手段促进教研组的发展与成长。教研组通过课堂观察研讨，使教师能够把握课堂，认识课堂，提升课堂教学质量，为落实"双减"政策助力，为学生发展铺路。

本次研究选择"读写结合"作为课例研究对象，展开课堂观察，进行跟踪研究。教研组运用"课堂观察"的分析方法，借助对课堂多维度的观察反馈，以"发现问题"为起点，以学习、讨论、反思和改进为循环过程，完善教师教学设计，总结"读写结合"实施策略，为以后的教学提供借鉴。教研员参与观察反馈、讨论、反思和改进等关键环节，给教师提出中肯建议的同时，也对教研组的活动实效表示肯定和鼓励。

二、教研组开展课堂观察的意义和价值

《关于进一步减轻义务教育阶段学生作业负担和校外培训负担的意见》（以下简称《意见》）指出，要大力提升教育教学质量，充分激发办学活力，整体提升办学水平。

达到此目标的基础是高效的教学行为。要将各个教学环节有效地整合到一起，调动学习热情，促进学生参与，由此构建知识结构、拓展思维深度，形成学习能力。意欲提高课堂效果就要了解课堂，而了解课堂最直观、有效的办法就是走进课堂，进行课堂观察。课堂观察"就是通过观察对课堂的运行状况进行记录、分析和研究，并在此基础上谋求学生课堂学习的改善、促进教师发展的专业活动"❶。

首先，课堂观察有利于形成教研组合作文化。在此过程中，教师自愿参与、互帮互助、平等交流、精诚合作，集体共享成果。全体教师参与听课、评课过程，是对执教教师课堂实践的有效改进，也是反思自己教学的过程和手段。其次，课堂观察有利于促进教师专业发展。作为教研组成员的每一位教师，在课堂观察过程中以特殊的身份参与课堂、观察课堂、反思课堂，为他人提出改进建议的同时，合理删减已有环节，这对每一位教师对教学重难点的把握、对学情的了解程度及对自己课堂教学实践的改进，都有重要意义。最后，课堂观察有利于学生的发展。开展课堂观察就是希望教学以学生的需求为起点，学生在教师的教学过程中理解、学习、应用、实践、迁移、创新。教师提高教学能力最终是为了服务学生，而提高课堂教学有效性必将提升学生的课堂学习效率。

三、区校协同背景下教研组实施课堂观察的基本步骤和教学实践

《意见》指出，要坚持学生为本、回应关切，强化学校教育主阵地作用，构建教育教学良好生态，促进学生全面发展、健康成长。

---

❶ 沈毅，崔允漷.课堂观察：走向专业的听评课 [M].上海：华东师范大学出版社，2008：74.

为此，在"双减"高研班培训任务的驱动下，结合教研员下校指导的意见，北京市第九中学分校英语教研组确立了借助课堂观察提高教学质量的目标和行动研究的计划。教研组长负责统筹规划、邀请教研员等任务，英语组全体教师共同参与，针对北京市第九中学分校英语课堂中学生存在的问题而展开行动研究。研究从 2021 年 9 月—2021 年 11 月，历时两个月，对不同教师的"读写结合"课进行追踪观察，试图通过基于课堂观察的科学方法，改善学生在读写结合中的实际问题，促进团队的整体发展和教师个人的专业发展。

（一）学习课堂观察，与英语学科建立联系

教研组的共同学习是文化型教研组的起点和常态，为了更好地研究，组内共进行了两轮的理论学习。通过学习，教师明确了课堂观察的目的和意义。更重要的是，借助书中提供的"课堂观察框架"，教师自主选择观察维度，确立观察点，开发与"读写结合"课型、符合英语学科特点的观察工具，制定观察量表，为课后讨论和反思提供客观、充分的证据，也为后期课堂实践的改进提供可靠依据。

（二）制定量表，全组教师自主选择观察点

学习过程中获得的"课堂观察框架"为教师的课堂观察提供了操作的参考。

教研组的教师 2~3 人一组，根据自己的特点和需求自主选择观察角度，在开发观察量表环节上遵循"可观察、可记录、可解释"❶ 的原则。量表的设计还要便于操作，具备学科特色，如英语学科语言知识的学习、内化、运用，思维品质的启发和引导，文化意识的对比和赏析。教师自主设计的观察表使用起来也更得心应手，对听、评课也有辅助和指导意义。为了确定恰当合理的观察点，教研组教师多次磨合，最终确定了"教师·学生·课程"三个维度、六个视角作为观察点，并设计、开发了学生的"学习·互动"观察量表。以下是具体各维度和视角下的观察点举例（见表1）和观察量表（见表2）。

---

❶ 沈毅，崔允漷.课堂观察：走向专业的听评课 [M].上海：华东师范大学出版社，2008：85.

表1　各维度和视角下的观察点举例 ❶

维度	视角	观察点举例
教师教学	环节	• 教学环节怎样构成（依据／逻辑关系／时间分配）的？ • 教学环节是怎样围绕目标展开的？ • 怎样促进学生学习（引发背景知识／厘清脉络／情感触动）的？
	呈现	• 讲解效度（清晰／结构／简洁／语速）怎样？有哪些辅助行为？ • 板书呈现了什么？是怎样促进学生学习的？ • 媒体呈现了什么？怎样呈现的？是否恰当？
	对话	• 提问的时机、对象、次数和问题的类型、认知难度怎样？ • 候答时间多少？理答方式、内容怎样？
	指导	• 怎样指导学生自主学习（读文／活动／作业）？结果怎样？ • 怎样指导学生合作学习（分工／讨论／活动／作业）？结果怎样？
学生学习	互动	• 有哪些互动／合作行为？哪些行为直接针对目标的达成？ • 参与提问／回答的人数、时间、对象、过程、结果怎样？ • 参与小组讨论的过程、结果怎样？ • 互动／合作的习惯怎样？
课程性质	内容	• 怎样处理教材的？采用了哪些策略（增／删／换／合／立）？ • 怎样凸显本学科的特点、思想、核心技能以及逻辑关系？ • 课堂生成了哪些内容？是怎样处理的？

表2　观察量表：学生学习·互动

目标和环节		观察内容							
		时间	课堂回答				课堂活动		是否指向目标
			个别	过程	结果	小组	全班	过程	结果	
目标一 按照时间顺序，提取姚明获得个人成就和社会影响的信息	环节1：导入 意图：获取有关姚明的信息									
	环节2：阅读 意图：按时间梳理成就									

---

❶　沈毅，崔允漷.课堂观察：走向专业的听评课 [M].上海：华东师范大学出版社，2008：104-106.

续表

目标和环节		观察内容								
		时间	课堂回答				课堂活动			是否指向目标
			个别	过程	结果	小组	全班	过程	结果	
目标二 通过仔细品味文本，借助教师补充的资料，感受姚明的经历及成就，归纳、总结姚明个人成就和社会影响背后的个人品质	环节3：深度解读 意图：深刻体会姚明的成就									
	环节4：三读 意图：归纳品质									
目标三 选择姚明品质所展现出来所触动人心的某一形象特质表达创作及分享	环节5：学生写作									
	环节6：互评									
	环节7：总结									
总体评价和建议										

（三）走进英语课堂，客观收集观察数据

观察教师依据观察点和设计的观察量表，选择适当的位置、角度。例如，选择学生"学习·互动"环节的教师需要记录学生的课堂参与情况，观察教师选择离学生较近的位置，以便随时记录学生参与的时间等；再如，选择"教师教学"环节视角的观察教师需要观察教师情境创设的有效性，在不让学生注意力受到干扰的情况下，选择便于走动的位置来了解更多学生的具体情况，可从学生听到教师指令后的反应判断指令是否清晰、简洁、明了。因此，每组观察教师着重关注自己观察量表中的内容，收集记录信息，以便课后的反馈。

（四）借助量表，分组反馈，集体反思

观察教师在课后讨论交流之前要对收集记录的信息进行整理、归类和解

释。在第一次教学实践之后，每组观察教师在课后观察数据的处理上花了很多时间，原因是观察量表本身有需要改进和完善的地方，观察教师在整理、归类的同时也对观察量表进行了调整。

针对第一次的教学实践，观察教师首先进行组内的分享与交流，汇总了突出的、集中的问题，并针对问题预设了修改意见。在教研组全体教师的反思改进活动中客观反馈本组的观察结果和建议，其他组教师再补充或说明。

观察组教师在肯定执教教师的优点的同时，直言不讳地提出改进意见。在教研活动中教师讨论的、交流的都是"如果这样做会不会更好"。每位教师都在听课和评课过程中汲取营养，深度思考，对自己的课堂教学改进提出更多建议。

（五）再次实践、反思，区校协同助力个人成长

在第一次反馈和反思之后，执教教师对教学设计进行调整开始第二次教学实践。区教研员和学校教学处的领导都参加了本次的课堂观察和反思讨论活动。第二次实践后，执教教师分享自己对两次教学的感悟：通过增加学情前测环节，教师意识到自己的预测和学生真正的问题反馈是存在差距的，学情前测提供了直接获得学生未知的方式，也为教学目标和教学重难点的设定提供了参考方向。通过对文本的深入研读，教师不但对语言知识有了了解，而且对文本的深层意义有了把握。

观察组教师也就观察量表的结果提出了反馈意见，如观察维度是由教学环节的教师提出，第二次的课堂实践比第一次有了很大进步。教师设计的教学活动层层深入，补充的视频也恰到好处，既为学生提供直观的视觉冲击，也为学生补充了背景资料。执教教师充分利用每一个环节追问学生的看法和感受，让学生的情感在教学环节的展开中自然酝酿、逐渐丰满。观察课堂提问有效性的观察教师从提问的时机、问题的难度、问题的类型和目标关联度四个角度进行观察和反馈。通过观察，执教教师达成本课的设计目标，问题难度也遵循了由易到难、层层深入的规律，设计的问题涵盖了记忆型、理解

型和创新型。这些问题的提出让学生在获取知识的同时还训练了思维，增强了思维的严密性、深刻性和批判性，使学生在接受新知识的过程中向更高的层面飞跃。

教研员对英语组的这一系列的教研活动表示肯定。活动中，教师对教育教学的热情和投入让人感动，尤其是教师自主开发的课堂观察是用一种分析的视角重新审视课堂，采用的观察工具是从丰富的、复杂的课堂情景中获取有效信息的利器。

这样有针对性的观察、对比和修改更直接、高效地解决了课堂实践中的问题。无论是执教教师还是观察教师，都可以借此反思自己的教学活动，在个案中总结方法和策略，并将这些收获再次在实践中改进，在教学水平不断提升过程中总结教学成果并将之推广应用。这种螺旋式的可持续的学习、研究和成长，必将促进教师和学生的共同成长，这也是教研组建设不断追求的目标。

四、教研组实施课堂观察的教学成效

（一）设计凝练了适用英语教学的课堂观察量表

在区教研员的把关和指导下，借助课堂观察的框架，北京市第九中学分校的英语教研组设计开发了部分适用英语课堂教学，尤其是针对读写结合课的观察量表。这些量表是教师在走进课堂教学前后反复调整和修订过的，凝聚着集体的智慧和才华，也是教研组进步的见证。

（二）依托区校协同，课堂观察促进了教研组建设与深度教研

在行动研究过程中，教研员几次下校指导，参与改进，给予教师莫大的鼓励。同时，"双减"高研班的培训更是为教研组长提供了动力的源泉，让整个教研组的理论知识和教育理念保持着领先优势。全组教师在整个活动中统筹规划，分工明确，协作互助；同时主动交流，积极参与，互相切磋，

畅所欲言；从知识掌握、教学环节、师生互动、教学指导、生生相长等角度审视教学过程。每一位教师都是校本教研活动的主体，组织认同感强，学术研讨氛围和谐，参与度高。

（三）落实"双减"意见，使课堂教学提质增效落地生根

课堂观察立足常态教学，与教师的工作息息相关，观察教师看到的就是最真实的课堂状况。课堂观察有明确的观察视角，避免了听课和评课的随意性，而且观察视角围绕的内容是教师教学实践中的共性问题，对每一位参与活动的教师来说都是在集体的力量下帮助自己解决学生问题，教学实效性得到增强。

五、结语

虽然两个月的课堂观察时间有限，但是本系列的教研组活动让教师学会了一定的理性思考教学问题的方法，了解到借助"可观察、可记录、可解释"的观察量表，教师能够更准确地发现教学过程中的问题，课堂观察为教师的反思和改进提供了客观的科学依据。每一位教师从自己的观察结果和其他教师的发言中获得对自己教学改进切实有用的启示，教师的自我学习和反思，与同伴的合作与互助，都将成为每一位教师研究能力、教学能力发展的内生力量。同时，这种教学方式的尝试与"双减"政策要求不谋而合，做到了优化教学方式，提升课堂教学质量，强化教学管理，提升学生在校学习效率。

希望今后有更多的区校合作的机会，搭建更多、更广的教师发展的平台，教研组的成绩也更上一层楼。

区校协同背景下小学语文教研组协同作业设计的探索与实践研究

洪丽（北京教育学院石景山分院）

李丽（北京市石景山区先锋小学）

一、研究背景

（一）"双减"政策背景

2021年7月24日，中共中央办公厅、国务院办公厅印发《关于进一步减轻义务教育阶段学生作业负担和校外培训负担的意见》，指出："发挥作业诊断、巩固、学情分析等功能，将作业设计纳入教研体系，系统设计符合年龄特点和学习规律、体现素质教育导向的基础性作业。"[1] "双减"政策走进中小学课堂，倒逼教师开始关注学生作业问题。如何减量不减质？教师只有在作业设计的质量上下功夫。

（二）区校协同背景

为了落实"双减"精神，需要教委、学校、教研组，各个不同的层级从系统性的视角、顶层规划的视角来整体谋划，通过区校协同教研提高教师作业设计的质量。

教研组在区校协同提质中作为重要媒介，承担着重要功能。因此，区校协同的关键是学校教研组。区校协同的落实者是教研组，教研组促使全体教师提高认识，落实"双减"精神。

---

[1] 中共中央办公厅、国务院办公厅．关于进一步减轻义务教育阶段学生作业负担和校外培训负担的意见 [EB/OL]．（2021-07-24）[2022-7-31]．http：//www.gov.cn/zhengce/2021/07/24/content_5627132.htm.

为此，本研究在区校协同背景下以小学语文学科教研组协同进行作业设计的研修实践为例，探讨区校协同背景下教研组协同建设的有效方法和路径，以对"双减"政策的有效落实提供借鉴。

二、教研组协同作业设计的内涵和价值

在当前"双减"的大背景下，中小学校要完成"减量增质"的艰巨任务，必须加强教研组建设。❶

（一）教研组协同作业设计的内涵

教研组协同作业设计：在学校之中，由教研组长带领组员围绕作业设计进行专题研讨、实践、反馈和优化等一系列的教学实践活动。

（二）教研组协同作业设计的价值

1. 提高作业设计质量

加强教研组协同作业设计的研究，避免出现教师单打独斗的情况，以及教师在作业设计中的随意性、机械性、重复性等情况；教研组协同作业设计能更科学、更全面地从作业的内容、作业的数量、作业的形式、作业的布置、作业的评价等方面进行整体设计，大大提高学生作业的质量，促进学生完成作业的积极性。

2. 提高作业设计的针对性

教研组协同作业设计是指立足学生实际情况的作业设计，真正满足不同层级的学生多样化、个性化的学习需求的作业设计。

---

❶ 刘春艳，罗德建. 从"学问"到"文化"：未来教研组建设的新取向 [J]. 中小学管理，2022（3）：40-42.

3. 促进教研组教师互动、沟通与协作

通过作业设计的协同研究，学科教师在教研活动中加强互动，增加教师之间的交流沟通，提高合作协作能力。

4. 提高学科教师作业设计与实施能力

教师通过教研组协同作业设计研讨，解读教材的能力提高了，作业设计目的明确了，设计能力也提高了。因为设计的作业内容多样、开放、有梯度，符合学生实际需要，所以学生完成作业的积极性得到提高，教师实施的难度相应减小。

三、区校协同背景下小学语文学科教研组协同的组织建设

（一）建设的理念

依托区校协同研究的背景，学校首先统一学科教研组的思想，明确各组教研主题，联系区相关教研部门进行入校指导。

教研组长制定本学期教研主题。比如，小学语文学科组本学期把"提高语文学科作业设计，减轻学生课业负担"确定为本学期教研组活动主题。教研组长带领组员统一思想，从作业的管理、布置、评估等方面整体进行作业设计的实践研究。研究过程中，区域专家进校指导，从而保证教研活动质量，保证从源头上减轻学生的课业负担。

（二）组织机构的建设

在学校，一般由负责教学的副校长或者教学主任根据学校教研组的需求与区域指导教师进行沟通协调。教研组长负责本教研活动的组织、开展、实施、监督、评价、反馈和总结等工作。教研组成员除了参与研讨交流，还包括本班具体实施、评价和反馈等工作（见图1）。

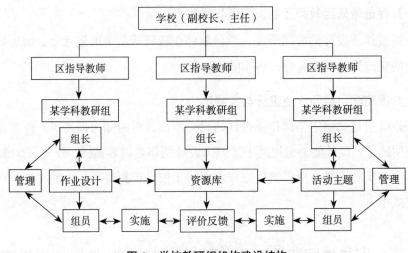

图1 学校教研组机构建设结构

四、小学语文教研组协同作业设计的实践案例

(一)小学语文学科作业设计问题呈现

1. 量大质低,效果差

有的语文教师喜欢让学生以抄代会。教师给学生布置反复抄写词语、抄句子,甚至抄课文。他们认为通过反复让学生抄写就能让学生掌握所学知识。有的语文教师喜欢以练代会,让学生统一买本练习册,学完一课书,完成一课的练习题,学生做对了就认为学生掌握了知识。还有的教师喜欢以考代会,比如,到期中、期末时候,经常从各处收集各类复习试卷,一天一考,以考代复习巩固。诸如此类作业,很多都是因为教师对作业设计的一种轻视,认为只要让学生多读、多写、多背、多练就能真正掌握知识。殊不知,这样的作业量大而质低,效果并不好,只会增加学生的课业负担,影响学生的学习兴趣。

2. 碎片化,不成体系

很多教师认为,"我"的学生"我"最了解,所以"我"的作业"我"做主。当教师单打独斗设计作业的时候,很容易忽略从知识体系的角度审视作业的科学性、连贯性和系统性，这样的作业基本都是根据进度进行作业设计。这样的作业是"头痛医头，脚痛医脚"，呈现给学生的是孤立割裂的知识碎片，最终导致学生无法抓住知识的本质。没有使知识之间建立起联系。这样的作业算不上是高质量作业的，在学生后期实践应用中很难做到融会贯通和举一反三。

3. 脱离真实需求，针对性不强

平时教师布置作业的时候，为了保证课堂教学，课前作业大多是基础性知识的练习，课后作业大多数是以练习册为主，教师统一规定几道题让学生完成。很明显，这样的作业布置格式化没有关注到学生差异，是缺乏层次性的，很难满足全体学生的真实需求。

（二）小学语文学科协同作业设计的实践

1. 教研组协同分层作业设计

每一位教师在设计作业的时候心中一定要有全体学生，学科组的每一位教师要在前期对学情进行充分调研，在对学情充分掌握的情况下，在教研组内进行讨论如何站在学生的角度根据学生的学习能力和知识掌握程度对学生作业进行分层设计。

小学高年级的语文预习作业设计中，教师布置了两项作业内容需要完成。每项内容根据学生的学习能力情况，分为三个层次。第一层次的学生完成基本任务，通读课文，自学生字；第二层次的学生把课文读熟，边读边把自己的问题在旁边做批注；第三层次的学生让他读懂课文，引导他用喜欢的方式表达，并把自己的阅读感受批注式在书旁。最后，教师通过自评、互评的评价方式激励学生进行自我学习能力的进阶的挑战（见表1）。

2. 教研组大单元整体作业设计

从单元整体的理念上去进行作业设计，可以按照主题进行整体设计，按照语文要素进行整体设计，按照一个综合性的项目任务进行整体设计，或者按照语文学科学习任务群进行整体设计等。总之，作业设计要结合学情，按照落实学科核心素养的这条主线将学习内容串起来，形成一个整体的知识系统，这样的整体系统性的作业设计才符合学生学习的规律性和科学性。

表1　统编版小学《语文》（五年级上册）预习卡

内容1	自评	互评	内容2	自评	互评
我能读通课文	★★★★★	★★★	自学了本课生字	★★★★★	★★★
我已经把课文读流利	★★★★★	★★★	我在课文中批注了1~3处自己的疑惑	★★★★★	★★★
我能读懂课文内容，用我喜欢的方式表达	★★★★★	★★★	我在文中批注了自己的阅读感受	★★★★★	★★★

按照语文要素进行单元整体作业设计，统编版小学《语文》（四年级上册）第三单元的主题是"学会观察"。本单元共安排了三篇课文、一个口语交际、习作、语文园地，有两个语文要素需要落实。围绕本单元的语文要素对单元作业进行整体作业设计（见表2）。

表2　统编版小学《语文》（四年级上册）三单元整体作业设计

语文要素	作业				
	《古诗三首》	《爬山虎的脚》	《蟋蟀的住宅》	综合实践活动	习作
体会文章准确生动的表达，感受作者连续细致的观察	小伙伴合作完成诗配图，用自己的话说一说	与前三首古诗进行对比，作者在观察上有什么异同	对比阅读麦加文《昆虫》，说一说在表达上有什么不同之处	调查本班学生视力情况，讨论影响视力的原因。交流如何保护视力完成保护视力倡议书	作业1：学习"阅读链接"，用本文学过的表达方式试着描述你观察的植物或动物作业2：交流近期观察情况，小组内互相评一评，谁观察得细致作业3：习作集我眼中的世界（动物篇）（植物篇）
进行连续观察，学写观察日记	选择清晨或日暮时的一处景物进行观察，把你看到的景色写下来（画出来）	选择一种植物或者是一个动物进行一周的持续观察，记录其变化。学习"资料袋"	继续观察您选定的植物或动物，发现其变化，做好记录。可以尝试借鉴本课表达方式		

3. 教研组课程体系下的综合作业设计

教研组带领教师对本学科教材体系从学段、年段的角度进行整体作业设计的研究，准确把握教材的培养目标，协同进行作业设计，也是有效提高作业质量的途径之一。

案例 1 : 以小学语文各学段要求来进行学段整体作业设计

部编版语文一至六年级根据学段的要求，不同学段对学生要求的侧重点不同，第一学段（一、二年级）侧重点在识字、写字和朗读上；第二学段（三、四年级）侧重读书、观察、思维发展;第三学段（五、六年级）侧重阅读、表达、探究方面。根据不同的教学侧重点，小学整体作业设计框架就出来了（见表 3 ）。

表 3 小学低中高段学生作业设计框架

年段	学习重点	作业设计思路	形式
一、二年级	识字、写字、朗读	基础作业（以活动为主的课堂作业）	读一读、画一画、做一做、演一演等
三、四年级	读书、观察、思维发展	以合作、交流类作业为主、调动学习兴趣	小组合作、朗诵比赛、作业单、画小绘本、讲故事等
五、六年级	阅读、表达、探究	以探究、展示类作业为主、鼓励学生拓展性学习	查资料、写剧本、课本剧表演、写调查报告、完成思维导图等

案例 2 : 以小学语文各学段单元要素进行年段整体作业设计

按照学段各单元要素之间的联系进行全学段整体作业设计，以四年级上学期为例。把八个单元主题和要素连续起来，就能发现其内在的逻辑关系。本年段的语文要素看似独立，其实内在联系紧密，前后照应，层层递进。比如，第三单元的语文要素就是学会连续性观察，落实这个语文要素并不是非要等到第三单元才开始进行练习，而是要从第一单元、第二单元就开始让学生去进行初步的观察，到第三单元开始集中指导学生如何观察。后面几个单元的学习还要继续巩固指导学生坚持观察身边的人、事、物，最后通过这一学段的学习，让学生掌握观察的方法，养成观察的习惯（见表 4 ）。

表4 统编版小学《语文》(四年级上册)三单元关键能力点"细致观察"进行的
整体作业设计

单元	主题	语文要素	关键能力	作业设计案例1
一	自然之美	(1)边读边想象画面,感受自然之美 (2)推荐一个好地方,写清楚推荐理由	想象 写清楚 一个地方	观察一种自然现象(日出、日落),和小伙伴讲一讲
二	策略"提问"	(1)阅读时尝试从不同角度去思考,提出自己的问题 (2)写一个人,注意把印象最深的地方写出来	提问 写一个人的最深印象	(1)阅读小故事 (2)观察身边有趣的人、事、物。给小伙伴讲一讲,说说自己的感受
三	学会观察	(1)体会文章准确生动的表达,感受作者连续细致的观察 (2)进行连续观察,学写观察日记	细致观察	设计连续性的观察记录单,连续观察一物,完成观察日记
四	神话故事	(1)了解故事的起因、经过、结果,学习把握文章的主要内容 (2)感受神话神奇的想象和鲜明的人物形象 (3)展开想象,写一个故事	文章整体感知想象	观察故事中的插图,适当想象,讲故事
五	习作	(1)了解作者是怎样把事情写清楚的 (2)写一件事,把事情写清楚	写清楚一件事	把一件事情写清楚,把看到的、想到的写清楚
六	成长的故事	(1)学习用批注的方法阅读 (2)通过人物的动作、语言、神态体会人物的心情 (3)记一次游戏,把游戏过程写清楚	批注 写清楚一件事	玩游戏,观察游戏过程中的人物动作、语言、神态,体会人物心情
七	家国情怀	(1)关注主要人物和事件,学习把握文章的主要内容 (2)学习写书信(查资料)	文章整体感知	读故事,关注主要人物,主要事件
八	历史传说故事	(1)了解故事,简要复述课文 (2)写一件事,能写出自己的感受	复述故事 在叙事中发表感受	读故事,关注主要情节,适当想象,复述故事

教师进行作业设计的时候,关注本学段语文要素之间的关系,进行前后勾连、铺垫性地进行整体设计。只有前后知识点相互补充、巩固、反复练习才能提高能力,形成良好的学习品质。教材中的每一个知识点都不是独立的,作业设计如果不关注前后联系,割裂独立设计,知识没有系统,就不能

真正提高能力的建立。只有前后联系，一个个知识点才能像滚雪球一样越滚越大，学生的学习能力才能越来越强。

4. 资源库建设

经过教研组分类设计的作业，可以分类投放到学校作业资源库。

在资源库的使用和开放上，教师是主要管理者，可以根据学情，开放学生学习权限。凡是被开放权限的内容，学生可以在网上自主"点餐"，教师可以根据自主组合资源库的内容。为了突破课中的重难点，设计不同的课堂活动作业菜单，教师也可以根据自己的学生特点自由选择合适的教学资源，或者直接使用资源库内的套餐。

在丰富的课后拓展作业资源库中，要让全体学生弹性地自由地选择适合自己的作业内容，尤其是对学有余力的优等生将会打开他们的眼界，让思路变得更灵活，自主学习能力更强。

总之，落实"双减"政策，不是口号，只有区、校、组等各级部门、人员全部联动起来，依托学校教研组使每一位教师把教研工作做细、做实，扎实地把实践工作开展起来，在区域教研部门的专家指导下不断优化和改进，才能真正推动"双减"政策落地。

"双减"背景下教研组的教学提质增效研究

"双减"背景下小学数学单元整体教学的设计与思考

——以"面积"单元教学为例

张晋（北京市石景山区金顶街第二小学）

在小学数学的教学过程中，单元整体教学的有效设计可以在一定程度上促进小学教学质量的提升，将小学数学的知识结构更加完整地传授给学生，使学生提升掌握数学知识体系的能力。因此，教师需要加强对小学数学单元整体教学设计。在数学教学设计中，教研组针对"如何凸显单元整体教学"的问题开展了一系列研究。

一、重视知识结构，关注思维框架

单元整体教学以单元整体课程为基础和蓝本，单元整体课程首先需要建立合理的思维框架，然后在思维框架的基础上构建内容框架。思维框架与内容框架互相支持，内容框架影响了思维框架，思维框架影响了行为模式，行为模式决定了教与学的关系。[1]在小学数学的教学中，通过开展单元整体教学设计的方法，可以加强学生的深度学习能力。深度学习是一种整体的学习状态，是学习者全心投入的过程。教师在进行单元整体教学之后，可以帮助学生建立起更加清晰的数学知识体系，充分调动学生的学习积极性，促进学生学习能力的提升。单元整体教学有利于促进学生知识的提升，培养学生核心素养。

---

[1] 李长宾.换一种教法：单元整体课程实施与评价（初中数学）[M].济南：山东文艺出版社，2013.

从面积单元的内容解析来看，面积单元属于图形与几何领域、图形的测量部分，突出度量思想。它是跨章节单元，是将三年级的面积（包括面积的含义，长方形、正方形面积），五年级多边形的面积（包括平行四边形、三角形、梯形的面积）及六年级圆的面积整合为一个整体。

面积的内容本质具有有限可加性、运动不变性、正则性，实际这也是几何度量的内容本质。整个学习过程都蕴含着转化思想，面积学习是类比长度和角度知识，进行知识迁移学习面积，因为长度、角度度量的本质都是单位的累加，面积又是后续学习体积的基础，用运动的观点建立不同维度的空间体系。从面积单元的思维框架看，面积单元中最重要、最基础的内容是面积和面积单位的学习。封闭图形中包含几个面积单位，面积就是几。教学长方形的面积可以让学生数出面积单位的个数，在优化数法的过程中学生总结出简单方法——长边所摆面积单位的个数就是行数，宽边上所摆面积单位的个数就是列数，从而得出面积单位个数等于行数乘以列数，以及长方形面积等于长乘以宽。平行四边形面积也是在数单位面积的过程中发现可以通过剪拼转化成长方形，利用长方形面积来推导平行四边形面积。三角形面积、梯形面积通过转化成平行四边形归纳总结出面积公式。圆的面积同样是通过转化成学过的图形，归纳总结出面积公式，不同点在于圆是曲线图形，需要通过想象达到化曲为直，以直代曲的目的。由此可以看出，面积单元要将转化思维贯穿单元始终。

二、突出核心内容，重视学情调研

（一）梳理教材，把握核心

人教版三年级下册第五单元"面积"的内容包含：面积的含义；常见的面积单位；长、正方形面积的计算；面积单位间的进率和解决问题五部分内容，涉及图形的测量。根据人教版小学阶段学习的有关图形测量的知识，可以发现：在学习本单元之前，学生已经学习了长度单位和长度的测量，以及长方形、正方形的周长；后续还将学习多边形面积；长方形、正方体表面积和体积等知识。教材在整体编排上凸显从一维长度到二维面积再到三维体积的构建过程。人教版三年级下册"面积"这一单元，正是学生学习二维面积度量的起始阶段，更是关键阶段。

说到图形的测量，它的核心概念是测量单位，无论是认识还是计算都离不开测量单位。结合本单元的核心概念就是面积单位，同时教学过程中要充分发展学生的量感，突出度量思维。

小学生度量思维的行为表现主要体现在：①判断事物的某种属性是否可测（明确度量对象），判断事物哪些"可度"哪些"不可度"；②感悟测量单位的多样化与统一性（确定度量单位），商定测量单位，创造工具，灵活选择单位解决问题；③如何"数""测"或"算"出测量单位的个数（运用度量方法，得到度量结果）。

运用度量方法测量出结果，根据需要灵活选择方法：数"单位"的个数、用工具测量、用公式计算、不规则物体转化为规则可测物体。

图形的测量如下（见图1）。

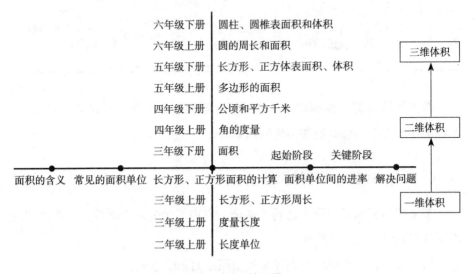

图1 图形的测量

（二）逆向设计，评估证据

数学课程标准中提出数学课程要培养的学生核心素养，主要包括以下三个方面：会用数学的眼光观察现实世界；会用数学的思维思考现实世界；会用数学的语言表达现实世界。依据课程标准基于本单元的教学，教师要力图从核心概念"测量单位"出发，设计有效的探究活动，培养学生的核心素养。

为了更好地明确单元学习目标，整体架构单元学习内容，根据逆向教学设计理论，从学习结果进行逆向思考。依据《义务教育数学课程标准（2022年版）》中对相关内容的要求，对照不同水平行为表现的描述，本单元不同的学习内容应达成"了解、理解、掌握、运用"四个不同的水平。

学生对面积单位的认识水平和具体表现描述（见表1），以此作为单元评估的依据。

表1　学生对面积的认识水平和具体表现

水平划分	水平一	水平二	水平三	水平四
具体表现	结合实例认识面积，知道影响面积大小的因素；能够感受到面积的守恒；体会用正方形做面积单位的合理性；会借助测量单位比较图形面积的大小	认识面积单位平方厘米、平方分米、平方米，会选择合适的单位测量或估计给定简单图形的面积	能进行简单的单位换算；探索并理解、掌握长方形、正方形的面积公式，能运用公式解决实际问题	能够根据现实需要灵活选择合适的方法（测量、估计、计算）及单位解决实际问题

基于评估证据，教师对学生学什么，学到什么程度，具体表现是什么，达到了什么水平，会有更加清晰的认识。

（三）学情调研，发现问题

基于评估证据，对学生进行了调研，发现了学生认识的难点，准确把握学生认知起点。调研结论如下。

（1）学生有用小单位的累加来测量图形面积的意识。

（2）在选择谁做面积单位更合适时，少部分学生能够感受到正方形方方正正更合适；同时，受图形形状、大小的影响，认为长方形适合测量长方形。

（3）在学生头脑中有密铺的感觉，所以没有学生选择三角形和圆作单位。

（4）周长与面积相混淆。

（5）学生认识"面"，能够比较图形"面"的大小，能够感受到面积的守恒。

（6）缺乏对"面积"含义的理解。

（7）有单位累加的意识，但缺乏"正方形"作面积单位合理性的认识。

（8）学生对"面积"的认识处于水平较低。

（四）设定教学目标，设计探究活动

基于评估证据，进行了学情调研，最终制订了单元教学目标。

（1）结合实例认识面积，知道影响面积大小的因素，会比较图形面积的大小。能够感受到面积的守恒；体会用正方形作面积单位的合理性。认识面积单位平方厘米、平方分米、平方米，会选择合适的单位测量或估计给定简单图形的面积，能进行简单的单位换算。

（2）探索并理解、掌握长方形、正方形的面积公式，能运用公式解决实际问题。

（3）能够根据现实需要灵活选择合适的方法及单位解决实际问题，感受数学与现实生活的联系。

对于"面积"单元的起始课——"面积和面积单位"的活动设计，教师通过巧妙的活动安排，帮助学生结合实例认识面积；进而体会用正方形做面积单位的合理性。教学环节设计，以三个探究活动，帮助学生认识图形中的面——体会用正方形做面积单位的合理性——用单位测量，最终达到思维水平的进阶。

对于"面积"单元的关键课——"长方形面积计算"的活动设计，学生围绕长方形面积与什么有关？到底长方形面积与它的长和宽有怎样的关系？教师在教学活动设计中，带领学生紧紧围绕着长方形的面积与长与宽有什么的关系展开研究。重点课时探究活动如下（见图2）。

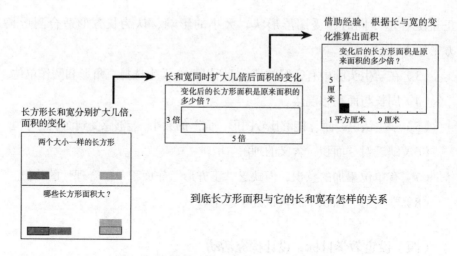

图2　重点课时探究活动——长方形面积计算

三、推进数学课堂，建立模型思想

（一）乘法模型的研究价值

"长方形面积计算"一课是单元重点课时，计算的方法涉及乘法，也就是长乘以宽等于长方形的面积。在设计教学活动中，教师应该认真思考两个问题：为什么长方形面积要用长乘以宽？不用乘法，还能不能表示出长方形的面积？乘法（乘法模型）与长方形的面积，如何在教学中有机结合？

谈到"乘法"一词，数学教师的反映：乘法就是求几个相同加数和的简便运算。但在教学中，乘法还有更深远的现实意义，教学中要重视学生乘法模型的认知。对"乘法模型"地位和作用的思考，研究者对乘法及儿童如何构建乘法概念都情有独钟。其中，弗赖登塔尔、吉尔德·维格诺德、格里尔等都对乘法的现实模型进行了研究。整数乘除法最为重要的现实模型有以下几种。

（1）等量组的聚集，即大致相当于通常所说的"连加"。在这一情境下，两个乘数的地位并不完全对称。除去连加，也常常采用"每……共……"这样的表达方式。

（2）倍数问题。例如，"某种饮料中水的含量是果汁含量的3倍，现有果汁20千克，问需加配多少千克的水？"

（3）配对问题。例如，"4个男孩与3个女孩一起出去游玩，现要选取一个男孩和一个女孩外出购物，问一共有多少种可能的选取方法？"这也就是笛卡尔积。

（4）长方形的面积，如"已知长方形的长为5厘米，宽为4厘米，问这个长方形的面积是多少？"

乘法的现实模型：等量组的聚集、矩形模型、映射模型、配对模型和倍数模型，最基本的是第一种模型，其他几种都可以转化为第一种。等量组的聚集、倍数问题、配对问题和长方形的面积都属于"乘法模型"。学习长方形的面积就相当更深刻地理解乘法，完善学生头脑中的乘法模型。

（二）教材中现实模型的应用

梳理人教版教材中乘法的现实模型（见表2）发现，等量组聚集模型、倍数模型、配对模型的认识均早于矩形模型（长方形模型）。在教学中，教师能不能利用学生的已有模型的经验来理解长方形模型呢？

表2 人教版乘法模型的教学安排

教材	等量组聚集模型（册）	倍数模型（册）	配对模型（册）	矩形模型（册）
二年级上册	57	18	2	0
二年级下册	4	0	0	0
三年级上册	34	5	10	0
三年级下册	16	0	0	17
四年级上册	11	2	0	0
四年级下册	3	0	0	0
五年级上册	14	6	0	15
五年级下册	1	0	0	1
六年级上册	8	52	0	1
六年级下册	0	2	0	3
合计	148	85	12	37

以上提到的几种乘法模型，都适用长方形面积的研究吗？学生对于长方形面积的认识，一般学生会数个数、重复加、直接用长乘宽三种方式。教师教学中，一般都会突出度量思想，认识的基本过程是利用小方格（面积单位）的行列关系，得到长方形面积等于每排的个数乘排数（相当于长乘宽）本身这样的认识过程，是基于对两数相乘，为重复加的理解基础上（等量组的聚集）。因为思考过程同样是以数数为基础的，所以容易将长方形面积公式的正确性，局限于边的长度为正整数的情况。

不难发现，等量组聚集模型在长方形面积计算中起到举足轻重的作用。那倍数模型及配对模型能否发挥同等重要的作用吗？教师尝试了配对模型：例如，一个长方形长是 5 厘米，宽是 3 厘米。长方形长边的 5 厘米中的每个 1 厘米，都可以与宽边 3 厘米中的每个 1 厘米配对成一个面积为 1 平方厘米的面积单位。这样配对，可以得到 5×3=15（对），也就是 15 个 1 平方厘米的面积单位。长方形面积内部，可以配对成 15 个 1 平方厘米，也就是 15 平方厘米配对模型，如图 3 所示。从配对模型的角度理解长方形面积，对于三级的学生来说具有太大的挑战性。

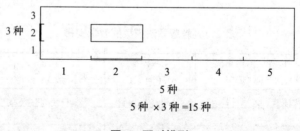

图 3　配对模型

（三）孕育模型思想的形成

利用倍数模型来认识长方形面积的计算，会怎样呢？长方形属于二维图形，涉及长和宽两种量的变化。如何从两种量的变化中，判断出长方形的面积呢？如何从倍数模型中得到经验的"继承与发扬"呢？首都师范大学郜舒竹教授提出"乘"就是一种放缩，谈到了比例思维理论。❶"比例思维"，实质上是将乘的过程看作"放缩"的过程，也就是把乘的过程理解为放大或缩小的变化过程。放缩的过程不同于重复加的过程，本质上是基于"测量"的认识活动。测量过程一般是源于比较的需要，主要包含两个基本要素，第一是确定标准（单位），第二是被测对象与标准的关系。

在教学设计中，教师设计探究活动帮助学生感受：把一个长方形长扩大几倍，面积就扩大几倍；同样宽扩大几倍，面积就扩大几倍。一个长方形长扩大 5 倍，宽再扩大 3 倍，那新长方形的面积是原来的几倍呢？这样的放缩的过程，充分体现了比例思维，利用了倍数模型。同时，这样的放缩还有效地解决了长方形面积公式的正确性，局限于边的长度为正整数的情况，从变量的角度认识图形的面积。

在教学设计中，教师安排了两次放缩的体验：第一次放缩体验是通过宽不变长变，感受到面积和长有关的，随着长的变化而变化；宽变长不变，感受到面积也与宽有关，随着宽的变化而变化。第二次体验是在学生探究面积和长与宽有什么样的关系的过程中，不再给出长和宽各有多少厘米，而是用一个单位的长和宽分别发生变化，让学生进行猜想。学生在探究的过程中，有的学生用数单位个数的方法，有 15 个单位所以是 15 倍；有的学生用重复加的方法，认为是 15 倍；还有的学生直观感受到是两数相乘的结果，进而通过验证发现放大后的大长方形的面积确实是两个倍数的乘积。通过放缩的探究性活动，力图引领学生思维从低水平向高水平发展。

学生经历了两次图形放缩的体验后，把探究的经验迁移到所有长方形面积的计算上来。在接下来的探究活动中，教师给出一个面积单位为 1 平方厘米的正方形，长扩大 9 倍，宽扩大 5 倍，客观地说这个长方形的长是 9 厘米，宽是 5 厘米。这个长方形的面积怎么计算？长方形面积探究活动，如下（见图 5）。

❶ 郜舒竹. 数学课程中"人为规定"的思想性 [J]. 课程·教材·教法，2018，38（9）：126-131.

长方形的面积是正方形面积的几倍？长方形面积是多少平方厘米？

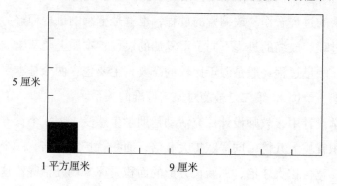

5厘米

1平方厘米   9厘米

图5 长方形面积计算探究活动

在整个探究长方形面积计算，建立模型思想的过程中，教师设计了三个大活动，充分体现出学生三个思维水平的进阶：一是数个数；二是重复加，也就是度量；三是倍数相乘，也就是比例思维。

学生思维不断提升，尤其是比例思维的介入，更加开阔了学生的视野，提升了学生的思维水平。基于"面积"单元整体教学，凸显以下几点优势：第一，以评促学，体现"评—学—教"一体化的单元整体设计。第二，给"面积"这个抽象概念，赋予动态且形象的生命力。第三，从乘法的角度，研究长方形面积计算，思维含量丰富。

在单元整体教学设计时，教师不但要重视单元内各个课时的独特性，还要注重单元各课时的相互联系，加强学生的整体感悟。在单元知识内容，整体构建的过程中，学生可以更好地吸收单元的整体知识，加强深度思考。在小学数学的单元整体教学设计中，教师需要认识单元教学设计的重要性，掌握单元整体教学设计理念，通过单元整体教学设计，促进学生深度学习，帮助学生不断提升整体思维能力。

小学语文单元整体教学设计
提升课堂质量的路径研究

屈春玉（北京市石景山区古城第二小学分校）

何云（北京市石景山区古城第二小学分校）

为了减轻学生过重的作业负担，同时能够为课堂教学提质增效，教研组要研究新的教学方式。语文课堂为了推动小学生思维能力、文化自信、语言运用、审美创造能力等语文素养的形成，小学语文教师必须创新语文教学活动。统编版语文教材有区别于其他教材的鲜明特色，如课文设置方面通常将相同主题课文或相同体裁的课文选编为一个单元。这要求教师在开展教学时要从整体的角度把握单元课文。统编版语文教材的编写更注重强调语文课程的基础性质，要求教师在教授语文知识的同时培养学生的语文情怀。单元整体教学的推广，能够有效地弥补传统教学模式中存在的不足，促使小学生热爱语文学科，并在学习过程中形成良好的语文综合能力。

一、"双减"政策下小学语文统编版教材单元整体教学设计背景

（一）基于统编版教材编排特点的需要

统编版小学语文教科书采用"双线组织单元结构"，即以宽泛的人文主题将单元课文组织在一起，同时将语文训练的基本要素分成若干个知识或能力训练的"点"，分布并体现在各个单元。教材中呈现的语文要素都是概括性、方向性的要点，不是具体的学习目标描述。由于教师理解能力和认

识水平客观上的差异，对同一语文要素产生不同理解，这样对同一语文要素不同教师确定的教学目标差异很大，选择的教学内容也大不一样，严重影响教和学的效果。

（二）基于学生发展的需要

以单篇课文为教学设计单位的教学模式因内容少、目标多而杂，常常使课堂难以形成相对稳定的语言学习和运用情境，难以保证学生进行深度学习，不利于学生语文能力与素养的形成。而以教材单元为单位的整体教学设计，依据单元内容资源确定单元教学核心目标，再依据目标整合资源、丰富课型。这种整体设计着眼于整个小学阶段，梳理分解目标，强化读与说写、课内外阅读资源、学习与生活等相关联系，能够更好地综合提升学生的语文核心素养。

（三）基于改善小学语文教学现状的需要

学校现有 12 个教学班，自使用统编版教材以来，大部分教师还停留在以往的教学定式上：教师一课一课教，学生一课一课学。课堂教学主要应对字词和课后习题，教师课堂随意性大，备课主要是将自己对文本的理解和自认为重要的内容作为教学重点编写成教学设计。这样的教学方式对于学生整体的语文能力提升不大。通过对 3~6 年级近两年的质量监测数据分析发现：学生的解释能力较弱，同时在积累与运用方面也存在问题。这些问题也是平时教师在授课中容易忽视的问题，个别教师把语文的学习单纯变成了一种语文要素的知识训练，忽略了人文主题内容。这些都是我们值得研究和思考的问题。

二、"双减"政策下小学语文统编版教材单元整体教学设计价值

小学语文统编版教材强调整体性，在以单元为整体的教学中，如何深度

落实"语文要素"呢？一是基于课程整体，精准定位语文要素；二是紧扣交流平台，科学分解语文要素；三是依据单元整体，链条式强化语文要素；四是依据单元特点，差异性落实语文要素；五是基于核心素养，适度超越语文要素。如果做好上述几个方面，就能够将单元整体教学落实到位。

从目前的单元整体教学设计现状可以发现，想要用好统编版教材，就要从整体着眼，了解整套教材的体系结构及内容安排的系统性、能力训练的层次性和发展性，从而增强整体教学观，在教学中实现整体与部分的统一。在统编版教材的单元体系中，我们在进行单元整体教学设计时，先要考虑的是基于小学阶段教材整体设计的单元要素定位。通俗地说，就是把这一单元的语文要素放在整个三到六年级的教材体系中，前后对比、精准定位，每个单元都是完整的语文知识和能力体系中的一环。教学只有立足当下，以大整体为背景，将每一单元进行整体设计，才能让单元内的学习内容和活动形成合力，在学生的语文素养发展路径中起到承前启后的作用。

（一）有助于知识之间的对比

教师在小学语文教学中采用单元整体教学模式，可以有意识地引导学生对比不同的知识，找出其中的异同。除此之外，通过对比单元中不同的文章，学生能够更加深刻地掌握各个知识点间存在哪些共性及差异。在此期间，学生可以更加全面、深入地掌握所学习的语文知识，同时还能够不断完善知识结构，提升自身的能力和素养。

（二）有助于小学生从整体认识知识

如果在掌握知识方面难以形成有效的、科学的体系，学生掌握知识的能力就会受到一定制约。通过运用单元整体教学，小学生能够在教师的引领下整体掌握一个单元的知识，对单元中所有课文内容形成清晰的认识。在此基础上，学生能够整合教材中的各个单元，使整体感知语文知识、整体运用语文知识的能力逐渐提升。

（三）有助于提高小学生的学习效率

在提升小学生学习效率方面，单元整体教学能够发挥积极作用，这主要是因为通过单元整体教学的应用，教师能够在更短的时间内高效完成既定的教学任务。例如，在以往的教学模式中，教师讲解一个单元的知识大约需要9个课时，而采取单元整体教学模式，通常情况下不超7个课时便可以完成教学工作。如此一来，教师就能确保学生拥有更多的时间完善自身的知识体系，进而提升自身的综合能力。

三、"双减"政策下小学语文统编版教材单元整体教学设计路径

现行统编版语文教材以双线组元，各个教学单元的课文大致按较为明确的人文主题组元，同时将语文要素包括基本的语文知识、必要的语文能力、适当的学习策略和学习习惯，以及作文、综合性语文学习活动、口语交际等，分解成若干个知识点或能力训练点，由浅入深、由易及难，分别落实到不同年段的教学单元中。

（一）以单元为单位确定学习目标

1. 依据教材编者意图，确定单元学习目标和课文学习目标

单元整体教学设计，首先要明确每个单元在整个语文教材知识体系结构中的位置，分析各个教学单元之间的联系与延续，然后依据教材编者的意图确定单元学习目标，进而在单元学习目标统领下确定每篇课文的学习目标。

现行统编版语文教材每个单元的选文和单元导语体现了编者的意图，决定着单元学习的目标和内容。比如，四年级下册第一单元选取的课文是乡村生活的课文，单元导语中关于人文主题的阐释为"纯朴的乡村，一道独特的风景，一幅和谐的画卷"。同时，有关语文要素，一是"抓住关键语句，初

步体会课文表达的思想感情；二是"写喜爱的某个地方，表达出自己的感受"。由此可确定第一单元的单元阅读学习目标：能抓住关键语句，初步体会课文表达的思想感情；积累本单元课文中生动形象的句子，能想象体会句中的画面和情境，进而确定每一课的目标。

2. 单元内同类课文学习目标应基本相同

单元教学是一种在一段连续的时间内，系统完整地进行某一方面的知识传授和技能训练的教学形式。学习技能而不是通过一两次训练就能形成的。语文教学从浅层学习到深度理解，再迁移运用，需要通过有连续性和层级性的语文学习实践进行反复训练，需要有一定的学习时间保证，必须重视模仿、抽象、迁移和内化的学习过程。所以，单元学习目标需要同一单元内的多篇课文通过基本相同的学习目标来落实。例如，上文提到的第一单元中《乡下人家》《天窗》，从抓住关键词句到结合资料体会，从课外拓展再到从课文内部，从深入感知场景、细节到运用方法自主体会，再到从不同角度、不同方面体会课文表达的思想感情，从而使学生的能力得到不断地提升和发展。

3. 紧扣单元学习目标设计学习目标达成度的自测题

学习目标明确指向学生要学习或掌握什么，学习结果评价明确指向学生应学会什么和要达到什么程度。单元学习结束后，教师还应指导学生在总结本单元学习收获及提炼学习方法、策略和路径的基础上，独立阅读课外同类文章并完成相应的写作任务，检测单元学习的效果，落实从教读到自读再到课外阅读的"三位一体"教学理念和以读促写的教学策略。

评价单元学习结果可以借助阅读能力检测、写作成果展示等方式进行，还可以紧扣单元学习目标设计单元自测题对学生进行考核。

（二）单元学习目标统领整个教学单元的学习内容和学习活动

1. 以单元视野确定单篇课文的教学价值

一篇课文的教学价值是多方面的，但受课时所限，每篇课文对教学内容的选择又不能求全求多,而是要有取舍。为此,根据编者意图,同一篇课文在不同的教学单元里,往往有不同的教学价值。

2. 以单元核心知识整合学习内容和学习活动

为了达到设定的整体单元目标要求,在单元整体教学过程中,教师还需要基于教材设计各种类型的单元学习活动,如比较反思活动、梳理总结活动、实践活动、迁移运用活动等,可促进学生更好地掌握单元教学内容。

教师在设计《语文》(四年级下册)第一单元时将单元的教学内容进行了整合,把全部字词集中在一起进行集中识字学习。教师可以将《古诗词三首》和《卜算子·咏梅》进行整合,引导学生关注古诗词中的关键词,感受诗词表达的情感;将《乡下人家》和词句段进行整合,使学生学会抓住关键词句,初步体会作者对乡村生活的喜爱和赞美之情的方法后,再引导学生结合词句段,从三幅风景图中选一自己感兴趣的一幅写一写,表达自己的情感;将《天窗》和词句段进行整合,学习《天窗》时,借助"泡泡"的提示,引导学生发现关键语句既可以像《乡下人家》那样在文章的末尾表达情感,也可以在文章的中间来表达思想感情;将在引导学生抓住关键语句,体会文章表达思想感情的同时,还要引导学生发挥想象力,了解城市和乡村生活的不同,初步体会作家笔下乡村的纯朴、和谐和独特之美。本单元的习作话题是"我的乐园",可以要求学生留意、记录自己的乐园生活,写一写自己在某个地方的快乐生活,并与他人分享其中的快乐。

3. 单元内教授各篇课文使知识、方法、能力相互衔接

梳理一年级至六年级的教材可以发现,"乡村生活"这一主题在 12 册教材当中只出现过一次。对于在城市里生活长大的学生而言,乡村生活是陌生的但又是充满新奇和向往的。因此,学生在学习本单元的几篇文章时会被文章所描绘的乡村生活所感染与吸引,从而感受到乡村生活的淳朴、独特与美好。

统编版教材的单元编排中,在四年级开始涉及培养学生体会情感,运用的工具在不同年段也不尽相同。

从抓住关键词句到结合资料体会，从课外拓展再到从课文内部，从深入体会场景、细节到运用方法自主体会，从不同角度、不同方面体会课文表达的思想感情，从而使学生的能力得到不断地提升和发展。四年级下册以乡村生活为主题编排了《古诗词三首》《乡下人家》《天窗》三篇精读课文和《三月桃花水》一篇略读课文，从不同的角度展现了乡村生活的多姿多彩，让学生感受到乡村生活的纯朴、独特与美好。习作"我的乐园"旨在引导学生从日常生活中发现乐趣并表达出自己的快乐感受。语文园地中的"交流平台"，引导学生交流在阅读时能从关键语句初步体会课文的思想感情。词句段运用的第一题所提供的两组词展现了城市和乡村生活的不同。第二题看图选择风景，分别从五个角度丰富了学生对美好生活的感受。

（三）学情视域下学习资源和学习过程的重组优化

学生已有的知识基础、生活经验、学习经验与思考问题的方式等，是确定单元学习目标、选择学习资源、取舍学习内容和选择学习方式的必要依据。

1. 基于自主学习能力提升的学习资源进行整合优化

在教学过程中，可以摒弃一篇一篇分析课文的程式化套路，以学生自读整个单元的课文为起点，以探究主问题引领，打通单元的内容，促使学生自主探究、合作学习，完成对知识系统的构建，并在梳理、分析、比较和归纳的学习过程中发展思维能力。

2. 基于读写结合的学习资源进行整合优化

四年级学生已进入抽象思维发生期，是分析、比较、演绎、归纳、由表及里、由此及彼等思维水平发展的关键时期。因此，在教学中，要把阅读能力和思维能力的培养结合起来。统编版《语文》（四年级下册）的单元由两篇课文和两篇习作例文及习作组成。在教学过程中，教师以读写结合的教学思路，整合教学资源，优化教学过程，将整个单元的学习分为四个环节。第一环节：写游——互评优缺点；第二环节：向课文学习写作游记的方法——阅读《记金华的双龙洞》和《颐和园》，拟定游记写作的评价标准；第三环节：

根据所拟定的写作评价标准修改或重写游记;第四环节:比较《七月的天山》和《海上日出》的写作方法异同,总结游记的写作方法。

3. 借助学习任务群实现自主、合作、探究的深度学习

统编语文教材编排以"双线组元",体现出以学生为主体,将语文知识学习与语文实践活动整合成一个不可分割的整体,提供帮助学生自主构建知识系统的语文学习新路径。

四、结语

新课程标准的出台为教师提供了更多思考的空间,也提出了更高的挑战,我们要深入教材了解编者意图,从学生主体出发。在开展单元教学整体设计时,我们要注重在教学细节中聚合对学生多种能力的培养,简化教学环节,突出重点,综合提升学生的语文核心素养。

综上所述,在小学开展语文教学活动的过程中,教师通过单元整体教学的合理、有效设计,对教学做出改革与创新。这样做不仅能够达到活跃语文课堂气氛、提高教学效率的目的,还能促使学生积极、主动地投入语文学习中并有效提升其综合能力,帮助学生实现全面发展的目标,同时促使教师达成预期教学目标,提升语文教学的质量和效率,真正达到提质增效,让"双减"落到实处。

以学科核心素养为目标的
初中化学单元整体教学研究

——以人教版《化学》（九年级）
"物质化学变化的奥秘"单元为例

解晓青（北京市同文中学）

赵志国（北京教育学院石景山分院）

单元整体教学是实现课堂提质增效的有效途径。本研究以"物质化学变化的奥秘"主题为例，教研组通过单元目标的确定、教学流程的设计、单元整体教学的实施，将学科核心素养的培育融入课堂教学，使化学学习的过程变得更系统、更高效。

一、单元整体教学的背景

提升课堂教学质量是"双减"目标实现的关键，是众多教师直接可为的方式。[1]基于核心素养的单元整体教学是实现课堂提质增效的有效方式。"核心素养—课程标准（学科素养、跨学科素养）—单元设计—课时计划"是课程发展与教学实践中环环相扣的链环，一线教师必须基于核心素养展开单元设计的创造。[2]

核心素养内涵中的化学观念是《义务教育化学课程标准（2022年版）》中提出的第一个重要的化学学科观念。变化观念是化学观念的重要组成部分，主要包括"化学变化由新物质生成，其本质是原子的重新组合且伴随着能量

---

[1] 储朝晖."双减"需要教师的担当与能力提升[J].中国教师，2021（9）.

[2] 钟启泉.单元设计：撬动课堂转型的一个支点[J].教育发展研究，2015，35（24）：7-11.

变化，并遵循一定的规律；在一定条件下通过化学反应可以实现物质转化"等观点。[1] 如何围绕落实学科核心素养展开单元整体教学设计和实施，本研究对这一问题进行了实践探索。

二、单元整体教学的原则

教师将学生化学核心素养的培育践行在单元整体教学设计和实施的过程中，教师在进行单元整体教学设计时，需要把握以下原则。

（一）整体性原则

初中化学教材中每个单元的内容为一个整体，教师可以利用教材中的单元进行单元整体设计，也可以整合教材中单元之间的内容，根据单元主题的需要进行调整，厘清知识之间的联系。教师选取的每部分内容共同构成单元整体结构框架。

（二）连续性原则

基于真实情境的教学容易引起学生的学习兴趣。单元情境素材的选取需要与单元教学内容相契合，创设单元情境素材并连续运用到每节课，贯穿整个单元。这样既能充分挖掘素材，又能加强单元内容之间的联系。

（三）教、学、评一致性原则

教学围绕落实学科核心素养开展，教学目标和学习目标需要保持一致。教学目标的实施效果和学习目标的达成需要借助学习效果评价进行反馈，要求学习效果评价内容与教学目标和学习目标保持一致。

---

❶ 中华人民共和国教育部. 义务教育化学课程标准（2022年版）[M]. 北京：北京师范大学出版社，2022：5-6.

三、单元整体教学的实践策略

为了能够真正做好单元整体教学设计，本研究以"物质化学变化的奥秘"单元整体教学为例展开研究。

（一）确定单元主题和整体框架

课程标准中有"物质的组成与结构"和"物质的化学变化"两个一级主题教学内容，主要集中在人教版教材第三单元、第四单元和第五单元。在化学观念统领下，我们将三个单元进行整体设计和编排，重新形成了新的三个单元：物质微观构成的奥秘、物质宏观组成的奥秘、物质化学变化的奥秘，分别对应的化学观念主要是微粒观、元素观和变化观。

第三单元"物质微观构成的奥秘"共3个课题，分别是分子可以构成物质、原子可以构成物质、离子可以构成物质。第四单元"物质宏观组成的奥秘"共3个课题，分别是元素排序是有规律的、元素组成物质是有规律的、元素性质是有规律的。第五单元"物质化学变化的奥秘"共4个课题，分别是探秘水的组成、探秘水电解反应的表示方法、探秘水电解反应前后的质量关系、揭秘物质的化学变化。

第三单元、第四单元构成了课程标准中物质的组成与结构主题，第五单元构成了物质的化学变化主题。在前两个单元微粒观和元素观建立的基础上，在本单元从物质的角度到物质变化的角度，初步建立变化观念，形成一些认识化学变化的观点。第一，化学变化有新物质生成，且伴随能量变化；第二，化学变化的本质是原子的重新组合，并遵循一定的规律；第三，在一定条件下，通过化学反应可以实现物质转化。其中，第二个观点是本单元的重点。

基于此，确立本单元的整体框架（见图1），其中化学变化的本质及其遵守的规律是框架的核心，对应"变化观念"中第二个观点。

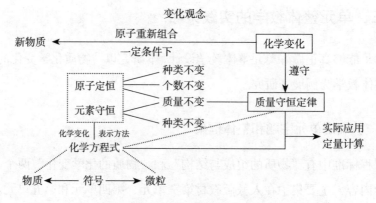

图1 "物质化学变化的奥秘"单元整体框架

（二）确定单元教学目标

通过前两个主题单元的学习，学生能够从微观角度认识物质的构成，从元素角度认识物质的组成，已经初步形成宏观辨识与微观探析的学科核心素养。本单元的学习主要是帮助学生建立认识化学变化的核心思维模型，使学生能够对物质的化学变化形成一个整体的模型认知，初步形成"变化观念"，并进一步发展宏观辨识与微观探析等学科核心素养。

本单元以国际空间站水气整合系统为情境素材，以其中氧气生成系统发生的水电解反应为主线，以单元整体框架为统领，设计课时教学目标。第1课时通过电解水的实验，研究水的组成的过程，进一步认识化学变化的发生需要一定条件、化学变化的实质，以及化学变化中原子守恒、元素守恒。第2课时通过水电解反应的表示方法，应用原子守恒、元素守恒，学习用化学方程式表示化学反应。第3课时通过探索水电解反应中的质量关系，学习所有化学变化都遵循质量守恒定律。第4课时通过分析水电解反应中物质的质量，发现反应中物质之间的质量成比例的关系。在前4课时学习的基础上，第5课时仍然以国际空间站水气整合系统为情景素材，通过系统分析二氧化碳再利用反应器中氢气和二氧化碳发生的反应，帮助学生多角度认识化学变化，从而初步建立"变化观念"。5个课时内容环环相扣、层层深入，揭秘多角度对化学变化的整体认知，促进变化观的构建。

同时，教师设计整体系统的板书，在每课时教学中逐步形成整体框架并呈现在主板书上。5节课教学完成后，主板书上也完成了单元整体框架的搭建，副板书则相应呈现每课时重点知识内容。

（三）设计教学任务流程

余文森教授指出："学科教学只有做到两种'超越'，才能有助于学科核心素养的形成，即超越简单的具体知识，去理解和把握具体知识背后的学科方法、学科思想与学科价值；超越表层的符号形式，去理解和把握符号形式背后的逻辑根据、思想方法与价值意义。"❶

本研究关注学生学习过程，注重让学生经历过程和思考，从而收获知识并获得思维的发展。教师基于情境素材设置学习任务，循序渐进传授知识方法，逐步落实"变化观念"这一学科核心素养目标。

本单元共设计 5 个课时，分别设置 2~3 个任务的方式，让学生通过完成任务自主学习，逐步从不同角度展开对化学变化的认识。本单元教学任务流程如下（见表 1）。

表 1 "物质化学变化的奥秘"单元教学任务流程

课时名称	任务设计
第 1 课时 探秘水的组成	任务 1：阅读氢气发现史，完成任务
	任务 2：根据化学史和实验，完成任务
第 2 课时 探秘水电解反应的 表示方法	任务 1：用不同方式表示水电解的反应
	任务 2：思考水电解反应的化学方程式的含义
	任务 3：进行酒精燃烧的实验，并用化学方程式表示其化学反应
第 3 课时 探秘水电解反应前后的 质量关系（1）	任务 1：分析实验数据，得出结论
	任务 2：画出水电解反应的微观示意图，并解释质量守恒的原因
	任务 3：利用红磷燃烧的反应设计实验验证质量守恒定律

❶ 余文森.论学科核心素养形成的机制 [J].课程·教材·教法，2018，38（1）：4-10.

课时名称	任务设计
第4课时 探秘水电解反应前后的 质量关系（2）	任务1：分析水电解反应中，参加反应的水的质量、生成氢气的质量、氧气的质量的关系
	任务2：计算化学反应中物质的质量
第5课时 揭秘物质的化学变化	任务1：绘制对化学变化认识的思维导图
	任务2：对空间站水气整合系统中化学变化的认识
	任务3：书写化学方程式

（四）教学过程实践

教师在单元整体教学设计的基础上，进行单元整体教学实践，现以第3课时"探秘水电解反应前后的质量关系（1）"为例简述实践内容。

1.课堂学习任务设计意图及学生表现

任务1：分析实验数据，得出结论

提供的实验数据：通电前、通电一段时间后，以及放出两电极上产生的气体后，称装置及装置中物质的质量，分别记为 m_1，m_2，m_3。

学生很容易得出水电解反应过程中物质总质量不变，以及产生的气体的质量总和。学生也能够分析得出生成的气体质量等于减少的（也就是反应掉的）水的质量。

设计意图：通过分析水电解反应中的质量关系，发现化学变化遵守质量守恒定律。

任务2：画出水电解反应的微观示意图，并解释质量守恒的原因

学生在用微观示意图表示水电解反应的过程中，得出化学反应的过程就是原子重新组合的过程，并总结出质量守恒的微观原因，即在化学反应前后，原子的种类、个数和质量都不变。

设计意图：通过画水电解反应的微观示意图，明确化学变化遵守质量守恒规律的微观本质原因。

任务3：利用红磷燃烧的反应设计实验验证质量守恒定律

学生能够设计初步实验方案，想到在密闭装置中放入红磷，点燃红磷前，称装置及装置中物质的总质量。红磷燃烧后，再称量装置及装置中物质的总质量，观察天平是否平衡。

学生通过分析交流能够不断完善实验方案。例如，解决如何点燃密闭装置中红磷的问题，学生想到为保证装置始终密闭，可以隔着装置用光照射内部的红磷，进而点燃红磷。

设计意图：该过程培养学生对已有规律设计实验进行验证的能力及创新思维能力。

2. 学习过程评价设计

为实现教学评一体化的目标，本单元设计了学习效果评价。学习效果评价包括单元总体评价和课时评价。

单元总体评价包含以本单元学习任务的完成情况制订的评价量表（见表2），以及与评价内容相对应的单元纸笔检测和相对应的评价标准。

表 2　单元评价量表

评价内容	理解	认识	知道	未学会
	10~9	8~6	5~1	0
理解化学变化的实质：原子重新组合的过程				
理解化学变化前后原子守恒、元素守恒				
理解化学变化遵守质量守恒定律的微观本质原因				
能够应用质量守恒定律分析解释实际问题				
正确书写常见反应的化学方程式				
能说出化学方程式表示的宏观、微观、定量的含义				
理解化学变化中物质的质量与物质微粒的相对质量之间的关系				
能按规范步骤进行有关化学方程式的简单计算				
能较为全面地绘制物质化学变化的思维导图				

课时评价分为过程性评价和结果性评价两部分。过程性评价包含以本课时学习任务的完成情况制定的评价量表，以及与评价内容相对应的课堂练习和相对应的评价标准。结果性评价包含课堂检测和课后作业。在进行课时评价前，先设计作业蓝图，并以作业蓝图为纲领，对应教学目标设计作业目标及课时评价。

借助主题情境创设
有效开展小学英语单元整体教学

王慧琼（北京大学附属小学石景山学校）

一、现状与问题

随着课改的深入和核心素养的提出，以单元为整体进行教学设计，体现学科育人价值，整体把握学科核心素养培养，成为教学研究者和实践者的基本共识。《义务教育英语课程标准（2022 年版）》中指出："（教师应该）依托语境开展教学，引导学生在真实、有意义的语言应用中整合性地学习语言知识。"❶ 因此，小学英语教研组采取体现"大单元""大主题"的教学过程设计策略，积极打造具有主题意义的单元情境，在相对完整、真实的情境活动中，帮助学生更好地接触、理解、体验及学习语言。

北京版英语教材是按单元进行编写的，单元中的不同课时内容或板块相对独立，缺乏一条主线把它们有机地连接起来。我们在课堂教学和观摩中发现，一些小学英语教师在单元整体教学中没有关注到情境的创设，这样就会导致学生对语言的体验不够持续，对文本的理解不够深入。除此之外，由于专业素养和理念认知的局限，语境创设的过程中有时出现了看似热闹而实则低效的"为语境而语境"的负面效应，主要包括：①与单元主题关联性不够；②脱离学生实际，不能与学生产生共鸣；③语境创设牵强，真实性不足；④主题情境创设趣味性不够。

---

❶ 中华人民共和国教育部. 义务教育英语课程标准（2022 年版）[M]. 北京：北京师范大学出版社，2022.

主题情境创设下的单元整体教学就是在整体教学观的指导下，教师依据课程目标和课程内容，解读教材单元主题和功能特点，在分析学情的基础上，围绕一条单元主题情境，通过活动、教具、课件、视频和音乐等创设接近生活的语言环境，营造乐学的氛围，提升课堂活力，从而激发学生的学习热情和学习兴趣。同时，生动的教学情境有助于学生对语言的感悟和对语义的理解。这样的课堂更有利于学生有效地理解单元文本内容，拓展思维空间，实现学科核心素养的提升。

二、理念与原则

　　主题情境的设置为语言功能提供充足的实例并活化所教语言知识，为学生提供丰富的语言交际机会，提高学生在实际交往中用英语思维和即时交流的能力。学生只有在相对真实的语言情境中，才能更好地理解教材文本所传递的信息和语言材料，"境"中生情，从而促进运用英语理解和表达思维的能力。主题情境的创设应遵循以下几项原则。

（一）整体性

　　主题情境的创设要基于单元整体教学内容，根植于单元教学目标，围绕教学主题或话题来进行。教师要站在单元的高度，把主题情境作为教学的主线贯穿课堂教学的始终。同时，鲜明的主题情境也能提高教学活动的整体性和连贯性。因此，教师必须先从教材着手，认真研读，分析板块之间的内部联系，摸清编者的意图，从学生的知识储备、学习兴趣出发，有效结合教材单元整体内容，建立单元意识，创设契合单元主题的课堂教学整体语境。

（二）真实性

　　生活是最真实的课堂，当学生发现课堂上老师讲的都是和他们的生活息息相关的东西，都是他们最熟悉的人、事、物时，他们就会非常愿意主动投入英语学习中，积极地参与讨论和交流。在课堂教学中，教师所创设的情境必须是相对真实的、贴近学生生活的，能够与学生产生共鸣。只有将英语知识融入学生熟悉的生活情境中，唤醒学生的已知和生活经验，学生才能从个人经历中找到相似的、可理解的内容，才能够更加主动积极地参与课堂活动中。

（三）趣味性

对于小学生来说，英语学科不仅是一门课程，更是学习过程中一种内心的体验。情境创设的趣味性就是以学生兴趣为切入点，运用一些多元化的策略来辅助教学，创设生动有趣、学生容易接受的情境进行教学。无论是图片、声音、动画和视频等多媒体技术，还是游戏、歌曲、歌谣、小竞赛和猜谜语等课堂活动，都需要教师关注学生体验，让整个课堂中的情境变得生动有趣，促使学生积极思考，优化教学效果。

三、路径与策略

主题情境下的单元整体设计要求教师将单元主题融入一个大情景中，以综合性的语言实践活动来培养学生语言的运用能力和实践能力，为学生的语言训练和使用提供丰富的发展空间。教师要引导学生愉快地参与学习过程，通过参与体会成功的喜悦，并且主动地用所学语言去做事情，在这一过程中发展语言能力，拓展学用空间，提高英语学习效率。

教师面对不同的教学内容应当根据具体单元内容创设主题情境。下面以2015 年北京版小学《英语》（五年级上册）"Unit 3 Can you tell me more about the Mid-Autumn Festival？"为例，说明借助主题情境创设有效开展单元整体教学的实施路径。

（一）深入分析教材文本，初步明确主题情境

1. 对于单元整体教材内容的解读

"Can you tell me more about the Mid-Autumn Festival?" 这一单元围绕中

西方传统节日，分别介绍了中国传统节日中秋节和重阳节及西方的万圣节，教材中介绍了这些节日的特色饮食、相关活动等。

2. 明确单元主题与课时话题

这一单元话题内容是围绕节日展开的，其中既呈现了中国传统节日 The Mid-Autumn Festival、The Double Ninth Festival，又简单介绍了西方的节日 Halloween. 教材原有的单元标题为 "Can you tell me more about the Mid-Autumn Festival?"，这一主题不能涵盖 3 个新授课时的内容。因此，可以将单元主题设置为 "The Traditional Festivals in China"，以中国传统节日为单元情境，4 个课时则分别讨论有关中秋节、重阳节、中西方节日对比，以及综合介绍中国传统节日。

3. 结合教材单元内容初步明确主题情境

结合对本单元教材的分析，用传统节日这条主线将原本较为分散的课时内容按其共性整合，优化课时教学内容的连续性，利用单元主线建立起课时话题与单元主题之间的内在关联，并以此创设单元主题情境。

（二）准确分析学生实际，找准主题情境契合点

1. 学生生活经验分析

通过梳理北京版《英语》教材发现，有关节日的话题学生很早就有所接触。学生在一年级学习圣诞节和春节的节日名称，能听懂、会说表达节日祝福的语句；在二年级学习了对各种节日活动提出建议，能简单表达节日活动；在三年级学习日期的表达方式；四年级下学期的学习，使学生对春节、元宵节、端午节这三个传统节日的风俗和传统活动有了基本了解。

2. 学生主题相关知识梳理

学生对本单元中涉及的中国传统节日相较于其他节日了解甚少。在课前对学生进行前测和随机采访时，个别孩子甚至不知道中秋节和重阳节的具体日期，有部分孩子不知道重阳节的活动习俗。因此，本课要让学生对于中国传统文化有更多的了解，从而激发他们对传统文化的热爱。

根据对学生的学情分析和前测结果，教师结合学生熟悉的话题，从学生所需入手，从不同角度进行交流讨论，尽可能建立起学生新旧知识逻辑上的紧密联系，促进学生认知、思维等多方面的发展，为他们提供丰富简单的说话材料，让学生在教师预设的语境中掌握知识点。

（三）创设主题情境，有效开展单元课时教学

本单元4课时都以"The Traditional Festivals in China"创设情境，第1课时整合后面课时中有关节日食物的表达，侧重引导学生借助已有生活经验来阅读语篇，运用主要句型表达中国传统节日的日期和食物。第2课时通过阅读教材文本和补充视频进一步丰富语言，描述人们在节日时的传统活动并探讨节日意义。第3课时为通过文本学习引导学生初步了解和感受西方节日，借助对比了解中西方节日文化差异。第4课时则重点帮助学生进一步巩固、运用本单元的核心词汇和句型来复习节日的时间、食物和节日活动等，并以此为契机，弘扬中国传统文化。最后，学生能运用所学知识简单介绍我国传统节日，并能通过书面形式表达自己喜爱的传统节日。通过单元学习，学生能够在知识和文化层面对中国传统节日有所了解，感受节日快乐，进一步提升对中国传统节日文化的认同感，坚定文化自信。

接下来，以第2课时"Enjoy The Double Ninth Festival"为例说明借助主题情境的创设、有效开展单元课时教学的策略。

1. 以情境引入，做好语用铺垫

创设熟悉的语境是课堂教学的必要环节。其主要目的是打开学生思维，为学生做一些语言上的准备，对教学话题、教学内容等做语言知识准备，帮助学生提取已学语言知识，开展语言交流。

上课开始，教师对学生说："Let's enjoy the lantern show!"接着为学生播放由中国传统节日图片串联起来的"走马灯"，让学生自由说出看到的节日，复习旧知识，并引导学生关注本单元的主题"中国传统节日"。随着呈现英文版古诗《九月九日忆山东兄弟》，学生在默读英文版古诗后，情不自禁地

背诵起这首古诗。这样就可以自然而然地引出本课主要讨论的节日——重阳节，激发学生对本课话题"传统节日"的学习兴趣。

2. 利用问题链，创设探究情境

利用问题链将对单元主题或课时话题的探究采用递进的方式向前推进，为学生创设课堂探究情境，引导学生围绕主题展开讨论和交流，促进学生语言交际能力提升，同时促进其深度理解和认知能力的发展。

在学生了解了本课的话题后，利用问题链"Can you tell me something about this festival? → Do you want to know more about this festival? → Watch and learn more about the Double Ninth Festival."将本课的学习层层推进。首先，用问题激活学生对重阳节的已有知识为后续学习做好铺垫。其次，询问学生想知道哪些有关重阳节的内容，以学生的需求为出发点，引起学生对重阳话题的兴趣，提升学生思维深入性及主动质疑的意识与能力。第一，学生通过对文本的阅读学习并与同伴交流理解主旨信息，获取对话大致内容，初步了解重阳节的习俗。第二，学生通过提取对话文本的关键信息，整体感知重阳节相关内容。第三，通过视频和拓展资料，挖掘中国文化元素，使学生更全面地了解重阳节传统活动，感受中国传统文化的魅力，进一步体会中国传统文化的博大精深。这既延续了第 1 课时的话题，又为后面中西节日对比和综合介绍传统节日做好了语言准备和情感铺垫。

3. 有效拓展操练，提升表达空间

创设开放的语言操练情境是课堂教学的重要环节。学生在相对真实开放的语境下，将学习内容内化为自己的知识，以此进行表达、交流和运用。

在这一课中，教师设计了以下三个不同的小组合作拓展活动。Write a Note：写下重阳节你想做的事情，可配简笔画；Introduce the Double Ninth Festival：以八大处公园重阳游山会为背景，作小小志愿者为大家介绍重阳节；Do a Dubbing：为重阳糕介绍视频做配音。在主题情境下以不同形式输出作品能激发学生的兴趣，为学生提供语言表达支架，也能使后面课时综合表达降低难度。

（四）精心设计课后作业，延续主题情境

基于主题情境开展单元整体教学，除了把握备课内容完整性和课堂教学节奏，布置课后作业也是非常重要的。

教师围绕"The Traditional Festivals in China"设计的单元大作业为制作传统节日 LAPBOOK 并介绍喜欢的节日，以此为单元学习产品逆向设计各课时的具体任务。根据课时内容分别为"The Mid-Autumn Festival Card""The Double Ninth Festival Poster""Different & Same Note""Favorite Holiday Share"四个契合主题情境，不断丰富内容的系列任务。课时作业围绕单元主题，将节日话题知识的学习与语言技能的发展融入主题语境之中。

四、反思与展望

随着英语学科教学的不断改革和新课标的发布，小学英语教学也面临着更多的机遇与挑战。基于主题情境，有效开展单元整体教学成为小学英语教学的重要策略之一。教师要深入钻研教材，创设符合学生学习特点与认知规律的单元主题情境。依托单元整体教学设计，学生在真实有趣的情境下感知语言，获得学习英语的乐趣，以情境中的活动激发学生的思维，进而提升学生英语学科核心素养。同时，在教学中不断进行实践能帮助教师整合课程内容，整体规划教学，深层次解读文本，设计多层次英语学习主题活动，提高教师教学专业能力。

在当前"双减"背景下，创设单元主题情境，开展单元整体教学是提高课堂时效、促进学生英语学科核心素养形成的有效途径。如何进行单元各板块合理的整合和优化，深化单元与单元之间的联系，充分凸显单元的主题意义是接下来要关注的重点。这些在实践中的一些尝试虽然还有许多需要考量和完善的地方，但依然能为其他教师的教学提供值得探索和挖掘的空间。

基于教学资源开发的
小学英语课堂提质增效研究

金然（北方工业大学附属学校）

2021 年 7 月 24 日，中共中央办公厅、国务院办公厅印发《关于进一步减轻义务教育阶段学生作业负担和校外培训负担的意见》，指出"教育部门要指导学校健全教学管理规程，优化教学方式，强化教学管理，提升学生在校学习效率"。❶ 该意见的出台减轻了学生的负担，但在这个"减"的背后对老师提出了更高的要求，也就意味着在有限时间内教师要把课堂实效性最大化。那么如何在短短的 40 分钟内既提高质量，又增加效率呢？这就成了摆在每位英语教师面前的大难题。经过将近一年的不断实践，教研组发现开发多种教学资源并将其应用到英语课堂是一种非常行之有效的方法。

一、提质增效英语课堂教学资源开发的意义

教学资源即课程资源，英语课程资源包括英语教材及有利于发展学生综合语言运用能力的其他教学材料、支持系统和教学环境等，如音像资料、直观教具和实物、多媒体软件、广播影视节目、网络资源、报纸杂志及图书馆、班级、学校教学设施和教学环境创设等。

---

❶ 中共中央办公厅、国务院办公厅. 关于进一步减轻义务教育阶段学生作业负担和校外培训负担的意见 [EB/OL].（2021-07-24）[2022-7-31]. http：//www.gov.cn/zhengce/2021-07/24/content_5627132.htm.

《义务教育英语课程标准（2022 年版）》明确指出："课程资源的开发和利用应服务课程改革，满足课程实施的需要，体现教育教学改革的理念。积极开发和合理利用课程资源是有效实施英语课程的重要保证。"❶英语教学的特点就是要让学生尽可能多地从不同渠道，以不同形式接触、学习和使用英语。学生的学习不应仅局限于课本，他们对贴近实际、贴近生活、贴近时代的课程资源更感兴趣。开发丰富多样的课程资源不仅能满足学生学习的需求，而且有利于他们充分发挥潜力，同时还能够大大提高学习英语的积极性。长此以往，必能实现英语课堂提质增效。

二、提质增效英语课堂教学资源开发的原则

（一）适用性与合理性相结合

提质增效英语课堂开发课程资源，应考虑学生的年龄阶段和接受能力，要善于挖掘贴近学生生活实际的内容。在巩固"现在进行时"这个时态时，教师用儿歌《两只老虎》的曲调改编 "Are you sleeping? Are you sleeping? Little × ×，Little × ×? Morning bells are ringing. Morning bells are ringing…"歌曲朗朗上口，既适合低年级学生学习，又很符合生活实际。

（二）知识性与趣味性相结合

提质增效英语课堂开发课程资源，只有注意挖掘学生感兴趣的内容，使用有趣味性的手段，才能取得良好的效果。在教授一年级字母"i"的开闭音节发音时，教师设计摘苹果的游戏。树上长满含有字母"i"单词的大苹果，教师让学生通过辨音把它们分别摘下来放到开、闭音节两个不同的筐中，既学习了知识又增加了趣味性。

---

❶ 中华人民共和国教育部. 义务教育英语课程标准（2022 年版）[M]. 北京：北京师范大学出版社，2022：72.

（三）时代性与开放性相结合

提质增效英语课堂开发课程资源，要善于捕捉时代信息，跟上时代步伐。新知识的传授要使学生与时代和社会发展更贴近。在讲解"robot"一词时，教师向学生介绍现在机器人发展的新动向，并为学生提供简易的阅读材料——robot fish，文字简洁生动形象，为学生提供想象的空间，同时也紧跟时代步伐。

三、提质增效英语课堂教学资源开发的实施策略

（一）开发教材资源，促英语课堂提质增效

教材是基础教育阶段教育教学的主要依据，偏离教材的教学如同无源之水、无根之木。因此，在小学英语教学过程中，教师既要根植教材，又要牢牢把握教材内容的逻辑性与科学性，努力挖掘教材中隐含的教学资源，让学生感受到更加立体、更加灵活、更加开放的教学内容，从而进一步提高课堂教学实效性。

在教授北京版《英语》（五年级上册）"Unit 3 Can you tell me more about the Mid-Autumn Festival?"时，单元的主要教学内容是教授学生一些中西方节日，如 the Mid-Autumn Festival，the Double Ninth Festival，Thanksgiving，Halloween 等英语表达方法，以及相关背景知识，如日期、庆祝方式、主要节日活动、饮食方式等。因此，在本单元的复习课中，教师为了帮助学生更好地理解中西方节日文化的异同，设计了"一起找找看"的探究性活动。首先，根据教材内容设计表格，内容包括节日名称、节日日期、庆祝方式、饮食习惯、人们穿着和节日含义。其次，引导学生以小组合作探究的学习模式进行讨论总结，并通过表格的完成情况进一步分析中西节日的异同点。这样做既活化了教材内容，又延伸了教材内涵。

（二）开发歌曲资源，促英语课堂提质增效

英文歌曲内容丰富、旋律优美、易于激发学习兴趣，既满足学生表达的需要，又兼顾知识的需要。在小学英语教学中，可以根据不同的需要播放一些英语歌曲，以歌促学、寓教于乐、创造轻松的学习环境，让学生更积极、主动地去学习，从而进一步提高英语课堂教学实效性。

上课刚一开始，学生注意力不易集中，教师利用歌曲进行学习前的热身，节奏明快、气氛热烈，学生会感到振奋，从而自然地进入课堂学习。在学习打招呼时，可以让学生唱 *Hello Song!*；在学习星期时，可以让学生唱 *Days of the week*；在学习颜色时，可以让学生唱 *The Song of Colours*；在学习单词 "animals" 时，可以让学生唱 *To the Zoo*、*Old MacDonald Had a Farm*，模仿各种动物的叫声和动作。不同的场景演唱不同的歌曲，简单的句型和简单的旋律，能带着学生去体验不一样的英语学习之旅。

（三）开发游戏资源，促英语课堂提质增效

在英语教学中恰当运用游戏，可以有效地调动学生的兴趣性，在玩中学、做中学，在轻松、愉悦的氛围中完成知识传授，使学生从"要我学"变为"我要学"，帮助他们树立学科自信，增加学习动力，从而进一步提高课堂教学的实效性。

在一年级练习课堂用语时，可以选择"Simon Says"的游戏。教师在黑板上用简笔画画出西蒙，介绍西蒙的英语名字叫 Simon，在听力训练中由他发出命令。当同学们听到"Simon says, stand up!"大家立即站起来，"Simon says, sit down！"大家就坐下。如果口令中没有"Simon says"只说了做什么，就什么也别做，做了就错了，就要暂时退出游戏，不犯错者为赢家。在英语单词学习中，有的学生不太愿意跟读，可以运用"Bomb Game"。在一个词下放一个地雷，这个词是不能读的，如果学生不小心跟读，就是踩到雷了，大家一起数"One two three, bomb！"向他砸过去。这些小游戏不但有趣而且实用，让学生在玩中把知识学得更扎实。

（四）开发绘本资源，促英语课堂提质增效

绘本是儿童成长的精神食粮，色彩丰富、故事精彩、富有韵律、语言生动，是优质的英语学习资源。在小学英语教学中，教师在坚持以教材为主的前提下，适当融入英语绘本，可以深化学生的阅读体验，丰富学生的英语知识，激发学生的阅读兴趣，帮助学生养成良好的阅读习惯，从而进一步提高课堂教学的实效性。

May I borrow your glue, please? 是北京版《英语》（三年级上册）三年级上册 Unit 6 I have fifty markers 的第一课时，对话部分主要呈现的就是 Baobao 和 Lingling 两个小朋友上美术课互借胶棒、水彩笔的场景。接下来的对话练习的拓展环节场景变化很小，依旧是小朋友之间互借文具。活动过于重复，学生学起来越来越不感兴趣，课堂教学出现了虎头蛇尾的现象。基于这种情况，教师上课时把最后的拓展环节换成"小壁虎借尾巴"的英文绘本故事学习。同样是用本节课的句型，同样是借东西的场景，孩子们扮成小壁虎去找不同的人借尾巴，一下子就把课堂气氛推到了本节课的高潮。在这个看似简单的绘本替换过程中，学生们不但学习了知识，而且增加了英语学习的主动性、积极性。

（五）开发微课资源，促英语课堂提质增效

微课资源具有自主、高效、便捷等特点，它既符合新时期小学生学习的要求，又能促进现代网络媒体对他们潜移默化的影响，对培养小学生的创造性与发散性思维具有重要意义。因此，要在小学英语课堂教学中广泛运用微课资源，进一步提高课堂教学的实效性。

时间介词对于学生来说是一个非常容易混淆的知识点，如什么时间该用介词 in，什么时间用介词 on，什么时间用 at。为此，教师录制了时长 50 秒的微视频，用口诀来帮助学生掌握这个知识点："同学们大家好，今天老师用一张神奇的图来帮大家学会如何使用时间介词。in 大于一天，on 等于一天，at 小于一天，记住口诀"in 年 in 月 in 季节，on 加具体某一天，at

要加时间点"。例如，8 点是具体时间点，时间点用 at；周一是具体某一天，等于一天，要用 on；夏天是季节，季节前用 in；2021 年是一年，一年大于一天，所以要用 in。"彩笔＋白纸＋手机 =1 条效果出众的教学微视频。短小精简的教学微视频改变了传统课堂教学大而泛的教学形式，着力突破教学中的知识重难点，让学生的注意力仅集中于自己薄弱的某一知识点，从而全方位提高学生的学习效率和学习效果。

　　总之，课堂教学质量是学校的"生命线"，是学生学业发展的"主导线"，是助力"双减"政策行稳致远的"减压线"。教学资源的开发与运用，为学生提供了更加宽广的渠道，已经成为"双减"背景下的教学趋势。作为小学英语教师，我们既要保持课程标准的高度，又要站在学生发展的角度积极开发教学资源，为学生的英语学习提供更加宽广的天地、丰富的内容、灵活的平台，真正实现英语课堂的高质量、高效率。

基于新课标的初、高中英语衔接课程的开发策略研究

孙彦（北京市第九中学）

一、问题与现状

大量实践表明，初中生升入高中后会普遍存在不适应的情况。这反映了初、高中阶段因课程设置、教材、教法和教师团队的差异而造成的初、高中英语教学的断层或缝隙。特别是，目前高中新版教材基于《普通高中英语课程标准（2017年版）》，而《义务教育英语课程标准（2022年版）》刚出版，教材尚未更新，在初、高中课程标准和教材迭代不同步的背景下，学生的不适应感会更强。能否解决好衔接问题直接关乎学生是否能顺利开展高中阶段的学习。

针对衔接问题，一些研究者开展了相关研究，主要包括三大类：一是影响因素类，即衔接教学的必要性及影响衔接因素研究；二是衔接策略类，即衔接教学的策略、方法和路径等，以及针对词汇、阅读、听力和写作等方面具体的教学策略和教学建议；三是衔接课程类，即针对某学科衔接开展的课程设计与研究。其中，英语衔接课程基于对学生学情、学科知识结构、教材内容等进行课程开发设计及实践，提供了比较系统的解决思路。但是，在初、高中课程标准及教材迭代的背景下，并没有研究者系统地针对新课标与初、高中教材进行比较。这一研究现阶段具有很强的迫切性，因此教研组将以此为切入点，旨在对初、高中英语衔接课程开发提供建议，同时对新课标及初、高中教材的分析结果，也可以为教师开展衔接教学提供参考依据。

二、初、高中英语课程标准和教材分析

（一）新课标比较与分析

新课标是开展初、高中英语教学的纲领性文件，是开发和设计衔接课程、开展衔接教学的依据。为了明确初中、高中英语进阶空间，研究者从衔接的视角，对初、高中版新课标理念及重点内容进行具体的梳理和比较。

整体来看，《普通高中英语课程标准（2017年版）》《义务教育英语课程标准（2022年版）》（以下分析基于该课程标准中高中阶段的部分和初中阶段的部分，简称"高中课标"）以立德树人为根本任务，均规定相应阶段的教育目标、教育内容和基本教育要求。初、高中课标均明确发展学生的英语学科核心素养为课程目标，指出课程内容由六要素构成，倡导英语学习活动观；同时注重"教—学—评"一体化设计；重视现代信息技术应用，丰富英语学习资源。

基于初、高中课标的对比分析，从衔接的视角看，高中课标具有以下特点。

1. 界定于"社会情境"，更强调真实性和社会性

初、高中课标语言运用情境存在差异。初中课标将语言能力运用范围界定在"参与特定情境下相关主题的语言活动时"[1]，而高中课标则表述为"社会情境"[2]中，更强调语言运用的真实性和社会性。同时，高中课标能力范围也相应扩展，除"理解和表达的能力"外，还增加"在学习和使用语言过程中形成的语言意识和语感"。

2. 语篇类型更加真实、多样，注重多模态材料

高中语篇的主题学术性更强，在深度和广度呈现递进状态，体现出不同的要求。从语篇类型上看，初、高中课标均涵盖连续性文本及非连续文本，口语和书面语等不同形式，以及文字、视频和数码等多种模态。[3]高中课标

---

[1] 中华人民共和国教育部.义务教育英语课程标准（2022年版）[M].北京：北京师范大学出版社，2022：4.

[2] 中华人民共和国教育部.普通高中英语课程标准（2017年版）[M].北京：北京师范大学出版社，2020：4.

[3] 同[1]：17.

增加"剧本""告示牌""指南""简历""歌曲和诗歌"❶等体裁的语篇,使学生能接触到更加真实、多样的语篇材料和语篇形式。

3. 知识的广度及难度进阶,重知识的理解与应用

初、高中语言知识的广度及难度明显加大,如词汇知识方面,词汇量要求从 1500~16000 增加到 3000 个 ❷左右,更重视词块及词汇在语境中的运用;语法知识方面,对于语法的形式、意义、功能等掌握程度的要求有较大提升;从文化知识看,高中课标❸注重"在对不同文化的比较、鉴赏、批判和反思过程中,扩宽国际视野、理解和包容不同文化",提出对文化异同理解和坚定文化自信的更高要求。

4. 思维深度进阶,对高阶思维要求提升

高中课标对"思维品质"要求更加全面,对高阶思维能力要求有所提升。从目标行为动词看,高中课标中提出"辨析现象""梳理、概括信息""构建新概念""推断信息的逻辑关系""创造性地表达观点"❹等高阶思维目标。在具体的语言技能目标中,高中课标也从"分析和梳理常见语篇的基本结构特征和主次关系"❺等提升为"理解语篇显性或隐性的逻辑关系""批判性地审视语篇内容""把握语篇的结构及语言特征"❻等提出更高思维层次的目标。

5. 学习策略进阶,重视自主性,关注策略培养

初中课标特别关注通过集体语言实践活动开展学习,提出"注意倾听""乐于交流""学会自主探究,合作互助"等策略;而高中课标则重视学生自主性,大量提出需要较高自主性的策略,如资源策略:"选择合适的参考书

❶ 中华人民共和国教育部.普通高中英语课程标准(2017 年版)[M].北京:北京师范大学出版社,2020:17.

❷ 同❶:21.

❸ 同❶:32.

❹ 同❶:6.

❺ 中华人民共和国教育部.义务教育英语课程标准(2022 年版)[M].北京:北京师范大学出版社,2022:30.

❻ 同❶:36.

和词典等工具""有意识地注意和积累生活中所使用的英语""通过阅读扩大词汇量""构建词汇语义网"等。❶

在实际教学中，教师应关注以上特点，充分考虑进阶空间，设计课程内容和开展教学。

（二）初、高中英语教材分析

初、高中教材均根据各自课程标准设计，但鉴于初中阶段新课标刚刚颁布，而初中教材仍依据旧版课程标准，因此在开展衔接教学中仍需要关注现有教材间的差异。下面基于北京师范大学出版社 2019 版高中教材《英语》和北京师范大学出版社 2015 版初中教材《英语》进行分析。从衔接视角看，高中教材具有以下特点。

1. 语篇学术性更强，体现主题的拓展深化

从语篇主题看，初、高中教材均涵盖了"人与自我""人与自然""人与社会"三大主题，在某些话题上体现了衔接，如都选取了环境保护、运动与健康等主题内容。不同之处在于，初中教材话题内容更加具象化、生活化；高中教材的话题相对抽象，学术性更强，体现了话题的拓展和深化。

2. 以主题为主线，增加了"看"的活动，扩展资源更丰富

初、高中版教材的单元板块设计相似，都是以主题为单元主线、任务为主导的框架设计。与初中版教材不同，高中教材在每单元后加入了"看"的活动，提供原汁原味的语言学习体验。此外，高中教材还提供了更丰富的辅助性和扩展性学习资源供。例如，开篇的 Learning to learn，嵌入教材的 Word Builder, Sentence Builder, Text Builder, Skill Builder, Talk Builder, 以及每个单元的 Quote...Unquote。高中教材相较于初中版教材更丰富，为学生进行自主学习提供了较多的支持。

---

❶ 中华人民共和国教育部 . 普通高中英语课程标准（2017 年版）[M]. 北京 : 北京师范大学出版社，2020 : 41-42.

3. 教材中的活动设计层次性更强，思维水平要求更高

初、高中教材均在语篇后设计了学习任务。初中教材中封闭性问题居多，较多活动停留在获取信息层面。高中教材语篇后的开放性问题比例很高，活动设计体现了思维层次的递进性和对高阶思维的培养。在获取事实信息基础上，教材关注应用实践和迁移创新的任务，为学生运用语言知识与技能探究语篇意义创造了条件。

4. 高中生词量要求大幅提高，关注词汇学习策略

高中教材语篇篇目增加、篇幅变长，写作手法更为丰富、多样，每篇语篇的生词量和整本书的词汇量都有了大幅提高。以相似主题的单元为例，初三教材"U6 Role mode"生词 27 个，高一教材"U6 The admirable"生词 92 个。Lesson 1 单篇的篇幅来看，初中教材 U6~L1 共 198 个生词，高中 U6~L1 词数则达到了 413 个生词。除了词汇量要求明显提升，高中教材对于词汇应用也提出了更高要求。

5. 语篇结构更复杂，语法要求大幅提升

高中教材语篇篇幅增加，长句和难句难度增多，大量出现插入语、多种复合句、非谓语动词等的叠加使用。高中教材对于基础词法及句法的要求提升，更要求学生能结合语篇分析达到对语义的理解。单独看语法知识，初中语法每单元围绕单一语法点，基础性强，重形式训练。高中教材注重语用，特别强调语法是"形式—意义—使用"的统一，强调在语境中学习和运用语法。

6. 语言技能上，高中微技能训练所涉及的思维层提升

在语言技能方面，初、高中教材中有较多相似的语言微技能。比如，初中教材涉及的 Predicting, Making inferences, Identifying the speaker's views, 对应高中教材中的 Making predictions, Making inferences, Understanding the speaker's attitude。虽然微技能名称相似，但能力层次有所提升。比如，初中教材中 Identify the main ideas 只需要在已知答案中选择，而高中阶段很注重学生自己归纳。教学中应侧重微技能训练，以提高学习效率和效果。

综上所述，教材所体现的对思维、语言知识、语言技能等方面均有较大提升，教师应注重温故知新、前延后伸，要在巩固旧知的基础上引导学生在语境中理解和运用所学知识与能力探索新知。

三、初、高中英语衔接课程的开发策略

基于新课标和教材的分析，以衔接视角、语言情境、语篇类型、语言知识、语言微技能、学习策略等方面均存在进阶空间，在衔接课程的开发中应充分考虑以下策略。

（一）基于进阶空间，聚焦单元主题和内容

根据课标的理念，初、高中英语衔接课程应以主题为主线创设真实有效的语言情境，并通过课外实践活动等创设真实的社会语境。在具体主题和内容的选择上，需要根据课标和教材分析的进阶空间，并结合学生学习基础、学习需求进行设计。

综合课标和教材对比结果考虑衔接课程的地位，衔接课程可将加强核心语言知识与技能及提升学生学习力作为两大重点目标。语言知识与技能的巩固应聚焦教材分析所体现差异较大的地方，如句子成分、基本句式、词汇的运用等；而学习力提升则基于主题，重点培养关键技能和策略，如概括主旨、图示化结构等；同时，应加强学习策略的指导和学习习惯的养成。

（二）以主题为主线、兼顾基础知识，设计课程体系

根据新课标要求，衔接课程应以主题为主线，兼具综合性和基础性的特点，以多样化任务为主导，侧重语言知识与技能、策略与技巧、学习方法与习惯构建，助力于初、高中英语学习顺利衔接和过渡。

考虑到学生的实际需求和基础性知识的独立结构，可设计内容精炼、基础性强的先导内容，如语法部分的词性、句子成分、基本句型等，在整个

课程中起到"前伸后延"的作用。主题课程为衔接课程的核心内容,分单元设计 reading, listening, reading & listening strategy, learning strategy & habit, video 和 project 等多板块。高中课标对学生思维深度的要求更加全面、深刻,因此在主题课程学习中应基于语篇意义,在学习理解基础类活动基础上层层深入,设计更多有思维广度和深度的应用实践和迁移创新类层次的活动。

(三)落实新课标学习策略要求,凸显学习策略和学习习惯

高中新课标特别强调学生自主学习能力,重视学生微技能的训练,思维深度明显加深。英语阅读与听说策略、学习策略与习惯是学生顺利开展高中英语学习的保障。

因此,整个课程应在单元主题引领下,在通过语篇进行主题探究的过程中,学习语言知识与技能,完善策略与技巧,提升学习力和思维力。Reading & Listening strategy 板块聚焦策略,可设计总结大意、图示化信息等微技能的强化训练,巩固策略与技巧。Learning Strategy & Habits 总结高中英语学习的策略、方法与规范,通过教师引导与规范,学生自主阅读和训练等方式,逐步形成更好的学习策略,循序渐进形成良好的学习习惯。此外,还可以通过学习手册中的附录形式,介绍高中英语学习目标与课程结构、高考题型、新版英语教材介绍与使用导引、课外阅读和学习资源推荐等。

(四)设计兼具基础性和选择性的学生任务

高中新课标特别强调学生自我管理和自主学习能力的培养。学习任务的布置应兼顾基础性和自主选择性,让学生在夯实基础的前提下有更多自我选择学习任务的机会。

比如,先导内容中设计以初中核心词汇为主的自主学习单,起到查漏补缺的作用;语法部分设计多样化的学习方式,包括教师授课、微课及学习单自主学习、小组合作学习等。在学习单中设计不同层次的任务,学生具有一

定的自主选择权。比如，词汇学习要提供不同难度任务，包括词汇拼写、语境中填空、话题写作等，以满足学生不同程度的学习需求。

（五）注重"社会情境下"语言实践活动和丰富学习资源

高中课标将语言能力范围界定为"社会情境下"；同时在"语言能力"定义的范畴上，扩展"语言意识和语感"。因此，教师在教学中除了要设计真实、生动的情境，也应利用课下开展多样的社会情境下的实践活动。比如，在 project 环节设计"英语标识牌找碴儿""Zoom in 随手拍""New experience"微录（Vlog）小视频拍摄等活动，主动创设真实的社会情境贴近学生生活，让学生提升语言意识和语感。另外，新课标首度提出"看"的技能，在语篇类型上，应增加多模态材料，如主题相关的视听材料等。

通过初、高中英语衔接课程的教学，教师可以深化对课程标准的理解和对学生学情的把握，主动帮助学生适应高中阶段的学习。更重要的是，学生能从入学伊始了解学习目标和学习内容，发挥主观能动性，有意识地选择适合自己的学习策略，提升学习的自我效能感，在英语学习活动中培养自己的学习力和思维力，达到提升英语核心素养的目标。

"双减"背景下的校园冰雪活动课程建设的行动研究

——以北京市第九中学为例

杜江（北京市第九中学）

陈博（北京市第九中学）

一、研究背景

"双减"政策着力于"减轻学生作业负担"与"减轻校外培训负担"两个方面，通过一系列举措，落实立德树人根本任务，回归素质教育，促进学生德智体美劳全面发展。北京2022年冬奥会和冬残奥会成功申办为中小学校园冰雪运动发展提供了前所未有的发展契机，国家体育总局、教育部、北京冬奥组委等部门印发《冰雪运动发展规划（2016—2025年）》《教育部国家体育总局北京冬奥组委关于印发〈北京2022年冬奥会和冬残奥会中小学生奥林匹克教育计划〉的通知》（教体艺〔2018〕1号）和《北京市人民政府关于加快冰雪运动发展的意见（2016—2022年）》（京政发〔2016〕12号）等文件，全面推动校园冰雪运动以时代新兴体育项目身份走进全国中小学校。本研究是教研组基于国家级校园冰雪特色学校视角，探索推动普及校园冰雪运动、弘扬奥林匹克精神的工作策略举措，有效促进了学校体育工作科学发展，落实学科核心素养。

二、"双减"背景下校园冰雪运动发展现状

中小学积极响应国家"双减"政策的号召，通过发展校园冰雪等项目全

面落实学校体育工作。目前，全国校园冰雪运动刚刚起步，各省市发展现状及条件参差不齐，选拔、认定、建设各级冰雪特色学校是促进发展的主要手段。各级政府及同级业务部门制发系列文件，颁布多项政策以促进冰雪运动，特别是青少年冰雪运动发展。各级教育行政部门拨付金额不等的专项经费用于特色校发展。各级冰雪特色校在上级教育行政部门指导下，组织开展各类相关培训活动，如滑雪体验、冬奥知识竞赛、教师培训等。场地、师资、学生学习效果是目前存在的主要问题。

三、研究对象与研究内容

本研究以北京市第九中学为研究对象，以国家级青少年校园冰雪运动特色学校在文化培育、课程建设、师资培养、课堂教学、条件保障等方面发展策略为研究内容。北京市第九中学 2018 年成功申报北京市青少年校园冰雪运动特色学校，2019 年被教育部命名为首批全国青少年校园冰雪运动特色学校。

四、研究方法

本研究采用了文献资料法、问卷调查法、访谈法、数理统计法、行动研究等研究方法。

五、"双减"背景下中小学校园冰雪运动发展策略

（一）文化培育

1. 体育与德育有机融合

学校利用国旗下讲话、班会、板报、校园广播站、电视台等有效德育途径方式，宣传冬奥文化和奥林匹克精神，效果良好。学生认知率和活动参与率均达到 100%。通过打造校园电视台冬奥专题栏目，每周播报北京 2022 年冬奥会、冬残奥会及校园冰雪运动新闻时事等方式，师生浸润其中，受益匪

浅。开展全员冬奥知识读本读书会，让学生在自行阅读基础上撰写读书笔记，分享心得体会。冬奥冠军专家走进校园，开展冬奥知识系列宣讲，使师生了解申奥规划、冬奥百科、双奥故事、奥林匹克教育及冬奥故事赏析等。通过冠军榜样、冬奥组委专家的精神引领，师生身心倍受鼓舞，对冬奥文化、奥林匹克精神内涵理解得更加全面。

2. 体育与美育有机融合

通过系列艺术活动引领学生深刻理解冰雪文化、奥林匹克精神，并且将自己的想法和心情表达出来。通过开展校园冰雪文化节、奥林匹克艺术品征集评选等活动，学生以书法、绘画、摄影、手抄报、手工艺制品等艺术形式，弘扬相互理解、友谊、团结和公平竞争的奥林匹克精神。通过北京冬奥会成功申办加强爱国主义教育，增强学生的民族自尊心和自豪感。

（二）课程建设

1. 国家课程

《体育与健康》（必修全一册）第十二章"水上与冰雪类运动"，此章为国家课程高中学段体育与健康学科必修选学内容，选学率实现从 0~100% 的跨越。每学期 8 课时，以政府购买服务形式，在专业滑冰、滑雪场地聘请具有执教资格的专业教练，通过教授学生滑冰、滑雪内容开展实践练习。学生滑冰滑雪基本技能掌握率达到 100%。学生 100% 选学、100% 参与、100% 基本掌握相关知识，有力推动了校园冰雪运动普及，提升了对冰雪运动的参与热情与兴趣。

2. 校本课程

面向具备有一定滑冰滑雪基础的学生，学校成立了冰雪运动社团，由高一、高二学生组成。社团分为滑冰队、滑雪队两个组。学校、教师、教练组成教学团队，综合考虑管理、教学、冰雪运动特质，制定课程方案、编写教学讲义。每周 1~2 课时，每学期 15~30 课时。教学内容分为理论学习、实践活动、专业场地集训、自主练习、比赛练兵等。在市区级比赛中，8 所学校的学生均有斩获，获得优异竞赛成绩。

3.建设校园冰雪活动课程体系

学校初步构建校园冰雪活动课程体系（见表1），内容丰富多元，涉及学生、教师两个群体，划分为理论、实践、文化活动、培训体验等领域，基本能够满足学生多样化学习和教师基础体验需求。课程进一步提升了学生冰雪运动项目认知，引领其学习冰雪运动知识、提高技能水平、培养兴趣爱好特长、学习欣赏比赛，以及理解认同"更快、更高、更强——更团结"的奥林匹克格言和"勇气、决心、激励、平等"的残奥价值观。

表1　北京市第九中学校园冰雪活动课程体系

学生			教师
理论课程	实践课程	文化活动课程	培训体验课程
国家课程（冰雪类运动）	滑雪体验活动	冬奥知识竞赛	滑雪体验活动（全体教师）
校本课程（自由式滑雪、跳台滑雪、单板滑雪、短道速滑、花样滑冰、中国冰上运动的起源与发展、中国冬奥夺取奖牌之路）	校本滑冰课程	奥林匹克艺术品征集评选活动	冰雪运动理论实践课程（全体体育教师）
	冰雪社团活动	冬奥小记者活动	滑冰滑雪技术及训练培训（骨干体育教师）
	冰雪运动队训练比赛	冬奥进校园宣讲活动	

（三）师资培养

通过校级、区级、市级各级各类培训，学生初步掌握滑冰、滑雪技能。实施《校园冰雪运动三年发展规划》，制订三年体育教师培训计划，培训内容包括理论学习、实践训练及参与比赛等。除常规校内旱地化训练、定期真冰真雪训练外，学校组织赴冬奥会雪上项目，并在举办地崇礼开展训练，实地考核效果，考核结果与教师绩效挂钩。

（四）课堂教学

积极参加市、区、校三级校园冰雪运动主题的课堂教学基本功培训和展示活动，并将之前没人选、不会教的冰上雪上教学内容设置为课堂教学的重要组成部分。多名体育教师通过研究课、展示课、评优课等形式进行课例研讨，探索校园冰雪运动项目有效落实及与体育学科学生核心素养的密切关联，对教师专业技能、教学能力及育人水平提升起到了一定推动作用。

（五）条件保障

1. 体制机制

学校体育工作是学校工作的重要组成部分，成立由校长任组长，主管副校长任副组长，教学处、德育处、总务处、体育组等相关职能部门共同参与的工作小组，统筹规划、协同推进、分工明确、职责务实。学校将校园冰雪运动纳入学校"十三五""十四五"规划和教育教学常规工作，制定《校园冰雪运动三年发展规划》，建立健全规章制度，确保校园冰雪运动蓬勃开展。学校还规范执行专项经费财务制度、教师培训制度、校本课程制度、训练比赛制度等管理制度，定期召开校园冰雪运动专题会，每学期三次。学校在学期初解读本工作计划，各职能部门领任务，配合落实；学期中沟通交流已做工作情况，解决问题，调整工作计划；学期末总结本学期工作，发扬优势，改正不足。

2. 硬件资源

学校建设校园冰雪运动素质训练房，购置滑雪陆上模拟器，可进行单双板雪上模拟训练，为社团成员配备速滑装备护具等；制作装备、器械、设施、设备安全使用手册，指导教师规范教学、学生科学训练，避免人为损坏和学生意外受伤；开设滑雪陆上模拟器校内训练课和仿真冰体验课，带领学生在模拟器上体验高山滑雪和短道速滑。

3. 经费使用

作为国家级冰雪特色校，每年市区财政拨付专项经费予以支持。学校根据《北京校园冰雪运动项目管理办法》和区财务相关规定，制定《校园冰雪运动专项经费使用管理办法》，年初制定全年预算。每一笔经费须按照预算计划，经组内讨论、行政会或校务委员会批准后方可使用。学校严格履行财务制度，发挥每一笔经费的最大效用，使合理合规的经费使用成为校园冰雪运动发展的推动力。

　　"双减"背景下，学生体育教育、体育工作的重要性越加凸显，学校会继续以校园冰雪运动推广普及为载体，探索有效发展策略路径，促进中小学生的身心健康、全面发展。

大概念视域下小学音乐跨学科
主题教学实践研究

——以北京传统文化主题为例

闫静（北京市石景山外语实验小学分校）

随着时代的不断发展，社会对人才综合素质的要求越来越高，学校教育也紧随时代步伐变得越来越灵活，单一学科的教学已经无法跟上学科发展的潮流，学科之间的融合教学越来越成为人才培养的发展趋势。以音、体、美等艺术学科为例，将学生知识与技能的培养方式改进为关联社会生活和艺术及其他学科，开展大概念视域下的跨学科主题式教学，是艺术教育的发展新态势。在大概念视域下教研组探索音体美的学科融合，强化学生主体地位，关注学生的自主体验、自信表现和主动创造，不断增强其艺术实践能力和创造能力，是艺术教育特色得到进一步深化的重要手段。

一、大概念视域下小学音体美融合教学的主题提炼

（一）大概念的界定

大概念即 Big Idea 或 Big Ideas，又称为大观念、核心观念、核心概念等，是对不同事物的总体认知，是"基于学科的基本结构和方法"，是"指向具体知识背后的核心内容"。❶

大概念课程设计思想源于布鲁纳（Bruner，J. S.）的教育学、心理学

---

❶ 葛燕琳. 关注大概念立足单元设计发展核心能力 [J]. 地理教学，2019（15）：29-32.

理论。他认为教师不管教哪个学科，目的是教会学生怎样将所学知识关联起来，使学生能够理解该学科的基本架构，有助于学生加深对知识的记忆，促进知识之间的相互迁移。格兰特·威金斯（Grant Wiggins）和杰伊·麦格泰（Jay McTighe）提到的概念能将多种知识有意义地联结起来，并在不同环境中应用这些知识。此外，林恩·埃里克森（Lyrun Erickson）提出了"概念聚合器"，引导学生在学习过程中深入探究，做出超越事实的思考，进而达到概念性理解的水平。2009 年，温·哈伦（Wynne Harlen）提出了 14 个科学大概念，他认为大概念是能用于解释和预测较大范围内物体与现象的概念。

大概念是一个抽象的整体，它能使琐碎零散的知识黏合在一起，形成有意义的联结，能促进学生有效完成知识的迁移并产生螺旋式上升，达到对所学知识的整体构建。围绕大概念进行的跨学科综合课程学习，将艺术学科与其他学科结合在一起作为一种探究学习的工具，不仅能聚焦核心概念与基本问题，而且能通过不同的学科技能帮助学生分析问题，更加持续、深入地理解问题，从而增强学生批判性思考问题的能力，培养学生的核心素养，实现终身学习的目标。

（二）北京传统文化主题的提炼

教育的目的主要在于培养学生的创新精神和实践能力。在小学音体美教学中，构建以音乐为主体、积极联系体育和美术的跨学科融合主题实践教学，既能开发学生的创造力，又能在融合中获得高效。

1. 大概念：文化即生活

《义务教育艺术课程标准（2022 年版）》❶强调要培养学生的核心素养，包括审美感知、艺术表现、创意实践、文化理解四个核心素养，它们相辅相成，贯穿艺术学习的全过程。其中，"文化理解"从价值观角度引领审美感知、艺术表现和创意实践，具有统领和整合的作用，有助于学生在艺术

---

❶ 中华人们共和国教育部. 义务教育艺术课程标准（2022 年版）[M]. 北京：北京师范大学出版社，2022：1-5.

活动中形成正确的历史观、民族观、国家观、文化观，尊重文化多样性，增强文化自信。

艺术来源于生活，艺术的背景是文化。人民音乐出版社出版的音乐教科书中有一个大概念"文化即生活"。中国文明发展的历史长河中创造出了辉煌的民俗文化，它是各地区劳动人民智慧的结晶。童谣是其中的一类，如北方地区童谣的代表——北京童谣，是北京非物质文化遗产的重要组成部分，承载着对当今教育发展及弘扬中华优秀传统文化与传承的重要意义。在大概念"文化即生活"的背景下，我们进一步确定"北京传统文化的一部分是胡同文化""胡同文化的一部分是孩子们唱童谣"两个小概念，也可以理解为"子概念"或"下位概念"。大概念就是它们对应的"上位概念"，它们的关系如图1所示。

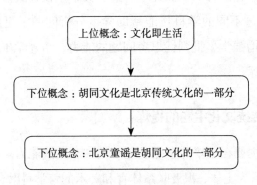

图1　大概念"文化即生活"

2.大概念视域下的北京传统文化主题提炼

依据大概念"文化即生活"，我们确定了多个教学主题，"北京传统文化"是其中的一个主题。通过这个主题，我们将教学分为"北京童谣"和"大美京剧"。这里以"北京童谣"为例，结合音、体、美三科特点，从传统音律、传统游戏、传统建筑这三个方面对"北京童谣"进行跨学科融合教学，它们的关系如图2所示。

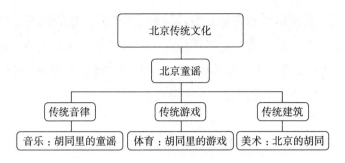

图2 北京传统文化主题关系

二、北京传统文化主题在小学音、体、美融合教学中的内容设计

基于大概念确定了教学主题之后，接下来就是设计教学内容。首先，对人民音乐出版社版小学音乐12册教材内容进行梳理，然后再根据学生的认知水平，在上述拟定的主题和分主题基础上，聚焦核心素养设计与音、体、美三个学科相关联的教学内容，确保教学内容能够激发学生学习兴趣、提升学生综合能力，促进学生身心健康和全面发展。"北京童谣"属于教材中二年级的教学内容，依托课题把本课作为音、体、美融合课进行教学，其内容对于二年级的学生有一定难度，因此可以在三年级进行实践以探寻相同内容在不同学段的具体要求和做法，分析学生的学习水平，使学生了解音乐在社会生活中的作用及与其他学科的联系等。这部分内容有助于培养学生的音乐学习兴趣、拓展音乐文化视野，进而达到涵养审美情操的教育目的。

（一）传统音律——胡同里的童谣

"北京童谣"取材于生活，体现了老北京生活痕迹和记忆，是"京味"文化中的重要组成部分。我们收集了关于记载北京所处时代的民族风俗、城市建筑、日常生活、节日节气等诸多方面的童谣共17首进行分析，最终确定《跳皮筋》《踢毽儿》和《打花巴掌》为本课的教学内容，分2课时进行教学，选择与其相关的5首童谣作为教学的辅助内容。这些童谣均带有浓厚的地方特色，富有深厚的文化底蕴，具有形式简短、质朴纯真、音节和谐、诙谐幽默、朗朗上口、便于记忆等特点，能帮助儿童认识生活、学习语言、塑造人格、启发想象，丰富审美体验，提升审美情趣，涵养热爱生活的态度，是世代口传下来的儿童民间文学艺术形式。

（二）传统游戏——胡同里的游戏

做游戏是孩子们喜欢的一种娱乐方式。老北京的孩子们小时候没有各种各样的主题游乐园，没什么玩具，更没有手机、电脑、iPad 这类电子设备。那时候的孩子更喜欢在草地上、小河边、胡同里四合院的门墩旁玩"原汁原味"的游戏。因此，有相当一部分游戏是有童谣相伴的。走在旧时的胡同里，经常能够听到一种声音，随着声音寻过去就可看到三五成群的孩子们在唱着童谣玩跳皮筋、踢毽子、跳格子等游戏。

跳皮筋和踢毽子是我国传统体育宝库中的两颗闪亮的明珠，把这两个传统体育项目与学唱北京童谣用作融合教学的内容，在课堂上还原胡同游戏的场景，综合运用多学科知识，能够使学生得到真实的课堂体验，激发学生积极参与的兴趣，培养他们艺术创新和实际应用的能力，增强团队精神。

（三）传统建筑——北京的胡同

北京是一个有巨大吸引力的历史文化名城，其特色建筑极富魅力和历史厚重感。老北京人的生活离不开四合院，离不开纵横交错在各院落中的胡同。北京的胡同不仅是城市的脉络，更是普通老百姓生活的场所，它们记载了历史的变迁，有深厚的文化底蕴。例如，位于北京市东城区灯市口西街的丰富胡同 19 号，是著名作家老舍的故居，这曾是老舍居住过的地方。老舍先生在这里住的时间最长，老舍先生"生在北京、长在北京、死在北京"，他写了一辈子的北京。老舍和北京分不开，没有北京，就没有老舍。

把胡同文化和建筑艺术与北京童谣的学习融合在一起的设计，不仅能突显综合探索学习领域的特色，而且也能借助北京城特色建筑表现自我，提高学生学习迁移的能力，拓宽他们的艺术视野。

三、北京传统文化主题在小学音、体、美教学实践中的实施

因为音乐课中的北京童谣和体育课中的跳皮筋、踢毽子和美术课中北京的胡同在"文化"上是相通的，所以可以尝试把上面提到的胡同游戏还原回课堂。在教学实施过程中，教师可将情境式教学贯穿始终，将应用心理学联觉原理和艺术通感规则，以音乐课学唱胡同里的童谣为主体，关联体育课胡同里的游戏，以及美术课有关北京胡同的相关知识和独特风貌。教师基于音乐课又超越音乐课，让学生在听、说、看、唱、做的活动中深度参与课堂，体会北京童谣和传统游戏的乐趣，激发学生对故乡的情感，增强他们对传统文化的热爱，树立民族自信。教师可通过一系列的欣赏、感受、聆听、讨论、表演等实践活动，提高学生感知美、表现美、创造美的能力，使他们体会相互合作的乐趣，增强文化自信。学生在学习过程中各个方面的相互关系，如图3所示。

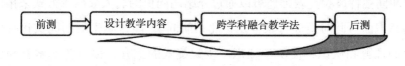

图3 教学实施过程

从图3可以看出，学生在学习过程中能体验到四个方面内容。这四个方面联系紧密、相互影响，任何一方面的改变都会影响到其他方面。教师可依托对学生进行前测的结果设计教学内容，跨学科融合教学实施后对学生进行后测，检测学习效果并继续对教学内容进行改进和提升。

"北京童谣"分2课时进行，以第1课时学唱童谣《跳皮筋》《踢毽儿》为例，教学实施过程如下。

为了课堂教学的呈现效果，体育学科前期进行了关于踢毽子和跳皮筋的

教学,该教学侧重对学生进行在二者技术方面的训练。为了与本课《跳皮筋》《踢毽儿》两首童谣进行有效衔接,可在前期基础上更侧重童谣韵律与跳皮筋、踢毽子节奏的融合。

(一)融合音乐与美术,增强艺术感染力

教学中涉及音乐与美术相融合的部分有导入环节和对传统文化综合探究环节。首先,选择一首音调和谐、易唱易记,且能代表北京地标特点的童谣《前门楼子高不高》。学生在唱童谣的同时,脑海里能浮现出前门这个标志性建筑。其次,通过视频短片、音乐、图片、环境布置等还原老北京胡同的街景,使学生初步了解北京丰富的历史文化内涵,将初识童谣中的北京城与美术学科的建筑艺术相融合。最后,通过《你拍一我拍一》这首大家非常熟悉的童谣,将镜头从前门楼子切换到北京胡同的情境当中。根据歌词提示,教师安排学生有节奏地进行"拍巴掌"游戏,让学生在感悟丰富多彩的北京童谣的同时,感受胡同文化,增强知识的迁移性。

接下来进入对胡同文化进行综合探究环节,通过带学生认识四合院大门上的门簪,让他们了解门墩上雕刻图案的意义并动手设计门簪,让他们感受北京胡同独特风貌。教师还可以通过介绍胡同里的名人故居等方式来拓展学生的知识面。此时播放背景音乐《北京胡同》,能让学生对胡同文化有更深层次的理解和认识,使所学知识产生螺旋式的上升,提升艺术素养和创造能力。

(二)融合音乐与体育,增强民族文化认同

教学中涉及音乐与体育相融合的部分在新课教学环节。导入环节的两首童谣为新课教学搭建了桥梁,使教学畅通无阻地过渡到童谣《跳皮筋》。教师采用口传心授的方式教授童谣,同时联系传统体育跳皮筋项目,大家大声唱着童谣跳皮筋,脚上的步伐随着相同韵母"一"和"七"的循环押韵,犹如有节拍器在卡点儿,跳出欢快的节奏,动作要熟练、协调。学生若能

从"二五六、二五七"一直数到"九八、九九、一百一",他们的心里都会乐开了花。

童谣《踢毽儿》朗朗上口,对仗工整、韵味儿十足,具有北京特色的"儿化音"充分展现了"京味"特点,生动有趣、耐人寻味。同样,采用口传心授的教学方式,学生在教师的引导根据歌词提示练习踢毽子的动作,速度由慢到快,身体的协调性也越来越好。通过反复练习,学生会发现童谣《踢毽儿》的前半部分和后半部分歌词的长短不一样,说明它们的节奏发生了变化。这种学习方式不仅能激发学生在真实情境中主动思考、主动学习的能力,还能提升他们的综合素养。

将童谣的韵律与身体的运动有机结合,既能弘扬民间传统体育文化、增强学生对传统文化的认同,又符合小学生活泼好动的心理特点,加深他们对传统文化的学习和感悟,激发对音、体、美融合课的学习兴趣,体现跨学科主题实践课的育人价值。

四、结语

本文对大概念视域下小学音乐跨学科主题实践教学的研究背景、主题提炼、内容设计、教学实施进行了全面阐述。本文通过课例《北京童谣》展示了跨学科主题实践教学的全过程,后续还会对大概念视域下"北京传统文化"的另一个分主题"大美京剧"中的《唱脸谱》等课例进行实践,对主题为"少数民族音乐"中的《桔梗谣》《我是草原小骑手》等课例进行进一步探索与实施,逐步形成跨学科主题实践课程体系。

在贯彻"美育""双减"政策、聚焦核心素养、践行立德树人、落实"五育并举"的背景下,小学音乐跨学科主题教学以大概念理念为指引,加强与美术、体育等课程的融合,充分整合校内资源,可有效拓展学生的音乐学习思路,提升学生的音乐文化品位,同时实现提质增效的目的。

"双减"背景下小学语文汉字游戏的实践研究

樊春兰（北京市石景山区古城第二小学）

赵艺秀（北京市石景山区古城第二小学）

一、汉字游戏实践研究的价值和意义

（一）"双减"政策和新课程教育改革的要求

2021 年 7 月，中共中央办公厅、国务院办公厅印发了《关于进一步减轻义务教育阶段学生作业负担和校外培训负担的意见》（以下简称《意见》），在工作目标中针对校内方面明确指出"学校教育教学质量和服务水平进一步提升，作业布置更加科学合理，学校课后服务基本满足学生需要，学生学习更好回归校园。"《意见》的颁布，进一步针对学校教学提质增效明确提出了要求。

识字教学是语文教学的基础，也是阅读和写作教学的前提。2022 年，《义务教育语文课程标准（2022 年版）》（以下简称"新课标"）的出台，又为"双减"政策落实提供了课程依据和专业支撑。在第三学段"识字与写字"部分，新课标提出了学生在小学阶段要达到"有较强的独立识字能力，累计认识常用汉字 3000 个左右，其中 2500 个左右会写。学生既要感受汉字的构字组词特点，又能体会汉字蕴含的智慧"❶ 的目标。

"双减"政策实施以来，校内减负提质，不断提高作业管理水平、提高课后服务水平和提高课堂教学质量，切实强化学校的教育主阵地作用，成为推动政策落实的治本之策。而新课程教育改革也对学生的语言文字运用能力和文化选择能力提出了更高的要求，为当前的语文教学发展和教研组研究提出了新的课题。

---

❶ 中华人民共和国教育部.义务教育语文课程标准（2022 年版）[M].北京：北京师范大学出版社，2022：11.

（二）小学识字教学中存在的问题

在新课程教育改革之后，小学语文识字教学取得了很大进步和发展，但是在实际教学中也出现了一些问题和不足。

1. 识字教学方法枯燥单一

一些小学语文教师采用"加一加、减一减、换一换"等单一的教学模式，使教学过程枯燥、乏味，从而降低了识字教学的效率。

2. 缺乏扎实的汉字学知识 ❶

在教学实践中，教师能够熟练掌握和教授的汉字学知识十分有限，在教学中出现了教师不解析字形，只是让学生机械地写、死记硬背，或者为记住字形而不符合汉字科学的乱"解析"现象，忽视其内在的文化构成，忽视汉字造字方式的特点所产生的问题。长此以往，这样的教学只会让学生识字、写字变得无趣而艰难，甚至会带来严重的负面影响，错别字的出现也就在所难免。

3. 课后练习作业不合理

为了巩固课堂教学内容，一些小学语文教师安排大量重复性的训练。这不仅加重了小学生的学业负担，而且挫伤了小学生识字、写字的积极性和主动性，导致教学的实际效果并不理想。

基于以上识字教学的现状，我们亟须打破这样的僵局，而"双减"政策的实施，为进一步优化小学语文的识字教学策略，运用更加丰富、生动、科学的方法来进行识字教学，增强识字效果和传递汉字文化，提供了更多的实践时间和空间。经过研究，我们找到了汉字游戏这一方法作为探索识字教学新策略的突破口，并在一段时间的实践中摸索出了在识字教学中实施汉字游戏策略的基本路径。

---

❶ 金文伟.识字教学再不能不懂而教——小学识字教学的现状、负面影响及纠正措施 [J]. 新课程研究（基础教育）（上旬），2013：4-9.

二、汉字游戏实践的路径

汉字游戏具体指的是，灵活运用汉字在字音、字形、字义等方面的规律，形成富含汉字知识和文化内涵的表达方式及娱乐方式。[1]好的汉字游戏融知识性和趣味性为一体，具有激发识字兴趣、提高识字效率、促进思维发展、培养创造审美、感受汉字文化的作用。怎样才能引导学生了解汉字游戏，进而学会设计汉字游戏并用好汉字游戏呢？可以通过以下的路径实施（见图1）。

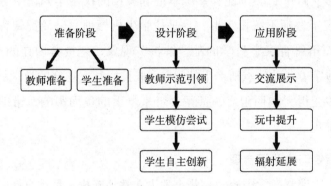

图1　汉字游戏实践的实施路径

（一）准备阶段

为了更好地设计和使用汉字游戏，教师和学生都要为实践开展做好汉字知识和识字作业的准备。

1. 教师准备

设计的汉字游戏首先要符合汉字科学，遵循汉字的构字规律。这就要求汉字游戏的设计者掌握一定的汉字学知识，具有科学性。但很多教师并不具备这样的能力，所以就有必要借助一定的汉字学资源，作为游戏设计的科学依据。

---

[1] 杨之东.浅谈汉字要素在文字游戏中的运用 [J].传奇·传记文学选刊（理论研究），2010：54.

我们推荐的第一类是知识工具类资源，如《汉字部首解说》《汉字演变五百例》等。这些书籍介绍的都是一些汉字学基本知识，对了解汉字的起源、演变、基本内涵有很大帮助。第二类是汉字文化拓展类资源，如《汉字就是这么来的》《爱上汉字课》等，对于了解汉字文化很有助益。第三类是区级教研平台资源，借助石景山区"立人字课"教研平台推出的汉字微课资源进行学习。

2. 学生准备

学生在教师的指导下，定期梳理在学习中遇到的易错字、作业中的错别字，并整理在理字本中。在课后服务时间，学生在教师的组织下阅读相关书籍，上汉字微课，借助汉字学知识完善自己的理字本内容，加深对汉字的理解和认识。

（二）设计阶段

1. 教师示范引领

教师通过自身不断学习后，掌握一定的汉字知识及汉字游戏设计思路，再从教材出发，仿照《爱上汉字课》一书里提供的汉字游戏范例，结合这一课的重点字或易错字设计符合教学需求的汉字游戏。这种游戏能让更多的学生有兴趣参与这项活动中，为他们开拓游戏设计的思路。

2. 学生模仿尝试

学生在教师范例的基础上，结合自己的识字掌握情况，模仿设计汉字游戏，在不断地尝试中掌握设计汉字游戏的基本方法。比如，学生学习了"货"字后，发现生活中有很多带有"贝"这个部的字，而且由它组成的字大多与"钱财"或"贵重"有关。于是，教师就设计了"汉字开花"的游戏，借助这样的方式让学生认识和了解了更多的"贝"部字。

3. 学生自主创新

在学生掌握了一定的设计汉字游戏方法的基础上，鼓励能力突出的学生突破自己的思维定式，结合自己梳理的汉字特点，创编属于自己的汉字游戏，在巩固汉字知识、了解汉字文化的基础上，培养思维能力和创新能力。

（三）应用阶段

我们设计的汉字游戏可以应用于多种场合。在课上师生、生生互动、课间或课后服务时间，学生可以挑选自己感兴趣的汉字游戏再自由分组进行实践。

1. 交流展示

由于学生的理解和接受能力存在差异，教师要发挥好能力较强同学的引领作用。这部分学生在同学中进行交流展示，不仅能给予他们自己肯定和鼓励，还能使其他同学效仿学习。这种正向的激励作用能极大地提高学生参与汉字游戏设计的积极性。

2. 玩中提升

汉字游戏只有玩起来才能让学生能从中体会到快乐，从而增强识字兴趣，提高识字效率。因此，在课间和课后服务时间，教师组织师生之间、生生之间将设计出来的汉字游戏玩起来。在玩的过程中，学生能增强识字的效果，了解汉字背后的文化内涵，体会汉字文化的博大精深。

3. 辐射延展

汉字游戏的娱乐属性使其具有可复制性和推广性，因此还可以把一些巧思妙趣的"汉字游戏"教给班级以外的同学、朋友及家人。借助这些游戏能把汉字知识、汉字文化推广开来，使其辐射延展到更大的范围。

三、实施汉字游戏的实践成果

将汉字游戏在中年级进行实践的一年中，学生主动识字的意识和能力得到了提升，对研究汉字的兴趣越来越浓厚，识字的效果也有所提高。经过梳理与提炼，我们也构建出了中年级汉字游戏的基本模式，总结出了一些汉字游戏的实施策略。

（一）汉字游戏的基本模式

汉字游戏主要分为三种模式，分别为平面化汉字游戏设计、立体化汉字游戏设计、多媒体化汉字游戏设计（见表1）。

表1 汉字游戏实践的实施路径

汉字游戏模式	具体内容	难度指数	实施年级
平面化汉字游戏设计	汉字开花 开心消消乐 猜字谜	★☆☆	三年级
	密码寻宝 大家来找碴儿 走迷宫	★★☆	四年级
立体化汉字游戏设计	汉字舒尔特方格 汉字魔方 汉字对对碰	★★☆	三年级
	识字大转盘 汉字飞行棋	★★★	四年级
多媒体化汉字游戏设计	汉字小课堂 我讲汉字故事	★★★	三、四年级

平面化汉字游戏主要以《爱上汉字课》一书里出现的汉字游戏作为范例，学生结合自己研究的汉字，借鉴其游戏形式创编出不同类型的平面化的汉字游戏。例如，"开心消消乐"是将一定数量的词语填进表格中，两个人交替读词，读对的就可以涂上颜色消除掉，最后谁消掉的词多谁获胜。

立体化汉字游戏是借助一定的游戏模型，可进行动手操作的游戏。例如，"汉字对对碰"是将不同的汉字部件写在卡片上，两个人手中都有相等数量的卡片。一人先拿出一张卡片，另一人能从自己手中找到相匹配的部

图2 学生设计的立体化
汉字游戏"汉字对对碰"

件成功组成新字，就算赢了一局。可以把对方的卡片收走，谁的卡片最先用完谁就输了（见图2）。

多媒体化汉字游戏中的"汉字小课堂"是学生录制介绍汉字知识的短视频，通过微课传播汉字文化，再根据游戏设计的难度在不同年级推广。这些形式新颖的识字方法受到了广大学生的欢迎。不同能力水平的学生可根据自己的喜好选择适合自己的游戏设计形式，真正实现因材施教。

（二）汉字游戏实施的策略

1. 坚守课堂主阵地

汉字字数众多、笔画繁杂，如果只是单纯地机械记忆，会让识字过程变得困难重重且枯燥乏味。将字理知识融入识字教学，教师在进行汉字音、字义教学的同时，更加注重对汉字字形的分析，使学生对生字的字形不仅知其然，而且知其所以然，从而加深对字形的特点和内在联系的理解。同时，字理解析常常把汉字的形体发展历史形象生动地展现在学生面前，亲历汉字演变过程的神奇体验能使学生提高识字兴趣。此外，字理识字教学还依据汉字的构字规律将不同汉字建立起联系，使学生能够在掌握识字方法的基础上实现自主识记汉字，从而取得事半功倍的效果。

2. 课下探究拓展延伸

课下，在班级中开展专题化的研究，可以是有关汉字字族研究的方面，也可以是其他学生感兴趣的方面。这种模式打破了个人单打独斗的局面，根据兴趣选择一个主题，以小组为单位，大家一起来承担这个研究任务，如资料收集、PPT 制作、代表发言等。每人分工明确，各司其职。这样的方式不仅提升了学生的个人能力，而且锻炼了他们的团队合作能力。这种生生互动的模式下能极大地激发学生的参与意识，变"被动执行命令"为"主动合作探究"。

3. 汉字游戏竞赛服务课后

"双减"政策的实施使学校有了固定的课后服务时间。除了给学生进行必要的作业辅导，这个时间段也为进行汉字交流活动提供了便利。教师不仅会组织学生收看汉字微课，帮助学生了解每一个生字背后的汉字知识；还能组织班级学生将设计的汉字游戏进行交流和互动，既巩固了知识，又丰富了学习形式。其中，游戏竞赛的方式是学生尤为喜欢的。例如，教师在班级中组织学生玩汉字魔方等游戏，以班级的每个小组为一队。由第一位同学拿魔方，教师宣布游戏开始后，第一位同学转动魔方找寻各个面能够组成的词语，并大声读出来，再传至下一位同学。竞赛时，可以单组计时也可多组同时比拼，整组最先完成的为优胜队。在游戏中，学生真正做到玩中学，学中乐。

4. 汉字游戏推广

除此以外，我们还号召有兴趣的学生录制汉字游戏推广微视频。经过初选后的微视频，在三、四年级全体学生中进行播放，让学生对自己喜欢的，对复习最有帮助的汉字游戏进行投票。每学期我们还有一次给低年级学生送字课的活动，会带着他们一起玩汉字游戏。学生在丰富的交流活动中爱上汉字，自觉成为汉字文化传播的小使者。

四、实施汉字游戏的效果

（一）学生识字兴趣日渐浓厚

汉字游戏这种识字方法受到了广大学生的欢迎，学生主动研究汉字的积极性明显提高，识字的效果也有所提升，特别是对汉字文化的兴趣更加浓厚，文化自豪感显著提高。

经过问卷调查，从 4 个实验班回收的 124 份有效问卷分析显示，54.84%

的学生最喜欢运用汉字游戏来进行生字和生词学习，借助汉字故事、结合字源字理知识学习生字和生词的方法达到了 40% 左右，受到了广大学生的欢迎。而在进行了汉字游戏的实践后，学生们得到最大的收获是生字和生词的识记效果更好了，而且在设计汉字游戏、玩汉字游戏的过程中了解了更多的汉字文化，提高了思维探索能力和动手能力，也增强了与同伴的合作能力。

（二）学生综合素养得到提升

学生在设计自己的汉字游戏时，要进行收集资料、整合信息、设计版面、制作产品、录制微课一系列的综合性活动，而这需要学生综合运用多学科的知识。学生在汉字游戏这一任务驱动下，联结了课堂内外，拓宽了语文学习和运用领域，并在综合运用多学科知识发现问题、分析问题、解决问题的过程中提升了综合素养。

（三）教师专业水平得到提高

为更好地开展活动，教师主动阅读、学习大量关于汉字学的书籍，并向有相关教学经验的教师学习新的课堂教学方法。教师边学习、边实践、边反思，在这个过程中不但总结了一些经验，而且在研究的过程中创作出了一定的课例、论文，为最后研究成果的提炼与总结提供鲜活的支撑材料，促进教师的专业化成长。

五、结语

综上所述，教师要在全面落实"双减"政策的背景下，遵循汉字的构形特征，结合学生的身心发展特点，合理开发和运用汉字游戏，让学生在探究活动中进行直观体验并进行思考，在头脑中逐渐形成对汉字的抽象认知，建立与其他事物间的联系。这不仅有利于提高学生的学习兴趣，还能大大增强记忆和发展思维,从而形成系统的汉字知识体系,切实提升识字效率,培养独立识字能力,并将学习结果转化为学习资源,产生对汉字的热爱。学生在了解汉字负载的文化知识的同时,潜移默化地受到汉字的熏陶,感受汉字文化的博大精深,从而产生对祖国语言文字和传统文化的热爱之情。

"双减"背景下利用现代信息技术
提高课堂教学的实效性

周浩（北京教育学院石景山分院）

闫静（北京市石景山外语实验小学分校）

信息技术的飞速发展为社会带来了极大的变革，不仅改变了人们的生活，也深刻影响着课堂教学方式的转变。在"双减"背景下，积极打造高效课堂，合理利用信息技术辅助教学，可以有效激发学生的学习兴趣、优化教学方式、精准测评学习效果，从而提高教学的实效性。

一、利用信息技术，激发学生的学习兴趣

（一）创设真实情境，激发学生的学习兴趣

信息技术在课堂教学的情境创设中发挥着重要的作用，它可以将抽象的景物描写与理论知识变得生动鲜活，以此来激发学生的学习兴趣，增强学生学习的积极性。在教学过程中采用信息技术创造情境化教学，改变了传统教学中单一枯燥的教学模式，在教学中创设真实情境，激发学生的学习兴趣与学习热情，使学生积极参与课堂中，提高了课堂学习效率，加深了知识掌握程度，促进学生积极思考，使学生更加主动地参与教学活动中。五年级音乐《送别》，是我国音乐大师李叔同根据美国 19 世纪作曲家约翰·奥德威所作的《梦见母亲和家》的旋律填词的一首著名的学堂乐歌，曾先后被电影《早春二月》《城南旧事》所选用，被大多数人知晓吟唱。在本课的教学过程中，由于学生缺乏与亲人离别的情感经验，教师利用信息

技术截取了影片《城南旧事》里的一段视频，为学生创设真实的学习情境，帮助学生理解歌曲创作的背景和情感，并通过电影片段对学堂乐歌进行介绍，拉近歌曲与学生的距离，使学生获得沉浸感，极大地提高学习兴趣。

1. 通过信息技术丰富视、听、触觉，打造真实育人情境

教师能够利用信息技术调动学生多感官参与学习。比如，用视觉互动增强学习与生活现象的贴合感，用听觉互动增强学习与生活环境的互动感，用触觉互动增强学习与生活体验的真实感，能够使课堂成为学生真实生活的演练场，最大限度提升学生学习效果。

由于新冠肺炎疫情的影响，本着"停课不停学"的原则，学校将教学活动安排在线上进行。以音乐课为例，为了让学生轻松愉快地居家学习，教师为他们精心设计了"双减"下的音乐实践线上指导建议，并充分发挥当前信息化的优势，在权威的音乐网站中寻找素材，利用一些可以录制音频和视频的软件，为学生录制短视频进行演唱和律动动作的示范。歌曲《赛船》是义务教育教科书《音乐》（一年级上册）第五课的教学内容。教师通过制作《赛船》亲子声势律动练习的示范微视频，并把视频通过网络发给学生，引导学生在线上通过视频听和唱的学习感受音乐中的快乐情绪；在观察和模仿示范微视频的过程中增强节奏体验，体味音乐学习的乐趣，强化视、听、动的联觉能力，发挥学习的主动性。线上学习完成后，教师还鼓励学生跟家人一起合作练习或者录制视频并发到班级小管家进行展示，不仅能帮助学生树立自信心，大大增强音乐表现能力，还能在非常时期的居家生活中增进亲子关系。

2. 通过信息技术模拟场景，增强学生学习的获得感

场景模拟有多种方式，通常采用教具、游戏、信息技术较多。信息技术以其特有的优势利用多媒体技术营造出一种真实的环境。比如，师生利用信息技术共同攻克初中物理实验的一个难点。由于孩子们的生活经验较少，一些物理实验在现实生活中很少发生，所以他们很难理解这些实验的原理。教师在物理实验教学中运用信息技术，以录像、动画或 VR、AR 等方式把现实生活中的物理现象展示给学生，使学生拓展生活经验有效地帮助学生理解实验结果，突破学习上的难点，提升物理实验教学效率。

（二）支持导入教学内容，激发学生学习兴趣

教学活动的导入环节决定了学生学习状态和学习效率。良好的课堂导入能够提高学生学习热情、活跃学习氛围、激发学生学习兴趣、拉近师生之间距离、启发学生思维、奠定良好的课堂学习基础。为了不断提高课堂的教学效果，在课堂导入环节可以采用多种信息技术支持的导入方法，这些方法深受学生喜爱。例如，利用图片、动画导入引起学生兴趣，激发学生学习动机；利用真实的图形、图像和视频呈现学生学习中的实际问题，让学生更加认同学习目标；利用数据图、实物投影等方式展示学生思维过程及学习成果，获得成就感。

在执教人民音乐出版社版五年级音乐《阿细跳月》一课时，在导入部分运用现代信息技术（视频、音频多媒体课件等）教学手段，播放彝族火把节视频，结合彝族音乐作为背景渲染课堂气氛。多媒体集声像、音乐于一体，学生仿佛置身彝族火把节的情境中，不仅对学唱歌曲有很好的帮助，还能提升学生对彝族文化的理解，增强文化自信。接下来，教师运用图文与视频结合的方式，把彝族服饰、首饰、乐器等一一介绍给学生。这种通过信息技术手段收集与彝族有关的图片、视频、音频，再结合聆听、演唱及互动，将彝族的多元文化展示在学生面前，使学生有了身临其境般的感受，能大大激发学习兴趣，有效提升实效性。

（三）使数据可视化，激发学生学习兴趣

数据可视化主要借助图形化手段，清晰有效地传达与沟通信息。借助现代信息技术工具对数据进行快速收集、整理、分析并呈现结果，使数据呈现更加直观、清晰。学生利用直观、清晰的数据找出不足与优势，改进学习方法，激发学习动力，提高学习效率。

二、利用信息技术，优化教学方式

传统的教学方式主要以教师的讲授为主，这种方式往往导致教师主导课堂，学生缺少主动思维，无法全部吸收教师教的知识，只能掌握其中的一部分。信息技术与教育教学的融合使教学方式变得更加多样化。

（一）信息技术手段可以优化课堂讲授

借助信息技术可以有效优化课堂讲授环节，直观呈现事物的景象与演变过程，建立知识之间的关联、感知、记忆、想象、创造和思维等认知活动。比如，学习课文《桂林山水》时，大部分学生可能并没有去过桂林，可以通过一段视频或一组图片并结合课文内容让学生切身感受桂林的山、桂林的水及桂林秀丽多姿的美景。学习课文《月光曲》描写盲姑娘听到贝多芬的琴声时，她的脑海里出现了这样一幅画面："面对大海，月亮正从水天相接的地方升起来。微波粼粼的海面，霎时间洒遍了银光。月亮越升越高，穿过一缕一缕轻纱似的微云。忽然，海面上刮起了大风，卷起了巨浪。被月光照得雪亮的浪花，一个连着一个朝着岸边涌过来……"作者优美的语言蕴含着音乐的美。在朗读的过程中，采用信息技术播放贝多芬的《月光奏鸣曲》，能让学生陶醉其中感受作者细致中丰富的想象力。这样既赋予了课堂的音乐美，又调动了学生的情感，同时也使课堂充满活力。

（二）信息技术手段可以优化探究学习

学生只有在面对问题、利用已有知识和技能主动寻找解决问题的方法时，才能产生有效的学习。在教学中，教师只有根据学生的认知特点和思维规律，将学习新知识转换为探究性活动，把课堂的主导权交给学生，使他们积极主动地动手、开口、思考、探究寻找答案，才能将知识内化。信息技术可以有效地支持学生的学习活动。例如，利用思维导图帮助学生表达观点和理解；利用树状图、饼状图等对比差异从而发现问题、对比观点。

（三）信息技术手段可以优化展示交流

展示交流主要是在小组学习之后进行的。交流展示是师生之间、生生之间互动、反馈、提高的过程，目的是碰撞思维、质疑辨析，形成更好的思想和方法。利用信息技术工具可以有效地提高讨论、辩论、成果展示等活动效果。比如，在数学课堂中，教师可利用几何画板帮助学生观察静态图形的动态变化规律。在交流讨论过程中，互动学习平台能帮助学生实时镜像分享学习过程，随时收集课堂交流与反馈信息。使用投屏，在授课中快速、便捷地投屏学生完成的作品，不仅能让介绍的学生更顺利地展示小组的作品，还能让听的学生直观地看到别人的作品，多一种感官参与，更好地理解他人的作品创作思路。这也能帮助同学之间更好地互相评价和学习，提高课堂效率。

三、利用信息技术，精准测评学习效果

利用信息技术可以强化过程评价。传统的教育评价方法以总结性评价方式为主，注重学生最终对知识的掌握程度，评价内容单一，评价标准单一。利用信息技术可以在学习过程中实时对数据采集和分析，并将评价内容分散到教学各个环节中，对学生自然学习状态下的学习行为轨迹进行跟踪，实现基于数据分析的差异化和适应性教学，以及对教育结果的适时反馈，确保学习效果。其优势体现在以下三个方面。

第一，评价数据的过程性采集。利用信息技术工具可以全时、全面地采集学生学习过程数据，如学习专注度、参与度、行为和效果等。及时发现学习问题并有针对性地采取干预，可为学生综合素质评价提供丰富的数据支持。

第二，数据可视化呈现与解读。利用信息技术工具能够对数据进行及时梳理、分析并输出结果，使数据分析更快捷，内容呈现更直观、清晰。信息技术能够将数据转换成图形或图像在终端上显示，从而使学生形象直观地看

清问题和结论。信息技术能使教师发现数据之间的关联，为发现问题、寻找依据提供方向和思路。

第三，利用信息技术设计测验与练习。教师可利用信息技术工具为学生创造互评或自评的机会，拓展展示与交流的时间和空间，扩大学生之间相互学习与交流的范围和深度。

总之，"双减"是为了减轻学生的课业负担和作业负担，全面提高教育教学质量，努力培养全面发展的学生，最终实现立德树人的目的。在教学过程中，教师借助信息技术优化课堂教学，将教学中比较抽象、不易理解的内容清晰、形象、生动地展现在学生面前，能够在激发学生学习兴趣的同时，突破教学重难点，切实打造高效课堂，提高课堂教学的实效性。

"双减"背景下的小、初、高思政课一体化教学研究

王爱敏（首都师范大学附属苹果园中学）

一、"双减"背景下的小、初、高思政课一体化教学背景

随着"双减"政策落地，大力提升教育教学质量，确保学生在校内学足学好学业，提升教学的科学性和效率，构建高质量育人体系成为当务之急，苹果园教育集团思政课一体化教研组也应运而生。学校找出并改变现有教育教学中的低效环节，提升教育教学质量和实效，同时发展区校协同教育合作伙伴构建协同共育机制，以实现小、初、高思政课深度整合教学，从而实现减负、提质、增效。

（一）小、初、高思政课一体化教研组自然情况

教研组现有高中政治教师 5 人，初中道德与法治教师 3 人，小学道德与法治教师 1 人，领导兼职 3 人，石景山区思政教研员 3 人。在繁忙的教育教学和教科研任务驱动下，在大家平时备课和上课之余，学校优先保证备课组内的共同教研，跨年级乃至跨学段的共同教研目前还难以实现。长期的各自为战，不同学段、不同备课组之间欠缺教学交流，不同学段不可避免地存在重复、低效教学影响教学质量和效率的情况。

（二）小、初、高思政课一体化教研组现状分析

在石景山区教师培训中心和石景山区教研员的双重组织和领导下，在原

教研组注重组织实施横向年级教研基础上，新成立的思政课一体化教研组侧重探索纵向跨学段思政课一体化教学研究。

在"双减"政策提质增效目标驱动下，在石景山区教师培训中心李爱霞主任和李琳老师的引领下，在石景山区刘巍、李岚和胡洁三位教研员组织策划下，在唐翠萍书记率领的课题组助攻下，教师充分挖掘自身科研优势，同时开展北京市教育学会课题"基于学科核心素养的小、初、高思政课一体化教学研究"和石景山区党建课题"集团化背景下以党史教育为主题构建'大思政'课程体系的研究"两个市区级立项课题研究，探索小、初、高一体化育人教学模式和策略。思政课一体化教研组以课题研究方式组织集团内部小、初、高学段思政教师开展联合教研，通过集团内部资源共享、同备一节课等活动，以点带面地实现不同学段教学方式和思维方式的优势互补，在教学交流和实践互动中实现补位教学，最终实现减负、提质、增效的目标。

二、"双减"背景下的小、初、高思政课一体化教学概念界定

思政课承担着立德树人的根本任务，新时代的思政课是不同学段一体化的思政课，各学段既要守好一段渠，又要有大局观，保证上下贯通。各学段要形成合力，实现学生的可持续成长。

小、初、高思政课一体化教学是一个各学段教学接续的过程，需要各学段系统性思考，科学设计各自学段思政课教学目标、教学内容，增强不同学段内容编排的关联度和铺陈过渡。同时，各学段教师要对其他学段的教学目标、教学内容进行必要的了解，乃至更系统和深入地研究，以便在授课过程中巧妙再现上一学段内容，又拓展延伸为学生下一学段学习打下基础。

小、初、高思政课一体化教学是一个信仰持续养成的过程。理想信念是一个人行走一生的重要支撑，而学生阶段是一个人理想信念发展的关键期，这个阶段的思政课发挥着关键作用。思政课的本质是讲道理，要把理论讲明

白、把道理讲清楚、把问题讲透彻，既要紧紧抓住某一学段学生"关心什么、困惑什么"适应不同学段学生的思想特点，又要实现小、初、高思政课整体教育教学有节奏、有目标地协同推进，满足学生持续成长需求。一堂真正入脑入心的思政课对一个人世界观、人生观与价值观的形成有重要影响，一系列持续的思政课具有改写人生的影响力。

小、初、高思政课一体化教学是一个师生互育的过程。思政课一体化教学研究要求我们搭建平台实现资源共享，加强学段交流合作优势互补，关注各学段思政课的目标、内容的差异性，统筹教学，最终做到精准滴灌。教研组探讨思政课一体化教学的价值、策略，以课题研究的方式探讨某主题下的教学议题、目标和内容，并结合教学实践调研进行跟踪改进，在实现守正创新提升思政课教师整体水平的同时，最终使学生从中受益，实现减负、提质、增效。

三、"双减"背景下的小、初、高思政课一体化教学价值

第一，有利于一体化教学的理论创新和实践发展。众所周知，思政课教材更新快，教学内容涉及面广，对教师知识储备量和更新速度要求较高。相应的，思政课需要教师能够创造性地使用教材，与时俱进地做好思政素材资源和教材内容向教学内容的转化。苹果园教育集团围绕教材使用，跨学段组织小、初、高思政课教师集体备课、交流研讨，有利于加深教师对教材内容一体化的理解和对学生立德树人教育的持续开展，有利于教师掌握小、初、高思政课一体化教学方法并应用于教学实践、理论创新。

第二，有利于提高教师一体化教学的自觉意识和施教能力。通过对思想政治课程标准的深入研究，系统梳理各学段教学主题和内容，加强教学目标的一体化设计。通过教研员、教师培训中心与本教育集团政治教师的共同研究和行动，提炼基于区校协同的小、初、高思政课一体化的有效教学策略和教学评价。通过研究，小、初、高思政课，教师能够转变以往"基于知识点

组织教学"的各自独立的教学方式和过程，基于区校协同对小、初、高思政课程进行教学整合设计，实现减负的同时达到提质增效的目的。

第三，有利于提高教研组建设品质。教研组是学校教学研究的基本单元，是教师专业成长的基本组织，是师生高效教学的重要保障。教研组建设品质关乎教师业务素养，关乎学校的兴衰成败。如何建设高品质教研组，如何通过教研组组织高质量的教学研究，特别是"双减"政策背景下如何实现教学的提质增效，基于"区校协同"的小、初、高思政课一体化教研组，就是在石景山区教师培训中心和石景山区教研员的双重组织领导下，学校教研组层面探讨思政课一体化教学研究的一种有益探索。

四、"双减"背景下的小、初、高思政课一体化教学策略

（一）教学主题的一体化

教学主题是指教师在课堂教学中围绕一个核心问题，重点引导学生学习、讨论、分析的核心问题。小、初、高思政课教学主题的一体化的实现路径是通过对不同学段课程标准的深入研究，系统梳理各学段教学主题，明确教学主题与核心概念，编制问题链，形成问题式一体化教学议题，以突破和深化对核心概念的解读，从而加强教学一体化研究，实现议题深度和学段纵向衔接，逐级递进，由此达成在小、初、高阶段的持续培养学生学科核心素养的目标。以"中国梦"教学主题的小、初、高一体化教学议题设计实例如下（见表1）。

表1 教学主题的一体化

"中国梦"教学主题	高中	议题：为什么实现中华民族伟大复兴进入了不可逆转的历史进程
	初中	议题：为什么要争做奋斗者共圆中国梦
	小学	议题：为什么伟大事业都始于梦想

（二）教学目标的一体化

教学目标是关于教学将使学生发生何种变化的明确表述，是指在教学活动中所期待得到的学生的学习结果。在教学过程中，教学目标起着十分重要的作用。不同学科有各自的核心素养目标。新修订的义务教育道德与法治课程标准和普通高中思想政治课程标准，均以学科核心素养统整和表达课程目标。课程目标中均包含培育学生政治认同、法治意识和公共参与是共同要求，但因学段不同教学目标也存在差异化。通过教学应在小、初、高阶段分别培养学生的道德情感、打牢学生的思想基础、提升学生的政治素养。

小、初、高思政课教学目标的一体化设计，旨在通过对不同学段课程标准的深入研究，系统梳理各学段教学目标，探索设计出一体化的教学目标。具体来说，就是通过研究使小、初、高思政课教师转变以往基于知识、技能和"三观"组织教学中各自独立的教学目标，基于思政课共同的核心素养目标，对小、初、高课程进行核心素养教学目标设计，达成在小、初、高阶段持续培养学生学科核心素养的目标。以"中国梦"教学主题的小、初、高一体化教学目标设计实例如下（见表2）。

表 2　教学目标的一体化

"中国梦"教学目标	高中	（1）通过"奥运三问"，回顾百年奥运逐梦历程，重温中国梦产生的背景、实质和历程，懂得奥运梦交汇中国梦，感悟党肩负的重任与使命； （2）通过圆梦奥运的启示，学会用历史的、辩证的眼光分析、理解体育强国与中国梦的关系，把握中华民族的伟大复兴进入不可逆转进程的原因，进一步提升对党的历史、指导思想、方针政策的认识，增强对党的信仰和热爱，坚定中国特色社会主义道路自信、理论自信、制度自信、文化自信
	初中	（1）通过收集我国社会主义现代化建设取得的伟大成就，培养道路自信、理论自信、制度自信、文化自信； （2）通过分析同时代年轻人追梦经历，坚定为实现中华民族伟大复兴而奋斗的信念，明确青少年所担负的时代责任与历史使命； （3）通过分析成就取得的原因，学会规划自己的人生，并懂得实现中国梦，必须坚持党的领导、走中国道路、弘扬中国精神、凝聚中国力量； （4）通过从不同方面谈中国梦和分析原因，构建中国梦相关主知识
	小学	（1）知道中国梦的内涵，懂得个人梦与国家梦息息相关； （2）感知中国梦对世界和平与发展的意义，提升民族自信心与自豪感； （3）理解实现中国梦，从小要立志，只有脚踏实地付诸行动才能梦想成真。培养热爱读书、报效祖国的愿望和情感

（三）教学内容的一体化

教学内容是指教学过程中师生发生交互作用、服务达成教学目的的动态生成素材及信息。它既包括课程标准规定的内容，也包括为实现教学目标所创设的情境，需要教师灵活整合、加工和再创造。教学内容一体化需要对不同学段课程标准的深入研究，系统梳理各学段教学内容，加强教学内容的一体化研究。

现行小、初、高思政课教材均依据各学段课程标准，由教育部统一组织编写。教材坚持用习近平新时代中国特色社会主义思想铸魂育人，系统地对中小学生进行中国特色社会主义和中国梦教育、社会主义核心价值观教育、法治教育、劳动教育、中华优秀传统文化教育等。通过研究，教师从以上角度系统梳理各学段教学内容，明确核心概念，加强教学内容的一体化研究。

通过研究，小、初、高思政课教师转变以往基于教材创设的情境各自为战进行被动教学，基于学生生活和社会生活创设复杂的教学资源情境，并基于学情恰当地使用教材情境，以保障更好地实现一体化教学目标，由此达成在小、初、高阶段持续培养学生学科核心素养的目标。以"中国梦"教学主题为例的小、初、高一体化教学内容设计实例如下（见表3）。

（四）教学策略的一体化

教学策略是为实现某一教学目标而制订的、付诸教学过程实施的整体方案。它包括合理组织教学过程，选择具体的教学方法和材料，制定教师与学生所遵守的教学行为程序等。通过对不同学段课程标准的深入研究，系统梳理各学段教学目标，学校探索设计出了一体化的教学目标。通过教学在小、初、高阶段采用恰当的方案，创新性组织实施教学过程，可以培养学生的道德情感、打牢学生的思想基础、提升学生的政治素养。

表3　教学内容的一体化

设计实例：以"中国梦"教学主题为例的小、初、高一体化教学内容设计	高中	以中国梦产生的时代背景、实质和发展历程为主线，复习应用必修模块1《中国特色社会主义》和必修模块3《政治与法治》相关知识
	初中	教材第八课设计了"我们的梦想"和"共圆中国梦"两部分内容，意在使学生认识到实现中华民族伟大复兴是近代以来中华民族最伟大的梦想，引导学生感受改革开放以来中国特色社会主义事业所取得的伟大成就，理解中国特色社会主义进入新时代的重要意义，明白中国共产党是中国特色社会主义事业的坚强领导核心，坚定道路自信、理论自信、制度自信、文化自信；在此基础上，明白自己所肩负的责任与使命，从而自觉将个人价值的实现与国家的发展进步结合起来
	小学	本课教学内容源于习近平新时代中国特色社会主义思想学生读本，以习主席金句作为标题，由中国梦导读和三个框题组成。"有梦想就会有创造"，通过学生表达个人的梦想，引出梦想的话题，帮助学生认识到梦想的重要；通过"中国梦·我的梦"，引领学生感受个人梦与中国梦、中国梦与世界的关系；"实干才能梦想成真"，实现个人的梦、中国的梦都需要不断地学习，有梦想和实干精神是实现梦想的必由之路

要注重情境对展示学科核心素养发展水平的价值，学科内容只有与具体的问题情境相融合，才能体现出它的素养意义，反映学生真实的价值观、品格和能力。思想政治学科核心素养的行为表现与情境之间的关系是复杂的，要准确把握核心素养与任务、情境和教学内容之间的关系。描述与分类、解释与论证、预测与选择和辨析与评价四类学科任务，将内在的学科核心素养外显为可观测行为表现。情境是运用学科内容、执行任务、展现学科核心素养发展水平的平台。教学内容则是印证与考查学科核心素养发展水平的依托。以"中国梦"教学主题为例的小、初、高一体化教学策略设计实例如下（见表4）。

（五）教学评价的一体化

教学评价是依据教学目标对教学过程及结果进行价值判断并为教学决策服务的活动，是对教学活动现实的或潜在的价值做出判断的过程。教学评价主要是对学生学习效果的评价和教师教学过程的评价。

表4 教学策略的一体化

设计实例：以"中国梦"教学主题为例的小、初、高一体化教学策略设计	高中	通过"奥运三问"，回顾百年奥运逐梦历程，懂得奥运梦交汇中国梦，党肩负的重任与使命。通过圆梦奥运的启示，学会用历史的、辩证的眼光分析、理解体育强国与中国梦之间的关系，坚定中国特色社会主义道路自信、理论自信、制度自信、文化自信。辨析过程中，让学生从正反两个方面阐述自己对问题的见解，形成对问题正确、全面的认识。辩论式教学模式体现了坚持政治性和学理性相统一、坚持建设性和批判性相统一
	初中	实践育人教学策略：通过收集我国社会主义现代化建设所取得的伟大成就，分析同时代年轻人追梦经历，开展课前调查，制定人生规划，解析师生互动构建中国梦等活动，积极开发课程实践资源，突出学科实践活动的设计与实施，将思政小课堂与社会大课堂相结合，体现坚持理论性和实践性相统一
	小学	主题情境教学策略：通过创设主题性、综合性的教学情境，整合教学内容，设计序列化的学生活动，促进学生主动参与、合作探究的教学模式。选用"一体四轴"的教学模式，提升复杂情境下解决现实问题的综合素养，突出教师主导性与学生主体性相统一

　　讲好思想政治课的关键在教师。教学评价的一体化是通过对不同学段课程标准的深入研究、系统梳理各学段教学评价建议、探索一体化教学评价设计来实现的。基于核心素养的教学评价包括以下内容：围绕议题的活动型学科课程的教学评价设计；强化辨析，选择积极价值引领的评价设计，社会实践活动开展的评价设计；优化案例，采用情境创设的评价设计和社会实践活动的评价设计等。以"中国梦"教学主题为例的小、初、高一体化教学评价设计实例如下（见表5）。

　　办好思想政治理论课的关键在教师，提升教师素养的平台就是教研组。思政课一体化教研组以北京市教育学会课题"基于学科核心素养的小、初、高思政课一体化教学研究"和石景山区党建课题"集团化背景下以党史教育为主题构建'大思政'课程体系的研究"两个市区级立项课题为依托，发挥区校协同育人优势开展教学研究构建协同共育机制，通过小、初、高思政课深度整合教学以期达成减负、提质、增效的目的，面对思想政治教学新机遇与挑战，学校将不忘初心、守正创新，构建"大思政"教育格局。

表5　教学评价的一体化

		维度	等级
设计实例："中国梦"小、初、高一体化教学评价设计	高中	勇于表达自己的观点	
		善于倾听、尊重他人的观点	
		准确地表达自己的观点，并能提供例证	
		对中国梦的认识深刻、独到	
		通过辩论进行反思，作出正确的价值判断	
	初中	学习目标是否明确	
		活动设计是否合理	
		活动组织是否恰当	
		活动资源是否充分利用	
		学生的主体性、创造性是否得到充分发挥	
		学生是否提升了交往能力有获得感、成就感	
	小学	活动目标明确恰当	
		积极参与资料的收集、整理	
		与小组同学配合主动	
		收集信息充分、精准	
		流利地表达小组观点，能为主要观点提供例证	
		对中国梦的认识深刻、独到	

"双减"背景下
教研组的
作业设计研究

"双减"背景下的小学语文单元主题作业设计研究

王建祁（北京大学附属小学石景山学校）

孙媛（北京大学附属小学石景山学校）

随着"双减"政策的实施，学生的作业布置引起了研究者的广泛关注。2021年7月24日，中共中央办公厅、国务院办公厅印发的《关于进一步减轻义务教育阶段学生作业负担和校外培训负担的意见》中明确指出："发挥作业诊断、巩固、学情分析等功能，将作业设计纳入教研体系，系统设计符合年龄特点和学习规律、体现素质教育导向的基础性作业。鼓励布置分层、弹性和个性化作业，坚决克服机械、无效作业，杜绝重复性、惩罚性作业。"❶《义务教育语文课程标准（2022年版）》指出，义务教育语文课程应"立足学生核心素养发展，充分发挥语文课程育人功能"。❷语文核心素养如何与作业设计有机结合，"双减"背景下设计怎样的作业才能真正实现"减负增效"？教研组进行了以单元为基本单位，围绕一个结构化的主题设计系列作业的探索与实践，旨在为当下教师的作业设计提供一些路径。

一、当前单元主题作业设计中存在的问题

作业设计是课程的重要组成部分，"双减"政策催化了作业设计的变革。在这一背景下，单元主题作业设计成为教师主动尝试的一种形式。研究初

---

❶ 中共中央办公厅、国务院办公厅.《关于进一步减轻义务教育阶段学生作业负担和校外培训负担的意见》[EB/OL].（2021-07-24）[2022-7-31]. http://www.gov.cn/zhengce/2021-07-24/content_5627132.htm.

❷ 中华人民共和国教育部.义务教育语文课程标准（2022年版）[M].北京：北京师范大学出版社，2022：2.

期，教研组就设计单元主题作业和完成作业的情况对六年级教师及学生做了调研，发现当前单元主题作业设计中存在如下问题：教师缺少对单元主题作业与教学、学习目标之间关系的深入思考，作业知识点、训练点零散、重复，缺乏时序性和科学性；教师缺乏挖掘生活中丰富资源的意识，单元作业主题情境不够聚焦；作业设计缺少对学生高阶思维的引领，一定程度上忽略了学生学习能力和学习品质的差异。

二、单元主题作业的设计原则

作业设计是一种创造性的活动。"双减"政策下的作业设计应以单元为基本单位，围绕主题意义科学地突破教材视野，设计探究性与创造性的学习化活动，以发展学生核心素养为宗旨，促进"教—学—评"的一致性，实现学生从基础知识的掌握到整体能力的阶梯提升。❶

（一）从整体思考，发展高阶思维

统编版小学语文教材从三年级开始，每个单元都由语文要素和人文主题"双线"构成，各部分内容环环相扣、相互配合，使每个单元形成一个综合性和相对独立性的系统。因此，作业设计应以单元为基本单位进行整体设计，对课时作业的目标、内容、类型、时间和难度等进行统筹分配，增强同一单元不同课时作业间的结构化和递进性，减少针对低阶认知类型目标、反复操练性质的作业在不同课时简单而机械性重复，留出时间和空间增加体现发展高阶思维要求的作业比例。❷

（二）主题情境化，建构学习意义

对作业进行情境化设计是将作业视为一种载体，与研究、解决实际问题

❶ 谢翌，杨志平.大作业观：主要内涵与实践路径 [J].课程·教材·教法，2022（1）：10-17.
❷ 康淑敏.基于学科素养培育的深度学习研究 [J].教育研究，2016（7）：111-118.

关联起来,在一定的情境中完成,从而使作业成为促进学生主动、全面发展的学习活动。

单元作业的设计要围绕人文要素,创设与学生生活、社会生活密切相关的情境,以单元话题为线索,以学生的实际生活为依托,综合运用单元所学,结构化地表达对主题意义的理解。学生完成作业的过程既是语言习得和体验的过程,也是知识内化的过程,更是发现自我并丰富自我的过程。

(三)层次性设计,实现弹性选择

不同学生在认知、情感、态度等领域存在差异。单元主题作业设计要关注学生差异,从深化理解、发展能力的角度展开思考,设计不同难度水平的、可供选择的作业,以调动学生的学习积极性。例如,可根据学生已具备的知识与技能水平,设计不同难度、不同评价要求的作业供学生选择;可根据学生完成学习活动所需的策略、方法、时间等设计不同指导层次的作业,以满足学生的个性化需要;可根据学生喜好设计不同类型的作业,以适应学生的兴趣特点。

这些设计原则凸显了学生在学习中的主体性,既指向对学科本质的理解,又体现"教与学"的过程。基于以上原则,本研究以统编版语文教材六上第六单元作业设计为例,探索主题单元作业设计与实施的过程。

三、单元主题作业的设计过程

在单元视野下,作业应与单元整体学习活动协同起来进行系统设计,因此对教学内容的解读就尤显重要。作业设计不仅要关注教学素材之间的内在联系,为学生创设基于核心素养的真实的语文学习情境和任务,还要在了解学情的基础上,重组教学资源,进行系统化设计,使作业目标的指向性更明确,设计过程如下(见图1)。

图1 单元主题作业设计过程示意图

统编版《语文》（六年级上册）第六单元以"保护环境"主题，以"抓住关键句把握文章的主要观点"和"学写倡议书"两个语文要素双线编排。教学内容包括两篇精读课文和两篇略读课文，以及"口语交际""习作"和"语文园地"。本单元的教学旨在通过学习活动，深化学生的环境意识，并将阅读中产生的新的认知有效表达形成观点，最终指向本单元的习作任务——写倡议书。

"倡议书"这一表达形式融合了感性的认知与理性的分析，通过有感染力的语言引发读者的思考。完成这个任务时，应在"双线结构"的学习和主题作业的推动下有感而发，主题情景的创设十分重要。基于对单元主题作业设计的情境化关联原则的思考，教师把主题聚焦到当前席卷全球的新冠肺炎疫情上。

通过学情调查，教师了解到在各学科的学习和环保活动的参与中，保护环境的意识已融入学生的价值体系中；大多数学生能够认识到新冠肺炎疫情对人类生活的影响，但对疫情给大自然带来的改变没有更多的思考。基于学情，教师将本单元的教学置于新冠肺炎疫情这个时代背景之下，以"疫情时代的倡议"这一主题情境组织教学并同步进行主题作业的设计。

在教学过程中，教师将本单元的几篇课文作为主要的学习材料，同时补充与教学内容相关的文字、视频等资源。教材课文与补充资源共同成为"学程"中的主要学习内容，并以"学""感""思"为路径，帮助学生理解内容、习得方法和运用方法，也同时成为学生形成"写倡议书"的重要支架。这一过程符合学生的认知规律"学习—迁移—运用"，以及学习活动的发展逻辑"准备素材、阅读输入—运用素材、表达输出"。第六单元主题作业设计框架如下（见图2）。

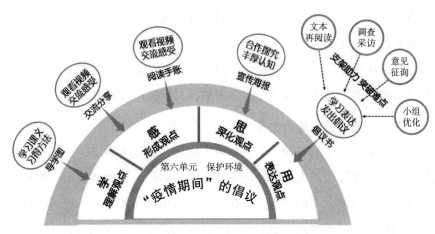

图2　第六单元主题作业设计框架

四、单元主题作业的实施与效果

（一）作业的实施

在单元主题作业实施的过程中，教师可将学习目标的落实分解在每一次作业任务中，形成一次完整的学习历程。

1. 预习作业，构建整体概念

预习是学生收获有效学习的重要途径，学生在自读自悟的过程中逐渐构建本单元整体学习的前概念，初步感知文章的主要观点。本单元预习作业设计不同难度的任务，学生可进行选择如下（见表1）。

表1　单元整体预习作业设计

单元整体预习作业
任务1：自主学习生字，运用学过的方法理解不懂的词语
任务2：从下面两项作业中任选一项完成
正确、流利地朗读本单元课文，运用学过的方法概括课文的主要内容；
结合主要内容思考每篇课文中作者想表达什么？尝试以简练的语言分别概括在"导学图"的第一层花瓣上

本作业除了承载预习的功能，还贯穿在单元学习的全过程。学生把新的学习收获持续地记录在"导学图"花瓣的第二层上，而这一记录补充和修改完善的过程正是学生进行自主评价的过程。这样的方式能促使学生持续地关注自己学习过程，从而提高学生的自主学习及自我评价能力。

2. 表达作业，凸显能力提升

在本单元的教学的前期，学生学习了把握文章主要观点的方法，同时认识到了人类生存环境的唯一性和地球资源的有限性。在此基础上，教师设计了观看视频和阅读文本的作业，意在使学生运用习得的方法，把握材料的观点，进而形成自己的观点，进行不同形式的合理表达（见表2）。通过交流，学生彼此之间形成深入的交流和观点的碰撞，深化对环境问题的认识，起到以评促学的作用。

表2　表达作业设计

观看视频　交流感受
推荐收看纪录片《地球脉动》（作业单中呈现纪录片解说词和目录） 结合经典解说词及目录，选择自己感兴趣的内容进行观看，与他人分享自己的感受。 分享提示： （1）纪录片引发了你哪些方面的思考，把这些思考概括成自己的观点； （2）条理清楚地表达自己的观点和产生这一观点的依据； （3）认真倾听他人的意见，主动交流自己的看法
阅读文本　情理表达（随学习过程持续阅读）
推荐阅读：《这一年，地球变得不一样》（以下两项作业任选一项完成） （1）把自己的观点和感受批注在文本旁边，完成阅读笔记； （2）感兴趣的同学可以做一份阅读手账

此作业的设计具有相对的灵活性。在实施的过程中，教师可预估作业时长，将校内和课后时间统筹起来，根据教学和学生学习情况机动布置。

3. 长周期作业，体现合作探究

此项作业在引领学生深化观点的同时，培养学生合作探究学习的能力（见表3）。

表 3 长周期作业设计

长周期作业——合作探究 深化观点
聚焦探究问题，教师建议或自愿结合学习小组。
（1）根据探究学习的内容，设计一条宣传标语（独立完成）；
（2）小组内交流，修改完善的基础上合作绘制环境主题的海报（合作完成）；
（3）合作完成研究报告（自愿合作完成）

本次长周期作业可在单元教学的中后期布置给学生。教师在了解学情之后，指导学生根据相同的研究主题进行分组，完成时间可校内、课后相补充。合作探究过程中，教师指导学生选用可行的研究方式进行更具体化的思考，并鼓励学生将研究结果撰写成研究报告。本项作业的评价采用年级展示的形式，所有小组的海报共同张贴在楼道中，全年级学生进行观看并评出优秀海报。展示评选可引发学生的深入思考，同时学生还可以相互学习、丰富认知。

4. 综合性作业，促进全面发展

此综合性作业直指教学内容的重点和难点，关联了整个单元学习过程，是对人文主题和语文要素的再认知和运用（见表 4）。作业将课上学习和课后探究相贯通，把独立完成和合作完成及教师指导相贯通，把多种形式的作业进行综合设计，能有效达成学习目标。

表 4 综合性作业设计

综合作业——表达观点 完成倡议
（1）回顾联系：结合本单元的作业和作品，回顾本单元学习过程，思考学习内容与倡议书之间的联系，与同学交流（课上完成）；
（2）编写与研究主题相关的调查问卷，发起调查并分析调查结果（课后合作完成）；
（3）在前两项作业完成的基础上，独立完成倡议书（课后独立完成）；
（4）倡议书完成后，向他人征询意见，完善自己的倡议书（课上完成）；
（5）小组进行讨论优化，完成更加具体可行的小组倡议书，在"红领巾广播"的时间向全校同学发起倡议（课上、课后小组合作完成）

为了促使学习目标顺利达成，本单元的作业设计与教学设计同步构建，教师通过合理的设计、有效的策略、高效的实施构建作业系统。这个系统

与学情、课堂、教材、课程等教学要素共同作用，为学生提供复杂的、现实的，与课堂问题链相联结的自主学习场域，形成促进学生素养发展的学习路径。

（二）作业实施效果

1. 学生成为学习的主体

本单元主题作业设计和布置关注学生的差异，从实际出发满足学生求知欲的同时还兼顾了他们的接受能力，给他们提供自主选择的时间和空间。这样的设计激发了学生学习的积极性，使学生成为学习的主体。这样的设计也使作业有了更丰富的形式，表达更加灵动。

学生在完成作业的过程中可以进行任务分配，采用查找资料、观察生活、采访等方式进行学习，充分调动自己的潜能，通过知识共享与思维碰撞，对自己的观点有更深入的思考，同时拓宽知识广度。

2. 学生思维向多元化发展

在此次单元主题作业设计中，教师注重知识与思维并重，在发展学生语言能力的同时，也促进了他们思维的多元发展。

生活是学生赖以生存的环境，本单元作业创设了和学生生活息息相关的主题情境。学生在生活中实际问题的触发下，由最初的简单直观认识逐渐走向对环境问题的深度关注和思考。教师精心选择有效材料，使学生对"疫情仅仅是一场灾难吗"这一问题在材料的阅读中找到答案，促使学生辩证地去看待疫情，多角度地关注环境问题。这样的作业使思维与生活同步，保障学生阅读能力和思维品质的发展。

最终的学习成果显示，学生的倡议书观点更加聚焦，如《"保护森林，播种绿色"倡议书》《"保护大气层，维护生态平衡"倡议书》《"保护自然，减少噪音污染"倡议书》《"善待动物，维护生态平衡"倡议书》。从这些倡议书中可以看出，学生思考的角度更加多元，表达层次清晰，措施更加具体可行。

3.学生的学习途径更加清晰

本单元的每项作业的内容都指向了倡议书的一部分，起到了帮助突破学写倡议书难点的作用。"导学图"为写倡议书提供了知识和方法的准备，"阅读手账"有助于倡议书的观点形成，"调查问卷"关于倡议书中的"问题"和"举措"，"宣传海报"中的标语指向了倡议书结尾中呼吁性的语言。由于前期的作业对最终的学习目标进行了方法与内容上的分解，既降低了学生完成倡议书的难度，同时也具有非常明确的指向性，让学生在学习的过程中，既习得知识又提升了素养。

这样的作业设计建构起了本单元的系统学习过程，使学生在学习目标达成中形成了一条更加清晰可见的路径。知识的理解和方法的运用更具关联性，学生学习中的重难点能够在"课堂教学"与"课后作业"中交互突破，从而提升学生的学习质量，助力解决学习负担过重的现实困境。

五、结语

在单元视角下进行主题化作业设计，有助于对各课时的作业目标、作业内容、作业类型、作业时间、作业难度等进行整体设计与统筹分配，更好地实现课时作业之间的整体性、关联性与递进性。同时，这种作业设计有助于教师基于单元整体培养目标，对教学、评价、作业、资源等进行系统思考。

以核心素养为导向的
小学英语单元主题作业设计研究

——以北京版《英语》（三年级上册）
"Unit 5 It's a nice autumn day" 为例

唐瑶（北京市石景山外语实验小学分校）

核心素养是课程育人价值的集中体现，是学生通过课程学习逐步形成适应个人终身发展和社会发展需要的正确价值观、必备品格和关键能力。作业是教学过程中的重要环节，是提升教学质量的重要且有效的教育活动之一，是课堂教学的延伸，对于提高课堂教学效果有至关重要的作用，是落实立德树人、推进素质教育的重要载体。

本文所说的作业主要指教研组关于课后作业的研究。

一、以核心素养为导向的小学英语单元主题作业设计价值

（一）传统小学英语作业的弊端

1. 作业量大，不利于学生深度思维发展和认知水平提升

传统观念认为"熟能生巧""做题百遍，其义自现"，完成大量作业是提高学习成绩的有效途径。美国资深作业研究者库柏（Cooper）等人的实例研究表明：在小学阶段，作业的时间和学习成绩之间存在微弱的正相关，甚至是零相关。❶小学阶段大量作业会挤占学生课后时间，减少学生与同伴相处，

---

❶ TRAUTWEIN. The Relationship between Homework and Achievement : Still Much of A Mystery [J]. Educational Psychology Review，2003（15）：115-145.

探索和发现世界的时间，不利于深度思维发展和认知水平提升，还会增加学生对作业的反感和心理负担，从而产生厌学情绪。

2. 作业形式单一，不利于学生自主学习能力培养

传统教学观念认为"好记性不如烂笔头"，掌握和提高语言类课程的最好方式就是机械重复练习，忽略学生认知风格、智能倾向的个体差异性。学生以"完成"为导向，不进行自我调节设置作业目标，不选择适宜的学习策略，难以保持坚持学习的动机。读、背、写等单一作业形式，忽视学生自我学习主动性和自我做出有意义选择能力的培养，不能体现教育"面向人人""适合人人"的要求，不能让学生在作业中培养兴趣、养成习惯、增强实践、获得体验和发展素养。

3. 作业评价单一，不利于学生获得自信心和价值感

传统英语书面和口头作业，评价发生在"师—生"间。小学英语教师任教班级多，作业批改量大，多采用等级制或"Excellent""Good""Come on"等简单评价。在完成作业过程中学生的情感体验无法及时分享，很难产生清晰的自我认知。传统的作业作为积极学习工具的价值得不到充分体现，不利于学生获得自信心和价值感。

（二）以核心素养为导向的小学英语单元主题作业设计优势

教师以培养和发展学生核心素养为落脚点，分析学生学习特点、心理特点，研读课程标准和教材，整合内容和素材，进行单元整体作业设计。学生在完成作业的过程中，理解和运用语言知识，逐步形成对单元知识的整体感悟，体会知识间的联系，形成系统的知识和技能，达到教与学的完整统一。

1. 有助于引导学生系统学习，发展深度思维

亚里士多德的"整体大于部分之和"的著名命题表明，当部分以有序、合理的结构形成整体时，整体的功能大于各部分功能之和。单元主题作业设计时，教师会依据单元目标，对分散于单元中的知识、内容和相关资源进行作业重组、设计、改编或开发，形成单元作业任务。教师引导学生通过完成作业，系统学习和思考，有效梳理碎片化的知识，理解知识间的相关性、逻辑性和递进性，整体感悟单元知识，厘清单元结构，提高语言的综合运用能力。

2. 有助于激发学生学习兴趣，提升自主学习能力

学生是语言学习活动的主体，教师面向全体学生，对学生抱有合理期待，尊重学生的个体差异性。教师围绕主题，考虑不同水平学生需求，设计布置多个梯度的开放性任务，让学生通过观察、体验、实践、合作和探究等不同途径，采用口头、书面、作品和活动等不同形式，激发学生兴趣，在情境中自主选择、自我学习、培养能力、不断成长。

由上可见，以核心素养为导向的作业设计强调综合性、开放性、结构性等基本特征，与单元作业的基本特征相吻合。❶单元主题作业设计应遵循一致性、统整性、多样性和差异性等原则，使学生在完成作业的过程中运用语言知识，增强文化意识，发展思维品质，提高学习能力，形成核心素养。

二、核心素养导向的小学英语单元主题作业设计策略

（一）单元主题作业设计程序

"双减"的主要任务之一就是要减轻义务教育阶段学生过重的作业负担，在"减负、提质、增效"的新背景下❷，以核心素养为导向，进行单元主题作业设计，综合考虑学生的完成情况和其他各方因素，研究作业量与质的高效平衡与协调。教师从育人角度，认真研读课程标准，分析教材特征，结合学生心理特征、学习特点，以及学习能力和知识储备等因素，对单元内容进行梳理，确定单元主题，制定单元目标和与之相匹配的作业目标；通过筛选、整合、创编等方式，形成单元作业框架并设计作业内容；通过作业实施，有效评价反馈，反思改进策略实现提升。单元主题作业设计程序（见图1）。

❶ 王月芬. 重构作业：课程视域下的单元作业 [M]. 北京：教育科学出版社，2021，6（113）.
❷ 常久春. 小学英语作业合理设计的有效策略 [J]. 内蒙古教育，2021（4）：50-53.

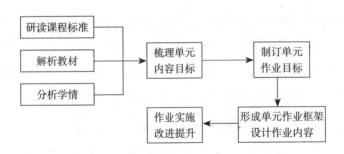

图1 单元主题作业设计程序图

（二）单元主题作业设计原则

教师从单元主题着手，关注知识的连贯性与独立性，尊重学生"学"的需求，尤以小学生学习心理和个性需求为重，综合考虑作业设计的相关因素。

1. 根据单元内容目标设计作业目标，强调必要性

作业目标设计，既要关注知识的掌握，又要强调通过作业落实能力、习惯、态度和价值观等要求。作业目标的设计要能体现教学目标，有助于提高识记、理解、应用、分析、评价和创新等认知水平，强调必要性，使作业有效、有用、有趣，落实核心素养。

2. 根据主题设计单元作业框架，强调合理性

北京版小学英语教学围绕单元主题、分话题完成。根据主题设计作业结构，要兼顾同一话题下作业目标的纵向梯度和不同话题间作业目标的横向关联，充分考虑作业结构的合理性，实现课时作业之间的统整、关联、递进，引导学生在情境中经历"感知—体验—迁移—实践"的学习过程，最终实现知识的融会贯通，完成学习任务。

3. 根据内容设计作业形式，强调多样性

英语教学不仅要重视学生"学什么"，更要关注学生是否"喜欢学"，及应该"如何学"。义务教育英语课程体现工具性和人文性的统一，具有基础性、实践性和综合性特征。教师应设计基础类和应用类等多样性作业，激发学生兴趣。基础类作业应围绕巩固知识、熟练技能等目标进行设计：有助于教师及时掌握学生学习效果，发现共性问题，进行反思和策略改进；有助于学生打好基础，为后续学习做好储备。应用类作业应着重拓展实践、运用提升、能力发展等目标进行设计：有利于发展思维；重视学习成果展示和激励性评价；培养学生解决问题能力、创新精神与实践能力。

4. 根据学情设计作业难度，强调差异性

每个人都有思维品质，但每个人的思维品质又具有差异性。教师应根据学情设计基础类、应用类等区分难度的一系列作业任务，供不同层次的学生选择，以满足不同层次学生的特长发展需求。

三、以核心素养为导向的小学英语单元主题作业设计实例

依据以核心素养为导向的小学英语单元主题作业以北京版《英语》(三年级上册)"Unit 5 It's a nice autumn day"为例，进行单元主题作业设计。此设计策略力求通过完成作业激发学生兴趣，促进学生深度思维发展和提高学习能力，落实培养学生英语学科核心素养。

(一)依托单元主题语境，根据单元内容目标，制定作业目标，体现知识的统整性和递进性

语言学习活动都应该是在一定的主题语境下进行的，主题具有联结和统领内容要素的作用。教师应根据教材特点和学生特点，依托单元主题语境，联系实际生活，确定单元作业目标。

本单元主题为"Weather and Life"，分4个话题(课时)完成。课时间具有知识的传递性和递进性(见图2)。作业目标呈阶梯上升式样：第1课，学生能熟练认读温度，选择合适的活动；第2课，学生能根据气温判断冷暖，提出合理着装建议；第3课，学生能谈论不同地区的天气特点，描述着装和活动的差异；第4课，学生能以多角度谈论不同的天气感受，体会不同的生活乐趣，在分享中学会共情，体会生活乐趣，实现知识的迁移创新。

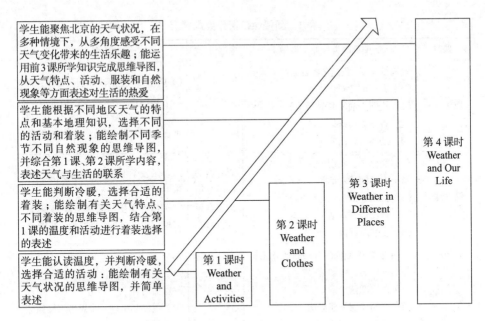

学生能聚焦北京的天气状况，在多种情境下，从多角度感受不同天气变化带来的生活乐趣；能运用前3课所学知识完成思维导图，从天气特点、活动、服装和自然现象等方面表述对生活的热爱

学生能根据不同地区天气的特点和基本地理知识，选择不同的活动和着装；能绘制不同季节不同自然现象的思维导图，并综合第1课、第2课所学内容，表述天气与生活的联系

学生能判断冷暖，选择合适的着装；能绘制有关天气特点、不同着装的思维导图，结合第1课的温度和活动进行着装选择的表述

学生能认读温度，并判断冷暖，选择合适的活动：能绘制有关天气状况的思维导图，并简单表述

第1课时 Weather and Activities

第2课时 Weather and Clothes

第3课时 Weather in Different Places

第4课时 Weather and Our Life

图2 单元分课时作业目标递进关系

（二）作业形式设计多样性，促进学生多元发展

作业布置应科学合理，提高作业设计质量，发挥作业诊断、巩固、学情分析等功能。教师在作业目标与教学目标及重点、难点一致的前提下，创设主题语境，结合学情，设计布置弹性、个性化作业，通过多种形式设计实现作业分层。

1. 口语作业生活化，增加可选择性，使学生获得自信心和价值感

小学英语语篇是与生活相关的对话，教师依托单元主题创设情境，促使学生在交流中习得解决问题的生活技能。

"Unit 5 It's a nice autumn day"新授课话题：谈论温度，选择干什么；谈论天气，选择穿什么；谈论季节气候，知道能干什么。教师设计基础巩固类口语作业（见表1），能促使学生用英语谈论生活中与气候相关的问题。学生自主选择角色扮演，通过对话创编或故事复述等形式展示对语篇的理解，通过共享或私信的方式提交音视频。简单的对话背诵、伙伴间课本剧改编和表演、描述性故事讲述，能激发学生学习动力，帮助他们获得自信心和价值感。

表 1 新授课口语作业内容表

课时	基础巩固类作业（选做）	提交方式	设计意图
第1课时	气温变化了，我们选择什么活动呢？ （1）大声朗读对话（ ） （2）找同伴演—演对话（ ） （3）自己表演对话（ ） （4）复述对话内容（ ）		（1）激发学生朗读和表演欲望，理解对话内容； （2）帮助学生思考生活中不同天气该如何选择合适的活动，培养生活技能
第2课时	气温变化了，我们该穿什么呢？ （1）大声朗读对话（ ） （2）找同伴演—演对话（ ） （3）自己表演对话（ ） （4）复述对话内容（ ）	通过微信群或邮箱提交音频或视频	（1）激发学生朗读和表演欲望，理解对话内容； （2）培养学生与同伴交流的能力，能根据天气选择服装的生活技能
第3课时	相同的季节我们在不同的地方感受是不一样的，你知道吗？ （1）大声朗读对话（ ） （2）找同伴演—演对话（ ） （3）自己表演对话（ ） （4）复述对话内容（ ）		（1）激发学生朗读和表演欲望，理解对话内容； （2）促使学生进一步思考不同地区不同的气候特征，激发学生兴趣

2. 书面作业情境化，引导学生深入思考，提高学生学习兴趣

为了减少小学生对作业的反感情绪，引导学生进行深度思维，提升认知水平，教师可进行情境化作业设计，增加作业趣味性。

（1）图文并茂，让作业生动起来。用图文并茂的形式把抄写变成有趣的故事阅读，减少学生的抗拒感，同时指导学生深度思考。

（2）联系生活，让作业成为生活调研。第3课时，教师以中国地图为背景，标出代表性城市，让学生自主行进天气调研，完成地图填充作业。在这个过程中，学生可以真实感受地域差异中的气候差异，初步形成地理意识。教师应鼓励学生进行城市天气信息分享，引导学生在应用实践中内化语言和文化知识，运用所学解决现实生活中的问题，形成正确的态度和价值判断。

（3）作业设计考虑知识的独立性和系统性，形成单元知识体系。新授课作业，教师分别帮助学生了解温度、判断冷暖、分辨地区气候差异，分课时完善思维导图，串起整个单元知识框架。复习课时，教师要帮助学生利用掌握的语言技能和生活知识进行完整的表述，谈论天气和自己的关系。单元作业设计既要考虑知识的独立性，又要体现知识的统整性，帮助学生梳理单元知识体系。

（4）作业设计人性化，培养学生观察力。作业中隐含样例示范，见图3，培养学生观察思考能力，使学生准确理解题目，独立完成作业。

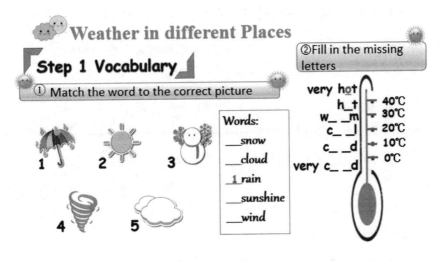

图3 作业样例示范

3. 应用类作业可视化、成果化，给学生积极的作业情感体验

好作业是"秀"出来的。教师既要注重"运用"对学生语言能力、思维品质和学习能力的培养，同时又要让学生有价值观、道德修养、审美情趣等多角度情感体验。

在"Unit 5 It's a nice autumn day"中，教师设计应用实践类作业——思维导图。教师围绕单元主题，分课时完成导图分析，把碎片化的知识，系统化、结构化、可视化；通过展示交流，让作业成果化，如让学生提交思维导图作业成果。这样可以让学生获得积极的学习体验，感受做作业的乐趣。

小学生习惯形象思维，乐于表现自己，教师可设计差异性的应用类作业。低学年段学生着重角色扮演或自我介绍类作业，如绘画、拍照、拍视频等作业，释放其爱玩、爱表演、爱画画的天性。中年年段学生，阅读、复述、课本剧创编，四联或六联绘本创编等作业，通过小组合作和独立思考。高年年段学生，增加调研采访、海报制作、课外阅读，以及歌曲诗歌创编、戏剧表演等作业，通过对语篇的理解，掌握有效学习策略，熟练学习技能，最大限度进行创作，实现在体验中学习，在实践中运用，在迁移中创新。

（三）评价的多维性，坚持育人为本，面向全体学生

小学生学习动机的一个典型特点是以外部动机为主❶，评价是对学生作业的客观判定。"Unit 5 It's a nice autumn day"的作业评价设计如下。

1. 评价者多维

设计作业评价，有利于教师及时掌握学生学习情况，根据完成结果进行分析诊断和反思，及时调整教学策略，改进提升；同时，帮助学生明确作业目的，诊断自己的学习情况，及时改变学习策略；还能对同伴学习情况做出正确的判断与反馈，促进自身的发展。因此，作业中可设置学生自评、同伴互评、教师评价等多个维度。

2. 评价标准多维

（1）口语类作业评价。学生评价标准（自我评价＋同伴评价）：声音洪亮、表达流畅、生动形象。鼓励肯定性评价："我喜爱我的声音""我是努力的""我们欣赏你的表演""我享受我的英语时间"等。教师评价标准：语音、语调、声音、情感、表达和内容等方面进行评价。

（2）书写类作业评价。学生自我评价标准：学生从作业目标的角度，对照自己的完成情况做出评价。教师评价标准：依据作业目标从认知、书写和运用角度做出评价。

（3）成果类作业评价。本案例中思维导图的评价。教师对学生的作业态度、作业质量和完成情况做出评价（见图4）。学生从相互学习的角度给予评价，把自己贴纸贴到最喜欢作品的礼物盒上。

---

❶ 庞维国．自主学习：学与教的原理和策略 [M]．上海：华东师范大学出版社，2003：91．

通过欣赏你的思维导图，老师看到你能

☐ 认真规范书写
☐ 考虑如何使布局更合理
☐ 根据本课主题画你喜欢的图案
☐ 利用色彩使你的思维导图更生动形象

图4　思维导图教师评价样例

根据作业类型设计作业评价，让学生主体参与作业评价设计，如增加同伴间投票、掌声等评价形式。另外，作业设计应有利于学生了解作业目的，促进学生核心素养形成和发展。

3. 评价方式易操作

小学英语教师大多数授课班级较多，作业批改量大，作业评价设计应注重直观性和可操作性。这样既便于教师对作业结果做出诊断，及时反思改进教学和作业策略，又不用消耗过多的时间。

本案例中教师评价方式：①画笑脸；②在明确的作业评价指标后画钩；③开放性评价，教师可在需要的时候留下批注，以勉励学生。学生评价自评和互评多以鼓励为主：①画笑脸；②在给定的标准后画钩；③投票箱等。

综上所述，以核心素养为导向的小学英语单元主题作业设计，是依托单元主题进行整体作业设计，关注知识间的衔接，遵循作业设计的必要性、合理性、多样性、差异性原则，以丰富的作业形式，梳理单元知识内容，优化作业使用和提升作业品质。教师应力图培养用眼发现、用手创造、用口交流、用脑思考、用心体会的新型学习者，在完成作业过程中，通过感知、体验、积累和运用等实践活动，培养和发展学生的核心素养。

"双减"背景下初中化学单元作业设计的问题及策略研究

郭隽盈（北京市第九中学分校）

单元作业，是指以教学单元为基本单元进行整体规划、设计、实施和评价的课时作业集合。传统的化学作业设计，更加局限于特定的化学教学知识内容，无法体现出化学知识的整体性与全面性。因此，在初中化学等学科深入进行单元作业设计活动，可以起到多方面的作用。一方面，单元作业设计有助于增强不同课时作业间的结构性。在进行单元作业设计中，对不同单元的作业内容应进行全面思考与设计，可以最大化地降低初中生非必要的作业负担，从而突出单元作业设计的结构性。另一方面，单元作业设计有助于实现课时作业间的递进性。在初中化学等学科中开展单元作业设计，对学生的知识技能、学习能力及学习态度等方面进行全面的评估，需要进行合理的分配与统筹，要随着课时的不断推进改变不同课时的作业难度，还要在单元作业设计中突出不同课时作业间的递进性。另外，单元作业设计要求教研组从化学学科的项目学习及思维发展等方面进行综合设计，以更有效地提升学生的化学核心素养，有利于教师在深度思考中提升自身的专业发展能力。

一. 单元作业设计原则

在初中化学进行单元作业设计时，应该满足全面育人、目标一致、设计科学、类型多样、难度适宜、时间合适及结构合理等多方面的要求，从而最大化地突出单元作业的功能与价值。

在设计单元作业时应该遵循以下基本原则。一方面，要围绕课程标准、教材及学生对象设计单元作业。化学作业，作为化学学科育人价值的重要载体，在设计单元作业时，一方面应该确保单元作业的目标与课程教学目标相吻合。这就要求教师在单元作业设计时，参照课程标准制定育人目标，体现单元作业的设计价值，遵循紧扣教材的基本设计原则；另一方面，应该按照单元作业的目标，落实课时作业目标。在设计化学学科单元作业设计中，应该遵循将总目标细分为各个课时子目标的基本原则，注重不同课时之间的层次性，从而提升单元作业设计的有效性。

二. 当前初中化学单元作业设计现状

（一）单元作业设计思路不够清晰

清晰的作业设计思路，往往能够提升作业的质量，从而激发学生深度融入作业的兴趣与积极性。然而，当前初中化学单元作业设计中存在设计思路不够清晰的问题。比如，在初中化学单元作业设计中，未能够充分发挥作业蓝图等工具的设计价值，不注重借助思维导图、流程图等方式厘清单元教学内容，造成所设计的单元作业在整体性、结构性等方面特点不够突出，所涉及的单元作业思路不够清晰，难以在培养初中生的化学核心素养等方面起到应有的作用。

（二）未能满足不同层次学生的学习需求

不同的学生所具备的化学学习基础有所差异，对作业的学习内容需求也有所不同。在当前初中化学单元作业设计中，并未能够全面满足不同层次的学生学习需求，影响单元作业在不同层次学生中所能够发挥的价值。比如，对于简单、中等、较难等不同难度的作业设计分布不够合理，有关知识理解、生活实践等不同方式的作业分布也不够合理，没有充分做到因材施教。

（三）学生的自主探究性不足

素质教育背景下，要突出学生在初中化学等学科学习中的主体角色，从而提升学生的学习自主探究性意识，切实达到培养与提升学生核心素养的目标。然而，在初中化学等学科教学中设计的理论作业比例过高，这样很难激发学生自主学习的兴趣，影响学生化学核心素养的有效提升。

（四）单元作业内容与实际生活相脱离

所有的理论知识都源自生活，这就要求教师在实际课堂教学中应该紧紧围绕生活开展各项教学活动，从而避免学生在化学知识学习中出现过于空洞、过于抽象等问题。然而，在初中化学单元作业设计中，存在单元作业设计的内容与实际生活相脱离的突出问题。这不利于学生在化学作业完成中对化学知识的掌握，影响学生做化学作业的兴趣。在单元作业设计中，未能够结合实际生活设计更具实践性的单元作业，使学生失去了深度融入单元作业实践探究的积极性，影响学生在单元作业中对化学知识结构体系的认知与形成，以及单元作业的完成价值。

三. 初中化学单元作业设计创新策略

（一）融入作业蓝图理念，理清单元作业设计新思路

清晰的教学思路，能够使教师更好地把握各个教学环节的内容，从而提升教学质量与效果。结合初中化学的教学目标与学生核心素养的培养目标，切实融入作业蓝图的设计理念，可以进一步理清初中化学的单元作业设计思路，为初中生提供更为高效的作业内容，改变传统题海战术的作业设计弊端，提升作业设计的有效性。

在应用作业蓝图理念时，首先要求教师对各个课时的教学目标及教学内容进行全面、清晰地梳理。比如，在单元整体教学"物质宏观组成的奥秘——有规律的元素"单元教学中，主要包括三个课题的教学内容，以"元素的规律"为主线，分别设计了"元素的排序是有规律的""元素组成物质是有规律的""元素的性质是有规律的"三个课题。针对每一个课题，应该认真

思考需要几个课时。比如，在"元素组成物质是有规律的"课题教学中，可以设计三个课时，分别从"元素组成物质是有规律的——化合价""元素表示化合物是有规律的——化学式""化合物中元素的量是有规律的——化学式计算"等角度切入。为了将此单元的教学内容更清晰地展现出来，可以借助流程图（见图1）的方式进行整理，为后续的作业蓝图设计夯实基础，更有效地掌握元素的规律，理清"物质宏观组成的奥秘——有规律的元素"的单元作业设计思路。

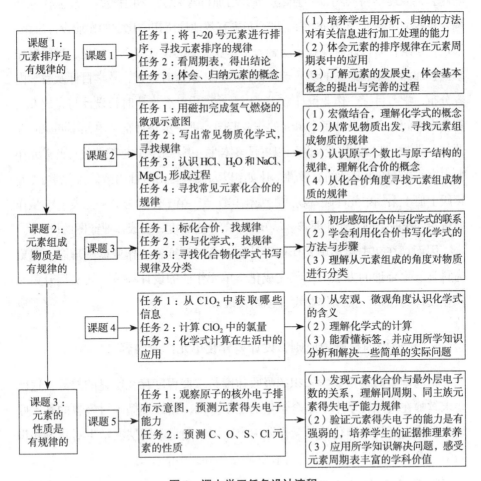

图1 课上学习任务设计流程

《义务教育化学课程标准（2022 年版）》对作业设计提出明确要求："优化单元作业的整体设计与实施。充分发挥单元作业的复习巩固、拓展延伸和素养提升等功能，保证基础性作业，增加实践性作业、弹性作业和跨学科作业。减轻作业负担，科学设计单元作业，体现整体性、多样性、选择性和进阶性。作业的内容、类型、难度、数量和完成时间要符合单元学习目标的总体要求，符合学生的实际情况。合理规划课时作业和单元练习的任务水平及比例，适当增加迁移创新水平的任务。除了常规的纸笔练习，结合与生产生活相关的实际问题，以及跨学科问题、社会热点等，增加科普阅读、动手实践、实验探究等综合实践型作业。"❶ 因此，为了进一步更有效地理清初中化学的作业设计思路，学校化学组在新授课阶段就主动融入了作业蓝图的设计理念。首先，教师事先掌握且加深了作业蓝图的切入点及设计方法，从课时分布、教学目标及教学内容分布，学习目标、作业设计方式，以及难度设计、作业时长设计与完成方式等几个方面，重点设计每个单元的作业蓝图，进一步整理整个单元不同课时在课前、课堂、课后的作业，从而以更具整体性、更具结构化地整体设计此单元作业内容，提升作业设计的有效性。比如，以人民教育出版社出版的《化学》（九年级上册）第一单元课题"物质的变化和性质"第 1 课时为例（见表 1），从作业目标、作业类型、作业要求、认知层次等多个维度，完成作业蓝图的设计。

因而，在初中化学单元作业设计中，可以深度融入作业蓝图理念，以更为科学、更合理的方法与工具完成化学单元作业的设计环节，切实提升单元作业设计的思路，推动作业设计创新发展。

（二）遵循因材施教原则，设计差异化单元作业内容

不同学生对初中化学知识的吸收速度与掌握程度存在明显的差异，这就要求教师在实际教学中要结合学生的化学基础，始终遵循因材施教的基本原则，设计出更具差异化的单元作业内容，切实满足不同层次学生对化学知识的学习需求，从而发挥化学作业在巩固学生知识中的作用。

❶ 中华人民共和国教育部 . 义务教育语文课程标准（2022 年版）[M]. 北京 : 北京师范大学出版社，2022 : 52.

表1 作业蓝图

课题	教学目标	作业目标	作业类型	试题题号	试题来源	作业要求	认知层次	难度	预计时长
课题1：物质的性质和变化（第1课时）	通过对生活现象和化学实验的观察和分析，认识化学变化的概念；能区分常见的物理变化和化学变化；初步培养对实验的观察方法和通过分析现象得出结论的能力	（1）能通过生活经验、查阅资料等，关注生活中物质的变化	课前作业	1	教材P10-4	独立必做	了解	容易	不限
		（2）能区分常见的物理变化和化学变化	课上作业	1	目标检测P2-2改编	独立必做	应用	中等	2分
			课上作业	2	目标检测P2-4	独立必做	理解	中等	2分
		（3）能分析实验现象，判断化学变化	课堂检测	1	目标检测P2-3	独立必做	理解	中等	1分
			课堂检测	2	自编	独立必做	应用	较难	2分
			课堂检测	3	教材P10-1改	独立必做	应用	中等	4分
			课后作业	1	自编	独立必做	应用	容易	2分
			课后作业	2	教材P10-2改	独立必做	理解	中等	2分

　　在单元教学中，教师突出了单元作业设计中差异化内容的设计价值。比如，在"基本实验"单元复习作业设计中，围绕不同实验的内容，课前作业中设计了基础过关和能力提升两个板块；在课后作业中设计了基本实验1.0版和基本实验2.0版两个版本。它们分别对应了简单、中等、较难等不同难度的作业内容，从而满足了班级不同水平的学生对本单元作业的学习需求。这样做在确保学生完成化学作业自信心的基础上，给予更多学生更具挑战性的作业内容，并且与因材施教的作业设计基本原则相吻合，提升化学单元作业设计的有效性。在差异化的作业设计中，应该根据不同难度的作业内容安排相应的作业时长，从而促使学生们在完成化学单元作业中保持较高的积极性，以更积极的心态融入化学作业环节中。

因此，在初中化学单元作业设计中，应该结合单元教学内容的难度差异及班级学生的化学核心素养水平等因素，更有针对性地设计差异化的单元作业内容，真正满足所有学生对化学作业的学习需求。

（三）突出学生主体角色，丰富实践性单元作业形式

传统的题海战术在提升化学成绩等方面起到一定的促进作用，然而制约了学生在作业完成中的主体角色，使其丧失了主动思考的机会，不利于学生的化学思维形成。推动化学单元作业的设计创新，要求教师切实突出学生在化学作业中的主体角色，在丰富更具实践性的化学单元作业形式中，激发学生自主融入探究性活动的积极性与热情，从而提升单元作业设计的应用价值。

在"走进化学世界"单元教学中，教师更加注重在单元作业设计中突出实践性作业的重要性。首先，教师整体性、结构性地设计单元作业中的实践性作业。比如，围绕三个课题的教学内容，引导学生观察物质化学变化的实验活动，到了解化学实验的一般过程，以及认识实验仪器和基本操作的实践性活动作业，分别带学生走进物质变化和性质的世界；走进科学探究的世界；走进化学基本实验的世界。其次，教师通过整体性、更具结构性的化学实践活动，引导学生以结构化的方式理解化学单元知识，从而在化学实践作业活动中完成对化学知识的结构化认知，在实践作业突出学生主体角色的基础上，提升化学单元作业的自主探究价值，切实丰富化学单元作业的设计方式。

因此，在初中化学单元作业设计中，应该从整体性、结构性的角度出发，设计更具实践性的作业内容，拉近学生与化学知识间的距离，提升单元作业设计的有效性。

（四）紧扣生活实践内容，强化实践性单元作业价值

将理论知识与实际生活相结合，能够拉近学生与化学理论知识的距离，

促使学生在化学单元作业完成中加深学生对化学知识的理解,更有效地提升学生的化学核心素养。因而,在初中化学单元作业设计中,应该紧扣学生的生活实践内容,设计更多更具实践性的单元作业内容,切实进一步强化实践性单元作业的设计价值,与学生化学核心素养培养目标相吻合。

在"我们周围的空气""碳和碳的氧化物""金属和金属材料"等单元教学中,多个课时的教学内容与学生的实际生活存在紧密的联系,教师注重紧扣生活实践设计更具实践性的单元作业内容。例如,在《我们周围的空气》单元中,"空气""氧气""制取氧气"三个课题都设置了与实际生活紧密相关的教学内容,包括空气是由什么组成的、空气是一种宝贵的资源、氧气的性质及用途、氧气的实验室制法及工业制法等教学内容。因而,在单元作业设计中,应该以紧扣实际生活的原则设计单元作业,如绿色植物叶片在白天和夜晚释放气体的成分的差异;应用数字化实验等手段探究不同环境中的空气质量;生态鱼缸氧气发生器的设计和制作;探秘支持航天员呼吸的气体环境;以"空气的污染及防治"为主题的手抄报制作等内容深度设计生活化学实践性作业。这样设计单元作业内容能激发学生对化学知识的深入探究的兴趣与积极性,从而在实践性活动中有效地提升学生的化学核心素养。

在单元作业设计中,围绕整体单元化学知识设计整体性的生活实践性作业,不但能够加强学生的动手实践能力,还能够提升学生的化学核心素养,达到预期的教学目标与效果。

四、结语

推动初中化学作业的设计,在巩固学生化学知识、突出学习主体角色等方面都发挥着巨大作用。在当前初中单元作业设计中,存在单元作业设计思路不够清晰、未能满足不同层次学生的学习需求、单元作业学生的自主探究性不足及单元作业内容与实际生活相脱离等问题,影响化学单元作业设计的价值提升。因而,在实际教学中,通过融入作业蓝图理念理清设计思路、遵循因材施教原则设计差异化内容、突出学生主体角色丰富实践性形式，紧扣生活实践内容强化实践设计价值等多个方面推动化学单元作业设计的创新，可以切实提升单元作业的价值与质量，从而与核心素养教学目标相匹配。

"双减"背景下基于核心素养的高中地理单元作业设计与实施研究

——以"土壤"为例

李晓玲（人大附中石景山学校）

张爱弟（北京教育学院石景山分院）

近年来,中小学的课业负担问题一直备受关注。减轻学生作业负担是"双减"政策的明确要求,也是保障学生健康成长的有效路径。因此,教研组需将作业设计纳入教研体系,系统设计符合学生年龄特点和学习规律的作业,发挥作业的育人功能。

以往的地理作业存在诸多问题,具体表现:作业设计与课程标准分离的现象比较突出,作业远离课程标准性质、课程目标和课程内容;作业设计目标意识缺失,作业的目标指向单一,对地理核心素养的落实不足;作业的难度过高或过低且机械重复的无效作业泛滥;作业设计类型机械单一,书面作业居绝对主导地位,实践类作业较少;作业数量分配不科学,作业缺乏整体性和结构性。

针对以上问题,本文以高一地理"土壤"单元为例,教研组从教材和课程标准的研究、学情的分析、单元作业目标、单元作业类型、单元作业评价等方面,探索单元作业设计的思路,以期减轻学生负担,实现教学的提质增效。

一、深入分析教材与课程标准,明确单元学习目标

对教材和课程标准的深刻分析是进行有效作业设计的前提,单元学习目

标的基本出发点是培养学生的学科素养，而各课时的学习目标是对单元学习目标的具体分解与落实。

"土壤"这一单元所落实的课程标准主要是"1.9 通过野外观察或运用土壤标本，说明土壤的主要形成因素"。本单元教学内容与课程标准提出的对学生核心素养的培养对应关系，可以从以下三方面理解：一是野外观察土壤的方法，以培养学生的地理实践力；二是土壤与自然环境的关系，以培养学生的综合思维能力；三是土壤与人类活动的关系，以培养学生的人地协调观。以下是本单元学习目标与各课时学习目标（见图1）。

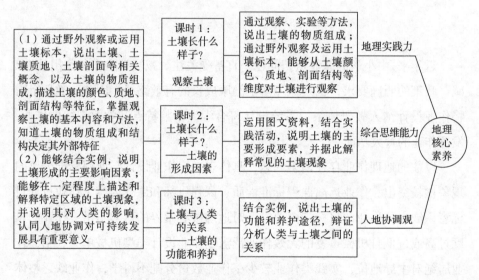

图1　单元学习目标与各课时学习目标

二、全面分析学生特点，设计有的放矢

作业实施的对象是学生，只有通过与学生的访谈交流，深入了解学生在认知、实践和思维等方面的特点，才能根据学情设计有针对性和个性化的作业。

在认知方面，高一的学生有一定的心理认知结构和水平，能够理解基本的地理概念和地理现象，但理解的层次比较浅，对于现象背后的原因缺乏认识，没有形成系统的知识结构；在实践方面，学生从小缺乏与土壤直接接触的机会，慢慢形成了对近距离观察土壤、触摸土壤的抵触感，地理实践能力较弱；在思维方面，学生有一定的地理学科思维，但是面对真实复杂的现实问题、运用相关知识解决问题的能力还比较弱。

基于上述学情，本单元教学和作业设计需要帮助学生厘清单元知识之间的内在联系，抓住单元的核心概念和基本概念，注重基础知识的落实；对于土壤的观察，教师需要自己先演示，一方面规范操作程序和方法；另一方面感染和带动学生，激发学生的求知欲，要循序渐进帮助学生从生物和气候在土壤形成中的作用入手，逐步引入其他要素，帮助学生理解"土壤是环境各要素综合作用的产物"。

三、基于课程标准和学情，设计单元作业目标

围绕课程标准中本单元的"内容要求"和"学业要求"，结合学情确定本单元作业目标如下。

第一，在野外真实情境中，观察土壤的颜色、质地、剖面结构，绘制土壤剖面示意图。小组合作采集样本，设计实验探究土壤的物质组成，通过实践类的作业提高地理实践力。

第二，结合案例材料，分析成土母质、生物、气候、地形和人类活动等因素对土壤形成的影响，提高学生的综合思维能力。

第三，结合案例材料，说明土壤改良和养护的方法，尝试对某区域土壤的改良和养护提出合理性的建议，形成人地协调观。

第四，构建本单元的知识结构体系，通过总结建构类作业进一步巩固提升本单元的主干知识、关键能力和学科思维。

四、丰富作业类型，激发学生做作业和兴趣

丰富的作业类型可以调动学生学习的积极性，在巩固基础知识、提高基

本技能、总结基本方法的基础上，重点突出学科的核心素养和育人价值。"土壤"单元作业的具体类型有以下四种。

1. 基础巩固类

以选择题为主，考察辨识土壤物质组成、颜色、质地和土壤剖面结构的能力，以及判断土壤的类型、分布；说明影响土壤形成的因素。

2. 地理实践类

学校附近的后山是土壤观察的实践基地，为开展实践类作业提供得天独厚的条件。

（1）野外考察。野外观察土壤剖面的特点、测量各层的厚度、采集土壤样本。

（2）地理实验。设计实验，验证土壤物质组成，对比不同土壤透水性的差异。

3. 拓展提升类

（1）绘图。绘制土壤剖面示意图，提高绘图能力。

（2）单元整合。以综合题为主，分析各因素对土壤形成的影响，说明土壤改良和养护的方法。

4. 总结建构类

单元整体学习之后，布置学生构建本单元的知识结构体系，巩固提升本单元的主干知识。

五、详细单元作业设计，落实核心素养

本单元作业设计利用学校靠近山地的优势条件，第 1 课时设计野外观察土壤的实践作业，在真实情境中学习土壤剖面的观察、测量、采样和绘图；设计实验探究土壤的组成、质地，培养学生的地理实践力。第 2 课时和第 3 课时，通过课前的预习作业，指导学生泛读和精读相结合，概括各部分重点内容及相互联系，注重地理概念的理解；学习内容结束之后，设计课堂基础

巩固类作业，即时诊断学习效果；课后设计拓展提升类作业，指导学生结合具体案例资料说明土壤的形成因素，以及分析土壤的功能和养护措施，分别培养学生的综合思维和人地协调观。本单元的作业设计细目如下（见表1）。

表1 "土壤"单元作业设计细目表

课时	学习目标	作业目标	作业序号	作业内容	作业类型	布置时间	作业水平
第1课时：观察土壤	通过观察、实验等方法，说出土壤的物质组成；通过野外观察及运用土壤标本，能够从土壤颜色、质地、剖面结构等维度对土壤进行观察	在野外真实的情境中，辨识土壤的颜色、质地、剖面结构特征，绘制土壤剖面示意图；小组合作采集土壤样本，室内设计实验探究土壤的物质组成，通过实践类的作业提高地理实践力	1	在野外真实情境中，观察并描述土壤的颜色、质地、剖面；测量、绘制土壤剖面；采集样品	实践考察	课前	观察操作
			2	阅读教材，设计实验对比砂土、壤土、黏土的特点	实践实验	课堂	操作探究
			3	判断土壤的物质组成、类型	基础巩固	课堂	判断识记
			4	根据实践获得的不同区域土壤剖面景观图，查阅资料，结合所学对比不同区域土壤剖面的差异	拓展提升	课后	操作应用
第2课时：土壤的形成因素	运用图文资料，结合实践活动，说明土壤的主要形成要素，并据此解释常见的土壤现象	结合案例材料，分析成土母质、生物、气候、地形和人类活动等因素对土壤形成的影响，提高综合思维	1	按标题层次整体泛读，概括各部分重点内容及相互联系；精读教材找出土壤的主要形成因素及重要概念	预习基础	课前	阅读理解
			2	根据"土壤与其他自然地理要素关系图"，判断土壤的主要形成因素	基础巩固	课堂	判断分析
			3	结合具体案例和资料，说明气候、生物对土壤的影响	拓展提升	课后	说明应用
第3课时：土壤的功能和养护	结合实例，说出土壤的功能和养护途径，辩证分析人类与土壤之间的关系	结合案例材料，说明土壤改良和养护的方法，尝试对某区域土壤的改良和养护提出合理性的建议，养成人地协调观素养	1	按标题层次整体泛读，概括各部分重点内容及相互联系；精读教材找出土壤的功能、改良土壤的方法	预习基础	课前	阅读理解
			2	结合资料，说明农业活动对土壤的影响	基础巩固	课后	判断分析
			3	根据资料，分析土壤的功能和养护	拓展提升	课后	分析应用

表1列出了每个课时的作业设计,包括学习目标、作业目标、作业内容、作业类型、作业时间和作业水平,体现作业设计类型的灵活性、水平的层次性和结果的实效性。具体作业设计内容展示,以第1课时的课前实践作业和课后拓展提升作业为例。

(一)作业案例1:课前实践作业——野外观察土壤

在学校附近真实的情境中,小组合作观察土壤的颜色、质地、土壤剖面;绘制土壤剖面示意图,并从颜色、质地、厚度等方面自上而下描述土壤剖面的特点;填写记录表(见表2)。

表2 土壤观察记录表

组别:		调查人:			调查日期:				
观察地点:	地形:	海拔:		坡向:		坡度:			
天气:	植被:	土壤名称:		侵蚀情况:		土地利用现状:			
测量并绘制土壤剖面	采样位置	颜色	质地	结构	松紧度	干湿度	根系	新生体	侵入体	其他

(二)作业案例2:课后拓展提升作业——对比不同土壤剖面的差异

根据实践拍摄学校附近的土壤剖面景观图,以及同学提供的到河北张北草原游玩时拍的土壤剖面景观图,以小组为单位,查阅相关资料,对比人大附中石景山学校后山的土壤剖面和张北草原土壤剖面的异同。

本单元作业设计有以下三个特色。

第一,与教学目标紧密联系,注重核心素养的渗透。利用学校靠近山地的优势条件,开展野外观察土壤的实践活动,以此构建学习和作业设计的真实情境。在真实学习情境中完成第1课时土壤剖面的观察、测量、记录、绘图和实验,培养学生的地理实践力。第2课时,通过案例资料,设计作业分析影响土壤的因素,侧重体现学生的综合思维。第3课时,以北京西城区森林公园的修建作为真实情境，说明其对当地土壤的影响，侧重考查学生的人地协调观。

第二，作业类型多样，激发学生兴趣。本单元作业类型上丰富多样，从能力水平上看，有基础巩固类作业、拓展提升类作业、总结构建类作业；从完成作业的方式来看，有课前实践类作业、绘制示意图作业、预习阅读类作业、课堂实验类作业。丰富的作业类型激发了学生的学习兴趣，通过与学生交流访谈，学生反馈最喜欢的作业是实践类的作业。例如，在小组合作完成课前野外观察土壤作业时，学生在真实的情境中，眼观、手摸、测量、绘图，多个感官结合，各个成员配合，非常愉快地完成实践作业。

第三，构建单元作业系统，注重作业难度的梯度设计。本单元作业设计将课前作业、课堂作业、课后作业与基础巩固、实验实践、拓展提升、总结构建等作业类型进行优化组合，把作业作为课堂教学的有机部分进行统筹规划，体现整体性。通过分析批改作业情况发现，课前预习作业和基础巩固类作业等难度较低的作业，学生基本都做得很好；拓展提升类作业以主观题的形式呈现，对学生有一定的挑战性，通过学生的作答表现可以衡量和区分学生思维和素养的不同水平。

六、强化作业实施过程管理，进行科学评价

（一）科学留作业，严格控时长

本单元的作业布置按照课前实践、课堂实验、课后巩固提升、整体构建总结共四个阶段布置。其中，课前野外实践时长一次选修课；课前预习作业 5~10 分钟；课堂实验作业，5 分钟左右；每课时的课后巩固提升作业，10~15 分钟；整体构建总结，作为本单元学完后的作业，构建单元的知识结构体系，时长 15 分钟左右。合理控制每次作业的时间，能减少学生的负担。

（二）积极做作业，落实提素养

本单元作业有的要求学生独立完成，有的需要小组合作完成，对学生的

观、摸、测、绘、读、写、思、做等各方面的技能提出了要求，调动学生写作业的积极性。在完成作业的过程中，着重落实对学生地理核心素养的提升。

（三）认真批改，分层评价

教师第一时间对学生的作业按照评价等级和评价标准进行分层评价，诊断作业反馈的问题，分析具体原因，并对个别基础薄弱的学生进行指导，通过评价激励学生。

具体评价等级和评价标准，以实践作业为案例进行说明（见表3）。

表3　作业评价等级和评分标准案例

实践作业	评分等级	评分标准
根据野外的观察、测量和记录，绘制土壤剖面示意图，并从颜色、质地、厚度等方面自上而下描述土壤剖面的特点	不合格	不能规范地绘制土壤剖面示意图，各层的名称出现错误；没有从颜色、质地、厚度等方面描述土壤剖面特点
	合格	能比较规范地绘制土壤剖面示意图，准确写出各层的名称；能从颜色、质地、厚度中的1~2个方面简单描述土壤剖面特点
	良好	能比较规范地绘制土壤剖面示意图，准确写出各层的名称；能从颜色、质地、厚度各方面较全面地描述土壤剖面特点
	优秀	能按照野外观察测量的实际数据，规范地绘制土壤剖面示意图，准确写出各层的名称；能从颜色、质地、厚度各方面全面详细地描述土壤剖面特点

七、作业实施的改进与优化

本单元作业目标与教学目标紧密相关，作业内容全面，覆盖单元教学目标所涉及的"学业要求"，保证单元的整体性。作业形式多样、层次分明，能充分激发学生喜欢做作业的热情。作业整体实现了巩固、诊断、提升的功能，具有实效性。通过总结批改作业情况及与学生的访谈调查，本单元的作业设计与实施有以下两个方面存在不足，需要进一步改进。

（一）评价主体单一，以师评为主

在本单元作业评改时，实践类作业、拓展提升类作业和总结构建类作业均有明确的评价标准，但具体实施时主要以教师评价为主，从教师的角度评价学生作业的优点和不足，诊断作业反馈出来的问题。通过与学生访谈，了解到学生很喜欢体验当"老师"的感觉，愿意对其他同学的作业进行评价。应利用学生的这种心理，增加作业自评和生生互评的环节，构建作业评价主体多元化的评价体系，根据评价标准通过自评提高学生的自我诊断能力，通过生生互评促进相互学习完善。

（二）作业的创新开发还不够科学细致

第1课时的课后拓展提升作业是，以野外实践获得学校附近的土壤剖面景观图，以及班级某个学生夏天去张北草原游玩时拍的土壤剖面景观图为真实情境设计题目，观察比较不同区域土壤剖面的异同。该题目虽以实践活动为情境有创新性，但学生拍的土壤剖面图不是很完整，缺少母质层和母岩层。另外，学生是在学习土壤之前拍的照片，没有对各层的厚度进行测量和记录，所以该题目虽然能考查学生对土壤剖面特征的掌握情况，但在对比异同的时候会给学生带来干扰和困难。可以鼓励有机会去张北草原的同学按照观察土壤剖面的方法，到实地进行土壤观察、测量、记录、取样，然后再与学校附近的土壤剖面做进一步的对比。

总之，在"双减"背景下，以培养地理核心素养为目标指向，把作业作为课堂教学的有机部分进行整体设计与实施，对作业进行优化组合与科学评价，可以激发学生的学习兴趣，减轻学生的学业负担，提高学生的学科核心素养。

以核心素养为导向的
小学英语单元作业设计案例研究

孙波（北京教育学院石景山分院）

赵月（北京市京源学校小学部）

"双减"政策指出，作业布置要更加科学合理。要分类明确作业总量，提高作业设计质量，发挥作业诊断、巩固、学情分析等功能，鼓励布置分层、弹性和个性化作业。《义务教育课程标准（2022 版）》中指出，强化素养立意，深入解读分析单元内容，形成具有整体性、关联性、发展性的单元育人蓝图，促进核心素养综合表现的达成。要设计复习巩固类、拓展延伸类和综合实践类等多种类型的作业，引导学生在完成作业的过程中，提升语言和思维能力，发展学习潜力，促进自主学习。如何才能设计出符合核心素养导向的小学英语单元作业？本文从以下三个方面进行了探讨。

一、概念界定

核心素养是指英语课程要培养的学生核心素养，即学习能力、语音能力、思维品质、文化意识。❶（《2022 年义务教育英语课程标准》）

单元作业是指以单元为基本单位进行整体规划、设计、执行和评价的所有作业的集合。单元作业设计遵循一致性、统整性、多样性和差异性原则，具有"高结构""强关联"和"共成长"的特点。学生在完成单元类作业的过程中，突破了传统作业固化的框架体系和碎片化的学习模式，以统整而叠加的系统学习方式拓展原有知识框架，发展思维品质，完善情感价值，形成核心素养。❷

---

❶ 中华人民共和国教育部. 义务教育英语课程标准（2022 年版）[M]. 北京：北京师范大学出版社，2022：52.

❷ 马燕婷，胡靓瑛. 核心素养导向的作业设计 [M]. 上海：华东师范大学出版社，2021.

二、核心素养导向的小学英语单元整体作业设计的模型

（一）单元作业设计流程图

为了更好的有效开展研究工作，研究者结合已有作业设计的模型开展了梳理和改进工作。研究者结合实际创建的单元作业设计的基本流程如下（见图1）。

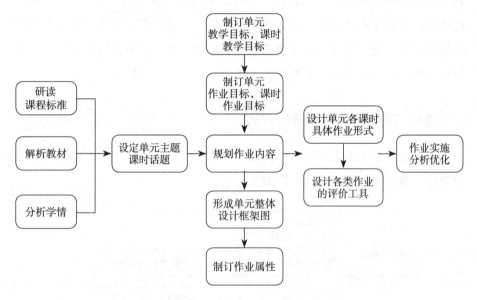

图1 单元作业设计流程

（二）单元作业设计的类型、功能和各课时之间关系图

通过单元作业设计的类型、功能和各课时之间的关系图构建，确保作业设计的高结构、强关联、共成长（见图2）。

图2 单元作业设计的类型、功能和各课时之间关系

（三）单元主题意义引领的单元设计框架图、教学目标和作业目标的撰写形式及作业属性的界定

带领研究团队的教师研讨如何设计单元主题意义引领的单元知识、作业体系框架图？如何设计单元教学目标与单元作业目标，课时教学目标与课时作业目标？如何区分四类目标在功能定位和撰写方式方面的不同，从而突出教学目标与作业目标的一致性和连续性？教师应依据单元作业设计的策略，设计绘制单元作业属性图，让作业的内容形式力求科学；作业类型既有基础巩固类作业、应用实践类作业和选做的拓展型作业，又有长周期作业；关注留作业的方式，关注学生的差异性，预估学生做作业的时长。

（四）不同类型作业的评价方式

要依据作业的类型，研讨不同的评价方式，以及不同评价主体的不同评价维度，兼顾评价的趣味性（见图3）。

通过批改你的作业，老师发现你能	□看懂图片 □正确并规范抄写单词 □根据图片信息，在语境中，写出横线上所缺的单词 □根据图片信息，在语音中，写出横线上所缺的单词

Wow! You are so great!

通过认真观察图片和思考，我能	□看懂图片 □正确并规范抄写单词 □根据图片信息，在语境中，写出横线上所缺的单词 □根据图片信息，在语音中，写出横线上所缺的单词

Evaluation (Teacher)	1. 流利、准确地朗读对话，声音洪亮。□ 2. 语音、语调标准，语速恰当。□ 3. 对话表演富有感情、有感染力。□ 4. 表达具有逻辑性，内容全面。□

Item	You can speak English...		
	Fluently	Accurately	Emotlonally
Teacher	👍👍👍	👍👍👍	👍👍👍

图3 评价工具

二、以核心素养为导向的小学英语单元整体作业设计过程

四个研究团队对四个单元开展了研究，围绕单元主题，每个课时分层从基础巩固类作业、应用实践类作业、拓展延伸类作业进行设计，同时还设计了伴随式的单元长周期类作业。长周期类作业以立体书、单元思维导图、单元知识综合学习卡等形式进行设计；落实各类作业的功能，丰富作业形式，凸显培养学生自主学习能力的提升；强调各课时作业之间的关联性、递进性，在不断的改进中形成相对科学的单元作业设计。

下面以北京版小学《英语》（三年级下册）第六单元为例展现研究过程。

（一）研读课标、解析教材、分析学情，制定单元主题和分课时话题

北京版小学《英语》（三年级下册）第六单元分析，如表1所示。

表1 北京版小学《英语》（三年级下册）第六单元分析

课时	内容/话题	功能句	词汇、词组
Lesson 19	在母亲节，Lingling 给妈妈送礼物并谈论今天将要做的事情	– Will Dad drive us there? – Yes，he will.	give her mum a big hug/drive us there/ kiss his mum
Lesson 20	父亲节即将到来，Baobao 给爸爸制作贺卡，表达正在做的事情	– What are you doing? – I am making a card.	best，listening to music/ making a card/playing a game
Lesson 21	父亲节当天，Baobao 给爸爸送礼物。两人表达请求并做出回答，展开谈论	– Can I open the gift now? – Please do. / Please don't.	open the gift/have some ice cream/go home/go swimming with Maomao
Lesson 22	综合复习、运用所学语言；字母组合 ou 和 ow 在单词中的读音		

研究团队教师对应课程标准中三年级学生的知识与能力要求，查阅课程标准中主题内容划分表，本单元属于人与社会范畴中社会服务与人际沟通主题群的尊长爱幼、懂得感恩的子主题。经过对学情分析，教师梳理了单元知识内容，以英语课程要培养的英语学科核心素养为目标，从学生的视角来剖析教材。教师将单元主题设定为"Show the love to parents"。在课时分话题的设定方面，教师以学生的口吻和视角来构建。Lesson 19 母亲节当天，

选择妈妈喜欢的礼物表达爱意（将"gift"内涵扩大），感知多种表达爱的方式，达成情感的深层体验，即"to know"的层次。Lesson 20 父亲节将要来临之际，引导学生从"take care of me, play with me, be good at ..."三个视角来感受父母的爱，在感谢中以实际行动表达对父母的爱。Lesson 21 父亲节当天，在向父亲表达爱的同时，引导学生学会表达请求，但在被父母拒绝后能换位思考、理解父母，即践行爱的"to do"层次。通过打卡活动记录为父母做的事，将爱落实到日常生活中，进一步达成"to do"在层次上的拓展。Lessons 22 学生能综合运用语言表达对父母的爱，设计一封信，将爱与感激的情感落实在日常行为中，形成观念，从而达成"to be"层级。下面是分课时话题（见表 2）。

表 2　分课时话题

分课时话题	L 19 "Happy Mother's Day!"	L 20 "Thank you. You are the best!"	L 21 "I love you."	L 22 "A letter to you!"

（二）制定单元教学目标、单元作业目标，课时教学目标、课时作业目标

依据主题和分课时话题，研究团队教师开始设计单元教学目标、单元作业目标、课时教学目标、课时作业目标。先要明确教学目标和作业目标的关系。以核心素养为导向的单元作业强调目标导向，作业目标主要反映作业需要实现的功能和作用，包括学科学段作业目标、单元作业目标、课时作业目标。作业目标与教学目标相一致，保证作业内容的可理解性，避免因为作业陌生导致作业难度加大，从而加重学生的负担，也有助于促进学生在课堂上的学习。作业目标应强调巩固教学目标，比如，字、词、句的记忆默写，文章的记忆背诵，相关技能的训练等。但是以核心素养为导向的单元作业目标与教学目标，不是一个简单的从属关系，而是更强调相互促进和补充的关系。

随后，研究团队教师开始对作业目标撰写的学习和研讨。作业目标描述

要体现四个基本要素：行为主体、行为表现、行为条件和表现程度。作业目标建立了作业、教学、课程和评价四者之间的密切关系，保证了四者的整体性和协调性。依据对于以上理论的理解，我们制订了本单元的教学目标和作业目标（见表3和表4）。

表3 单元学习目标和单位作业目标

单元学习目标	单元作业目标
（1）学生能在母亲节即将到来时，选取妈妈喜欢的方式表达爱意，用将来时态句型表达将要送给妈妈的礼物及原因 （2）学生能用现在进行时描述父母和自己做的事情，从不同维度体会父母的爱，表达对父母的爱和赞美 （3）学生能用所学语言向父母提出请求；当被拒绝时，能做到换位思考、理解父母 （4）学生综合运用所学语言，以特殊信件的方式展现对父母的赞美，表达对父母的爱意，并身体力行地选择恰当的方式回馈父母，"to make Mother's Day/Father's Day everyday" （5）学生能够记忆"ou、ow"的发音规则并正确读出相关的词汇	（1）学生能够熟读、复述本课对话，通过采访妈妈，列出妈妈喜爱礼物的清单，并用语言框架"I will …, because …"阐述送给妈妈礼物的理由，进一步表达对妈妈的爱 （2）学生能够完成表白卡，从多个维度体会父母的爱，借助语言框架表达对父母的感谢和赞美 （3）学生能够在特殊情境中使用语言框架向父母提出请求，并理解父母的拒绝也是一种爱 （4）学生能够以一周爱心打卡的形式，记录自己为父母所做的事情，以力所能及的方式向父母表达爱意 （5）学生能够综合运用本单元知识，设计一封特殊的"信件"，将父母喜爱的元素加入其中，赠送给父母

表4 单元课时教学目标和课后作业目标

第1课时教学目标 "Happy Mother's Day."	第2课时教学目标 "Thank you. You're the best."	第3课时教学目标 "I love you."	第4课时教学目标 "A letter to you!"
（1）能够听懂、认读、理解、正确书写重点词组 drive us there，kiss mum 等； （2）能够在情境中运用所学功能句"Will …? Yes he/she will. No，he/she won't."谈论母亲节礼物，通过送礼表达对妈妈的爱； （3）能够了解礼物的种类，并运用"I will …, because …"的句式来表达对妈妈的爱	（1）能够听懂、会说、认读单词和词组"making a card，playing a game"等； （2）能够运用重点功能句在恰当的情境中描述与父亲正在做的事情，回忆与爸爸的点滴过往； （3）能够从三个维度体会父母的爱，表达对父母的赞美与感谢	（1）能够听懂、会说、认读单词和词组"open the gift，have some ice cream"等； （2）能够运用重点功能句在恰当的情境中向父母表达请求，并根据实际情况做出回应； （3）能够明白父母拒绝的原因，理解父母，感受"Even sometimes the parents say no，they always love us."	（1）能够在恰当的情境中综合运用本单元所学词汇、功能句； （2）能够感知、理解、学习和运用字母组合"ou, ow"在单词中的发音，并熟练朗读教师自创小韵文，表达对父母的承诺

续表

第1课时教学目标 "Happy Mother's Day."	第2课时教学目标 "Thank you. You're the best."	第3课时教学目标 "I love you."	第4课时教学目标 "A letter to you!"
课后作业目标	课后作业目标	课后作业目标	课后作业目标
（1）能听录音熟读对话或者复述对话；（2）能够采访妈妈，了解其喜好，列出"妈妈最爱礼物"清单，用两句话进一步表达对妈妈的爱；（3）能够运用查阅资料、工具书等资源的学习策略，正确书写礼物的相关词/词组	（1）能听录音熟读对话或者复述对话；（2）能够迁移至自己的生活实际，完成表白卡，并将表白卡贴在父母能看到的地方，表达对父母的赞美与感谢	（1）能听录音熟读对话或者复述对话；（2）能运用所学与同伴创编一个生活中向父母提出请求的场景对话，理解父母；（3）能设计"一周爱心打卡"计划，并在接下来的一周践行；用实际行动表达对父母的爱，在父母的反馈中感受亲情的美好	能够综合运用语言，设计创作一封特殊的信，将父母喜爱的元素加入其中，在节日来临之际表达对父母的爱

（三）依据教学目标和作业目标设定作业内容和单元整体知识框架图

研究团队教师为了体现教学目标与作业目标的一致性和互补性，特别设计了主题引领下的课前思考和课中关联活动，以及与之相匹配的课后作业，形成单元整体设计框架图（见图4）。

（四）依据单元整体设计框架图设定单元作业属性图

研究团队研讨如何依据单元作业设计的策略，设计绘制了单元作业属性图，让作业的内容形式力求科学；作业类型既有基础巩固类作业、应用实践类作业和选做的拓展型作业又有长周期作业；关注留作业的方式；关注学生的差异性；预估了学生做作业的时长。以Lesson 19课为例的单元作业属性如下（见表5）。

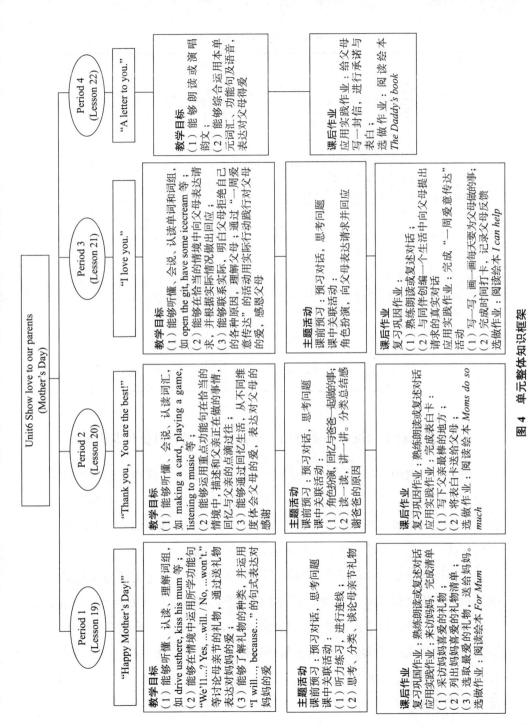

图 4 单元整体知识框架

表 5 　单元课时作业

课时作业目标	主题活动	功能	类型	完成时长	周期
（1）能听录音后熟读对话或者复述对话；（2）能够采访妈妈，了解其喜好，列出"妈妈最爱礼物"清单，用两句话进一步表达对妈妈的爱；（3）能够运用查阅资料、工具书等资源的学习策略，正确书写与礼物相关的词/词组	课前思考：Read and think 以往母亲节的活动	提取复现	交流	5 分钟	短周期
	课中活动 1：Listen and match 听录音进行连线	应用实践	理解判断	2 分钟	
	课中活动 2：Think and talk 思考和谈论礼物的种类，口头描述母亲节当天为妈妈送的礼物	迁移创新	描述	3 分钟	
	作业内容				
	课后作业 1：Read or retell the dialogue 熟练朗读或复述对话	复习巩固	基础巩固类	3 分钟	
	课后作业 2：My gifts for mum 完成"我的母亲节礼物"活动（1）采访妈妈喜爱的礼物；（2）列出妈妈喜爱的礼物清单；（3）选取最爱的礼物，送给妈妈	复习应用迁移	应用实践类	8 分钟	
	课后选做：阅读绘本 For Mom	巩固迁移	拓展类	5 分钟	

（五）依据教学目标、作业目标、作业属性，设计具体作业内容

研究团队教师设计了每一课时的学习任务单，课前、课中活动与课后作业紧密相联，突出互补性、关联性、契合性和发展性。课后作业部分分为朗读、复述类的复习巩固作业，结合实际的应用实践作业及课外绘本阅读的选做作业。一个单元学习之后，形成单元学习任务册。

学习任务单中包括激活背景知识的课前预习思考、深化主题理解的课中关联活动，以及聚焦复习巩固、拓展实践的课后作业。原因有两点：首先，于教师而言，关注教学作业并重，强调课内与课外的内在一致性，共同达成育人目标；其次，于学生而言，更易于构建进阶式的学习路径，通过课前、课中的知识留痕，无形中为学生完成课后作业形成"脚手架"。下面分课时进行具体分析。

Lesson 19 拓宽了对礼物的认知，运用所学综合表述自己将要在母亲节送给妈妈的礼物及原因。教师思考赠送礼物首先要考虑的是选择对方所喜欢的东西。那么，课上学生所表达的是否是妈妈所喜欢的呢？因此，教师在作业布置中，引导学生采访妈妈，询问她所喜爱的礼物，完成 "Mum's favourite gifts" 清单；然后，让学生在其中选择一样赠送，并表述原因。学生在这个过程中，用行动了解妈妈。遇到不会书写的礼物单词，可以查阅工具或网络资源。这样做能培养学生学习能力，使其从关注知识层面，转向能力层面。

　　Lesson 20 以 "在日常点滴中发现爱" 为主线，通过课上学习，学生运用正在进行时谈论照片中 Baobao 与父母正在做的事情；同时，从 "照顾、陪伴" 等不同维度体会父母的爱。在课后，教师引导学生迁移至自己生活，思考自己父母在上述方面的付出，向父母表达感谢与赞美，如 "You cook for me." "You read books with me." "Thank you. You are the best"，体现对所学语言的巩固与应用。在作业的第二个步骤，教师鼓励学生将完成的卡片贴在父母能看见的地方，对父母表白，感谢其辛苦付出，实现从课上的 "发现爱" 到课下的 "表达爱"。

　　Lesson 21 以 "在理解中感受爱" 为主线，学生在课上学习了如何使用 "Can I...?" 句型发出请求及回应。教师思考如何在主题意义之下，让学生在学习中产生共鸣。因此，教师创设一些孩子向父母提出请求但被拒绝的场景，比如感冒了却想吃冰淇淋、在危险地带放风筝等，旨在让学生了解父母有时候的拒绝是出于安全或健康的考量，鼓励学生进一步感受 "Even the parents say no sometimes, they always love you"。

　　课后作业中，首先，引导学生回顾自己的生活，使用语言与同伴创编一个自己生活中与父母表达请求的真实对话。随后，教师利用 "一周爱意打卡" 综合实践作业，鼓励学生在日常生活身体力行为父母做些事情，传递 "I love you"。在此作业中，学生首先使用 "I can … for Mum/Dad." 句型制订计划。随后，在接下来的一周里按照计划予以实施，完成打卡并记录父母的反馈。这份长周期的综合作业，旨在让本单元的育人目标从生活中来，再回到生活中去，实现能力向素养的转化。

Lesson 22 作为复习课，教师鼓励学生运用所学设计一封给父母独特的信，通过前课对父母的了解，用父母喜欢的元素来装扮这封信。书写不再是这份作业唯一的重点，而是在设计的巧思中体现对父母的了解和爱。

同时，教师也在细节处直指育人目标。比如，在本单元语音板块，学生在课上学习了字母组合 ou、ow 的发音。在作业中，教师将相关词汇编成一个小韵文，作为一份对父母的承诺，让孩子朗读，巩固语音，并将育人目标渗透在细微之处。

从以上课时的作业设计可以看出，课时作业也在育人目标的牵引下进阶发展。从特定节日表达爱，到生活点滴发现爱（对父母表示感谢和理解），再到日常行动践行爱，学生在完成每课时作业的过程中，不断地从不同视角感受爱的多样性。爱是了解、是感谢、是理解，也是一次次的行动。这样做实现了本单元核心素养的达成，让孩子形成爱父母的意识，to make Mother's Day/Father's Day everyday。在此过程中，素养立意为先，统领课内课外，作业助力其达成。

（六）设计与作业类型相匹配的评价工具

在作业评价设计方面，学生完成作业后，上传小程序软件，教师进行反馈评价；同时，班级内同学自选感兴趣的他人作业进行他评。在下节课开始时，教师邀请几位学生进行作业的分享，再次完成他评。

在所使用的评价标准方面，教师关注多维能力。比如，不管是在采访礼物清单，还是书写表白卡的作业上，教师不仅关注学生口语及书写的表达能力；还关注学生在此类实践作业完成过程中，是否能有意识地使用一些简单的学习策略。教师引导学生从语言表述、情感表达、学习策略三个维度进行自评、他评与师评（见表 6）。

表6 作业的评价

评价		等级		教师评语
班级： 姓名：		自评	他评	
语文表述	能够流畅、准确地介绍自己 _____（礼物清单、表白卡、一周爱意打卡计划）	☺ ☻ ☹	☺ ☻ ☹	
	能够书写工整、美观、规范、正确	☺ ☻ ☹	☺ ☻ ☹	
情感表达	能够用恰当的方式向父母表达爱意	☺ ☻ ☹	☺ ☻ ☹	
学习策略	当遇到困难时，能用一些方法或策略帮助自己（比如借助工具书或网络等形式，更好地完成作业）	☺ ☻ ☹	☺ ☻ ☹	
	当不会拼写时，能够用画画的方式来表达自己的意思	☺ ☻ ☹	☺ ☻ ☹	

三、结合教学设计验证以核心素养为导向的小学英语单元整体作业设计方案

带领团队教师进入研究方案的总结、分享和验证阶段。研究者对于阶段的研究进程和成果进行分享。研究团队教师分享4个单元的系统作业设计，三、四年级分别针对一个单元4个课时系统的教学设计和作业设计开展教研活动。先请团队4位教师分别分享单元4个课时的作业设计方案，然后再分别以现场课的形式呈现各课时的教学过程，立体展示从作业设计到课堂相关联的教学活动设计，以及作业实施后的评价过程，体现出教、学、评的一致性；同时进一步修正作业设计方案。

"双减"背景下小学语文开放性作业设计与研究

武欣悦（北京市石景山区第二实验学校）

作业设计是教师备课的重要环节之一。在小学语文教学中，作业与教学活动的各个方面有着密切的关系。它既是教师教学活动的一个重要环节，又是学生学习过程中的一个重要组成部分。而减轻学生课业负担，是全面提高小学语文教学质量的一个重要方面。习题的数量要适当，能适应不同程度的学生需要；练习要有层次，难易适度，适应学生的特点。好的作业不仅可以帮助学生巩固一堂课所要求掌握的知识，而且可以激发学生的学习兴趣，拓展知识面，点燃创造思维的火花，培养其独立分析问题和解决问题的能力。面向未来的教研组必须讲究作业设计的艺术，依据学生的心理特点，设计形式多样、内容现实有趣、富于思考和探索性的作业。

一、小学语文开放性作业设计的必要性

布置作业的目的一是，使学生通过练习掌握并加深课堂所学知识；二是，将自己所学知识应用到实际生活中。因此，作业布置在形式上应该是多样的，并且要给学生留出思考和想象的空间。

《义务教育语文课程标准（2022年版）》中明确指出："要落实学习任务群要求，致力于学生核心素养的整体提升，以及学生生活为基础，以语文实践活动为基础，以语文实践活动为主线，创设丰富多样的学习情境，设计有意义的学习任务，引导学生自主学习、主动积累和积极探究。"[1]《义务教育

---

[1] 中华人民共和国教育部.义务教育语文课程标准（2022年版）[M].北京：北京师范大学出版社，2022：52.

语文课程标准（2022 年版）》倡导如下五条课程理念："（一）立足学生核心素养发展，充分发挥语文课程育人功能；（二）构建语文学习任务群，注重课程的阶段性与发展性；（三）突出课程内容的时代性和典范性，加强课程内容整合；（四）增强课程实施的情境性和实践性，促进学习方式变革；（五）倡导课程评价的过程性和整体性，重视评价的导向作用。"❶新课标要求创新小学语文作业布置，从形式到内容，重新全面认识作业的意义。

（一）差异性作业让每个学生乐于学习

个体是具有差异性的，每个人的智力不同，不同智力的发育也不一样。学生的个体差异使学生的学习情况不一样。在传统教学中，教师设计的作业都是一样的，对成绩好的同学来说，没有挑战性；而成绩相对落后的学生又不会，会打击他们的学习兴趣。因此，在设计作业时应该根据每个学生的实际情况，让他们感觉作业既不太难也不太容易，使学生能在作业中取得成功，在轻松的环境中学习。

（二）开放性作业让学习不仅仅是课桌上的事

很长时间里，小学语文作业把学生禁锢在课桌上，仅仅是用一支笔、一张纸就可以完成作业。而开放性作业让学生走进生活当中，通过亲身体验，收集资料、数据完成作业，有时候还需要与同学或者与家长一起合作。这样既为枯燥的语文增添色彩，又增强了学生的实际感受。语文本来就是语言教学，来源于生活，也应回归生活，要将学校内容融入具体的生活场景当中，在多姿多彩的生活中促进学生的语文学习，激发学生的学习兴趣与创新意识。例如，在写日记时，以往学生都是像记录流水账一样，教师可以设计"让学生观察上学路上发生的事"这样的开放性的作业，从而培养学生的写作能力。

---

❶ 中华人民共和国教育部 . 义务教育语文课程标准（2022 年版）[M]. 北京 : 北京师范大学出版社，2022 : 2-3

二、多种方式让学生完成开放性作业

很长时间,人们常常把作业的目的锁定在"知识巩固"和"技能强化"上,导致大部分的作业都走入了机械性、反复性,甚至是单调性的误区。虽然小部分的机械性作业可以锻炼学生的耐性,但小学语文要培养的是听、说、读、写四方面能力,因此单一的作业并不能满足学生的素质教育要求。而且,长此以往的单调性抄写,也使一些学生失去对学习的兴趣。《义务教育语文课程标准(2022年版)》中作业评价建议:作业评价是过程性评价的重要组成部分,作业设计是作业评价的关键。随着学段升高,作业设计要在识记、理解和应用的基础上加强综合性、探究性和开放性,为学生发挥创造力提供空间。❶

新课程理念下,如何改变语文作业设计,使语文作业具有真正的实效性?答案无疑是"兴趣"。"兴趣是最好的老师"。开放性语文作业最重要的方式就是让学生自己动手来完成作业。在动手操作的过程中,开放性作业会调动很多感官,必然能使学生对所学知识有更加深刻的认识和理解。让学生完成画一画类的作业,不仅可以训练学生的绘画能力,还可以训练学生用绘画表达自己思想的能力。因此,开放性作业的设计研究,既可以满足应试的需要,又可以提高学生自身的语文素养及创新思维。

开放性作业不是简单地让学生选择作业,答案不是单一的,形式应该多种多样,不仅是课堂教学的延伸,还可以让学生体验生活。开放性作业根据教学内容,找到教学和生活的结合点,注重学生智商、情商的培养,在作业形式及内容上革新。在设计开放性作业时,可划分短期作业、长期作业及实践作业。短期作业就是平时的家庭作业,是课堂教学内容的巩固、拓展。长期作业主要目的是培养学生自主学习能力,需要老师引导。而实践作业可以是表演式、操作式作业,充分发挥学生的创新及合作能力。开放性作业设计不仅在形式上多样,还注重内容综合、知识综合及能力综合,使学生全面发展。

---

❶ 中华人民共和国教育部.义务教育语文课程标准(2022年版)[M].北京:北京师范大学出版社,2022:48.

（一）设计动手类作业，培养学生创造力

《义务教育语文课程标准（2022年版）》中明确指出：要适应学生的认知特点和身心发展水平，密切联系学生的经验世界和想象世界；有助于激发学生学习兴趣，培养创新精神，发展实践能力，形成健全人格。❶

设计这种开放性作业时教师可以规定学生以自制小报的形式提交作业，由学生自己设计版块，搭配图片。

1. 制作竹节人指南

在部编版《语文》（六年级上册）"竹节人"一课中，要求根据阅读目的，采用不同的阅读方法。其中的一个任务是，写玩具制作指南，并教别人玩这种玩具。教师可根据课上所学知识，给学生布置开放性作业：自己动手画出制作指南，让大家清晰地看到竹节人是如何制作的，并且邀请自己的家人一起尝试制作竹节人。这种作业锻炼的是一种综合能力，学生在做作业的过程中又写、又画、又读书、又设计、又思考，是一个锻炼学生综合能力的过程（见图1）。

2. 绘制思维导图

在部编版《语文》（六年级上册）"盼"一课中，课后题：默读课文，想想课文是通过哪些事例来写"盼"的。像这类作业，常用的是让学生用一段话写在作文纸上。教师可以鼓励学生创新，借助思维导图的方式，梳理文章思路。

3. 绘制宣传海报

部编版《语文》（六年级上册）第五单元人文素养是保护地球、爱

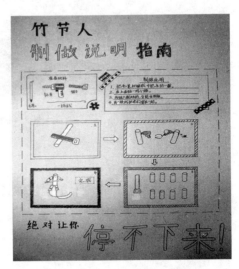

图1 竹节人玩法制作说明指南

---

❶ 中华人民共和国教育部. 义务教育语文课程标准（2022年版）[M]. 北京：北京师范大学出版社，2022：52.

护环境。在"只有一个地球"一课的课后题中，教师让学生自己设计保护环境或节约资源的宣传语，让学生设计宣传海报。海报上既有宣传语，达到了学习目的，又增强了学生自己对于如何保护环境的理解（见图2）。

图2 保护地球

4. 古诗词配图

我国古代就有诗情画意的说法。诗画结合对于学生理解古诗词也有促进作用。古诗词具有想象美，给人想象的空间。因此，在六年级上册《古诗三首》的课后作业中，可以让学生自己结合古诗意境，给古诗配图。

（二）设计表演类作业，有效培养学生的表达能力

教育心理学研究表明，表演方式学习更能引起学生的学习兴趣，学习效果很好。小学的很多课文都是故事性强、声情并茂的文章，适合学生表演。

用灵活的表演形式有助于学生理解抽象的课文，化难为易，从而使课文重难点突出，理解到位。将演绎、游戏纳入语文作业，自然出乎学生的意料。教师要抓住学生的学习兴趣，设计演绎类作业、游戏类作业，促使学生充满激情地参与训练过程。让学生创编演绎课本，可以给学生带来多种感官刺激，提升学生的参与热情。例如，在学习《急性子顾客与慢性子裁缝》这篇课文时，先引导学生梳理文本内容，对其中的故事情节和人物特点进行重点分析，然后给学生布置作业任务：以小组为单位进行课堂演绎活动。小组要做好角色分工，整理相关台词，凸显主要人物的性格特点。学生接到这个作业后，展开细致的阅读和分析，重点研讨作品人物，找到课堂演绎脚本创编的启动点。

（三）设计阅读分享，变被动阅读为主动阅读

《义务教育语文课程标准（2022年版）》指出："要把整本书阅读作为教材的重要有机组成部分，精选兼具思想性、艺术性和学段适应性的典范作品，以整本书阅读兴趣、阅读习惯的培养为基础，让学生逐渐建构不同类型整本书阅读经验；教材要组织和选取原著部分文本和辅助性阅读材料，创设综合型、阶梯式的学习问题和交流活动，提高学生理解和评价能力。其他学习任务群阅读材料的选择也要适当兼顾整本书。"❶这就要求学生在读中静心，在读中体验，在读中享受，在读中提升。读书能让学生开阔视野，陶冶情操，积累语言。

积极开展"读书交流会"就是一个不错的选择。让学生选择自己喜爱的文学作品，可以是课文、订阅的读物，也可以是文学名著，如《海底两万里》《爱的教育》《昆虫记》《童年》等。每周都要布置阅读任务，之后按自己喜欢的方式进行阅读，摘抄评论，最后开展"读书交流会"，全班学生进行读书心得交流。这样的作业设计主要是让学生学会自主学习，主动走进阅读，变被动阅读为主动阅读。

❶ 中华人民共和国教育部.义务教育语文课程标准（2022年版）[M].北京：北京师范大学出版社，2022：53.

三、遵循一定原则，提高开放性作业的质量

（一）"趣"字当头

开放性作业的形式有很多，需要继续研究和尝试。语文创新性作业设计的方法有"法"，但无定"法"。在设计开放性作业时，要遵循学生的身心特点，努力挖掘出创意作业的设计方法，并积极引导学生掌握这些方法。只有激发学生的学习兴趣，引导他们关注生活，让学生在生活中运用到语文知识，综合能力才会提高。语文教师只有积极改变语文作业观，优化作业设计，语文教学课堂才会更加高效，学生在做作业时，才会有愉快的体验，从而提高作业质量。

（二）注重实践性

无论是哪种作业设计，最终都是为了让学生学有所用，将书本中获得的间接经验与实践相结合，将书本中的理论应用到实践之中。

"双减"背景下小学科学探究性作业设计、实施与评价研究

李梦（北京市石景山区电厂路小学）

一、问题提出

中共中央办公厅、国务院办公厅印发《关于深化教育体制机制改革的意见》（以下简称《意见》）❶指出，要完善义务教育均衡优质发展的体制机制；强调要建立以学生发展为本的新型教学关系；改进教学方式和学习方式，变革教学组织形式，创新教学手段，改革学生评价方式；要切实减轻学生过重课外负担；提高课堂教学质量，严格按照课程标准开展教学，合理设计学生作业内容与时间，提高作业的有效性。

在现实的小学科学教学中，作业的数量激增不说，形式也多集中在书面上，探究实践性作业较少，给学生带来作业的枯燥和乏味感同时，也大大降低了完成作业的效率和质量。小学科学课程应倡导让学生亲身经历以探究活动为主的学习活动。为了更好地贯彻落实"双减"政策，切实减轻学生过量作业的负担，小学科学教师要根据学段、学科特点及学生实际需要和完成能力，鼓励布置分层作业、弹性作业和个性化作业，科学设计探究性作业和实践性作业，探索跨学科综合性作业。在"双减"政策实施的背景下，小学科学教研组可以开展探究性作业，重视对学生作业过程自主探究能力、思维品质和个性的培养，力求作业设计多样化。

---

❶ 中共中央办公厅、国务院办公厅.关于深化教育体制改革的意见 [EB/OL].（2017-09-24）[2022-7-31]. http：//www.gov.cn/xinwen/2017-09/24/content_5227267.htm.

二、小学科学探究性作业的概念与特征

探究性作业是以课堂教学内容为基础，以日常实际问题为载体，通过学习小组的合作，对问题进行探索与研究，形成书面报告的一种长期的作业类型。探究性作业与传统的作业相比有探究性、开放性、整合性的特点。探究性作业下学生的学习目标有很大的改变，学生不必死记硬背结论性知识，拥有更多富有生活气息、富有挑战意味的作业形式。探究性作业不仅是学生检验自己学习效果的一种方式，而且是学生展示自我、自由发展、不断成长的舞台。探究性作业为学生提供了在真实任务和复杂情境中解决问题的机会，它以学生从课堂中获取的已有发展水平和可能的发展为基础，让学生在动手动脑中学习，在生活实践中学习。

三、小学科学探究性作业设计的原则与内容

（一）小学科学探究性作业的设计原则

1. 设计小学科学探究性作业要遵循"标准"

"标准"即小学科学新课程标准、小学科学教材。教师只有以此为准则，对此了然于心，才能在设计作业时，以学生的发展为目的，把握方向，突出检查、巩固、拓展的功能，使学生能通过各种有效的途径，完成作业，提升能力。

2. 设计小学科学探究性作业要"多角度"

"多角度"就是要求设计作业时从不同方面进行，如可以从调查型、实验探究型、操作型、趣味型作业等角度进行设计，也可以设计具有时代意义的、社会热点问题等类型的作业，防止学生作业机械模仿，随便应付。要着眼于提高学生的学习质量，拓宽学生的视野，培养学生探究能力。

3. 设计小学科学探究性作业要有"梯度"

作业设计不能过难，也不能太容易。这就要求在设计作业时充分考虑学

生的已有知识储备和能力水平，使作业内容让大部分学生"跳一跳，就能摘到"，从而不断促进学生思维、智力、兴趣等方面的发展。否则，学生会从失败中失去信心，失去完成作业的动力。

（二）小学科学探究性作业的设计内容

在小学科学教学中，适合学生自主探索的探究性作业类型非常多，教师在实践中应该结合具体的科学教学内容并根据小学生的操作实践能力进行设计。同时，教师对探究性作业内容设计的方式和方法要改革，注重多样化、个性化、思维化、生活化。科学探究性作业的设计内容以课本为载体，内容上与学生生活息息相关。探究性作业按功能不同，可在作业内容上分为观察实验类、设计制作类、种植饲养类、时空观测类和资料收集类。

1. 观察实验类

科学实验是进行科学探究的主要方式，引导学生将观察到的实验现象与所学的科学内容进行联系。

2. 设计制作类

设计制作是指学生运用各种适合的工具、工艺，设计、动手操作，将自己的创意或方案付诸实践，并转化成物品或作品的过程。

3. 种植饲养类

种植和饲养活动是小学生乐于参与的一项活动，科学课应该提供机会，让他们从事力所能及的种植和饲养活动，从中获得直接感知和技能、乐趣方面的发展。

4. 时空观测类

观测作业一般都是长周期的任务，要让学生回归生活对自然现象进行观察记录。教师在布置此类作业的时候，要充分利用现有信息媒体，保证观测的连续性。

5. 资料收集类

学生在课外时间收集信息、整理资料，通过阅读有关的文件、报刊、杂志、图书和资料等，从中筛选、获取所需信息，并将其记录在笔记本上。

四、小学科学探究性作业实施的策略

（一）激发学生探究兴趣，开展自主探究活动

小学生的好奇心很强，教师在课堂教学中应该充分利用这一特点，调动学生探索科学知识的兴趣。兴趣是最好的老师，在课外探究中，学生必然会遇到诸多困难，而只有在兴趣的引导下，学生才能够形成良好的心理素质，跨越障碍，理解科学探索的价值。课堂教学与课下探索是相辅相成的，在实践中，教师应该根据具体的教学内容精心诱导，为学生的课后探索做好铺垫，以调动学生学习的积极性。

例如，在湘科版《科学》（四年级下册）"动物的一生"单元学习中，教师可以利用图片、文字为学生讲述蚕在不同时期的生理特点和基本习性，也可以利用纪录片增强科学知识的生动性。养蚕属于典型的中长期科学探究作业，从蚕卵的孵化一直到结茧需要一个多月的时间。对学生来说，饲养蚕也有一定的难度，所以先要对学生如何饲养蚕进行指导，再辅以写观察日记等方法培养学生养蚕的兴趣。

（二）以学生发展为主体，分层布置探究作业

探究性作业题型多样，内容形式丰富，给学生自我选择的余地和更大的发展空间，能满足不同类型、不同层次的学生需求。学生自主设计活动方案，选择活动伙伴，充分发展自己独立思考、独立探究、独立创造的能力。在这些过程中形成的能力，又将提升学生的课堂学习效果。

探究性作业在内容设计上紧扣教材，作业难度根据学生探究水平设计，不让学生在心理上望而却步。有的探究性作业可以进行分层设计，以适应不同学生的能力水平。例如，湘科版《科学》（四年级下册）"电"单元的探

究性作业，就是进行分层设计，学生可以根据自己的水平选择点亮两盏灯或三盏灯的电路进行制作（见表1）。

表1 《房屋照明电路》作业设计

一、作业内容
制作《房屋照明电路》，用鞋盒设计一幢有房间的屋子，用配套材料袋中的电路材料，在每个屋子中安装电灯，自制小开关，小开关能分别控制各盏灯
1. 只有两盏灯的
2. 有三盏灯的
二、提示：制作之前，先画出电路图
1. 以上两项制作可以任选一个，高水平的同学可以选接亮三盏灯
2. 有困难可以向同学或家长寻求帮助，但必须亲自动手参与制作

（三）结合生活实际，拓展学生科学视野

科学课堂受时间、空间的限制，难以完全满足学生探究的需要，难以照顾到每个学生的个性要求，难以综合运用科学知识和方法解决更多的实际问题。探究性作业让学生在课后有充足的、自由的时间开展自主探究，将书本上的知识活学活用在生活实际中，进一步拓宽教材范围，开阔学生的科学视野，激发学生的科学兴趣。

例如，湘科版《科学》（三年级下册）"天气观测"单元，就是让学生坚持观察一个月的天气情况，并进行天气信息的汇总，制作天气观测日历（见表2）。

表2 《天气观测日历》作业记录表

星期一 日期：	星期二 日期：	星期三 日期：	星期四 日期：	星期五 日期：	星期六 日期：	星期日 日期：	周统计
云量： 气温： 风向： 降水：	云量： 气温： 风向： 降水：	云量： 气温： 风向： 降水：	云量： 气温： 风向： 降水：	云量： 气温： 风向： 降水：	云量： 气温： 风向： 降水：	云量： 气温： 风向： 降水：	降水量（ ） 晴（ ）天 阴（ ）天 多云（ ）天 其他（ ）天
……							
月统计	（1）气温：圈出最高气温和最低气温；平均气温是（ ） （2）天气状况：晴天（ ）天，阴天（ ）天，多云天（ ）天，其他（ ）天 （3）出现过哪些类型的云？（在□打√）积云□ 层云□ 卷云□ （4）月降水量共（ ）						

五、小学科学探究性作业评价的策略

（一）积分式评价

教师将科学实践作业按完成的及时性、作业质量进行评分，并纳入小学科学学业水平评价和学校综合素质评价中。学生在获得实践成功的同时，增加对作业的成就感，也让学生对每一次作业充满期待。

（二）展示式评价

通过展示实践作业的优秀作品达到激励学生的目的。教师将学生的作品或作品照、记录表、日记等在学校宣传栏、楼道、班级展板内进行展示，同时附上展示学生的照片，让全校师生都来欣赏他们的实践成果，增加学生的自信心和自豪感。

（三）比赛式评价

为了保证实践作业的成效，使大多数学生都能坚持完成实践作业，教师将部分实践作业，如将《种植日记》、制作叶画、制作水火箭等列入学校科技节活动的比赛内容之一，通过比赛激发学生完成作业的兴趣，保证学生高水平地完成作业。

六、小学科学探究性作业的反思

（一）开展合作式的探究性作业

教师可以本着"组内异质、组间同质"的原则对学生进行分组，一般为4人一组，以学生自由搭配为宜。学生以小组为单位，在真实场景中完成有挑战、有意义、有趣味的探究性作业，增强学生的合作意识。

（二）开展自主性的探究性作业

教师布置探究性作业时可以发挥学生的自主性。教师应结合具体的教学内容，恰当地让学生提出探究性问题并尝试解决问题，让"问题来自学生"，能进一步激活学生的思维，帮助学生形成良好的科学素养。

（三）开展跨学科的探究性作业

跨学科作业是对学习资源的一种重新整合，有利于拓展学生的思维、视野，淡化学科界限，灵活运用知识。教师可以结合教材内容和学科特点，设计跨学科的探究性作业，打通学生学习的思维，促进学生全面发展。

小学科学教学中开展科学探究性作业还在探索中。在今后的教学中，教师会更加重视在作业设计中体现出学生的思维探究性，激发学生的作业完成兴趣，彰显作业的趣味性和多样性，提高小学生的课后学习效率和质量，让"双减"政策落到实处。

"双减"背景下初中物理巩固类作业设计的策略研究

王巍巍（北方工业大学附属学校）

乔英磊（北京景山学校远洋分校）

作业的本义是做或从事某项工作、任务或活动。自文艺复兴以来，"作业"这一概念逐步扩展至教育领域，作业的内涵和功能也不断发展，在不同的历史阶段人们对其有不同的认识和实践。赫尔巴特认为，作业是学生学习、练习和巩固教材知识的重要手段，往往以阅读和书写等方式表现出来。学生通过这些方式，以便记住并熟练应用书本知识。凯洛夫在此基础上进一步发展了赫尔巴特的教学思想，建构了"课堂教学五步法"，即组织"教学—复习提问—讲授新课—巩固小结—布置作业"，使作业正式成为课堂教学的一部分。凯洛夫还将作业分为课堂作业和家庭作业，家庭作业主要是学生通过阅读教科书和完成各种练习来巩固所学知识、技能和技巧。因此，作业进一步被固化为学生个体巩固课堂知识和完善技能、技巧的重要载体。自2001年新课程改革开始，我国大量借鉴了以杜威为代表的活动教学思想，并由此开展了近20年的探索。但从实践层面看，目前的教学活动是一种以凯洛夫教育体系为基础，融合了杜威活动教学思想的混合式教学，无论是教材、教学，还是考试，主要是以知识为线索组织编排，而不是以活动为线索组织编排。在这种混合式教学的情况下，巩固学生所学习的知识、方法和技能就成为教学的刚性需求，布置巩固类作业成为教师的自然选择。因此，教师如何设计巩固类作业，克服以往巩固类作业的弊端，协调好巩固类作业与其他类作业的关系具有重要的现实意义。因此，在"双减"背景下，教研组需要针对学情对作业内容、作业形式等进行优化改进，以学生的需求为出发点，以减轻学生负担、增多学生自主学习时间为基础条件，展开巩固类作业的设计与实施工作，提高巩固类作业的多样性的有效性，真正为学生的知识巩固、能力发展提供动力。

一、加强落实"双减"精神，分析作业设计问题

一方面，教师要深入学习"双减"文件。"双减"文件中明确指出，初中阶段学生书面作业完成时间应控制在九十分钟内，能够对作业内容、形式进行改进，提高作业质量，达到减轻学生负担的效果，同时为学生提供更多可自主支配的时间。另一方面，教师需要对现阶段巩固类作业的设计问题进行分析反思，从问题出发才能更好地优化作业。通过前期对教师和学生的问卷分析发现，本校教师的作业设计存在以下问题：①作业重复单一。从作业的表现形式看，巩固类作业绝大多数是机械性、重复性的纸笔作业，很少有观察、实验、制作等活动类的作业，也缺少阅读类的作业。学生做这种巩固类作业的实质就是反复操练，由此获得的知识和经验单一贫乏，不符合初中学生富有想象力、思维活跃、探究欲强的年龄特点。②作业缺少层次性。因为已取消分层分班，采取平行分班的方式，故班级学生能力、认知等方面存在一定差距。巩固类作业布置设计时应考虑学生的个体差异情况，教师在作业设计时忽略学生的实际情况，作业内容较为固定，无法满足不同层次学生的发展需求。③作业缺少评价。目前，教师对作业的评价基本以批改为主，学生根据对错情况了解自己对知识的掌握情况。这种方式没有让学生参与作业评价，不利于学生自我反思，无法为教师的教学改进、作业优化提供有力依据。

二、掌握班级学生情况，明确作业布置目的

首先，教师应了解学情，合理分层，在观察、整合、分析后，对学生的学业水平进行能力评估分层。教师还要对学生的能力水平进行了解，并将班级学生合理分层；同时，多与学生进行有效的沟通，了解学生对作业

的想法、建议，以及喜欢的作业形式、作业操作类型等，真正获取学生的实际需求。这样才能在"双减"背景下，从学生的立场出发，设计满足学生需求的巩固类作业。其次，教师需要明确作业布置目的，为后续作业的优化设计和有效实施提供基础支撑。巩固类作业主要以巩固学生知识技能为主，是目前物理教学中最常见的作业方式。但基于素质教育要求，还应提高作业的实效性和全面性，能够通过作业设计实施促进学生思维发展、核心素养提升，可自主建构完善的知识体系。以初三物理《家庭电路》的课后巩固作业布置为例，设计三层巩固类作业。第一层作业是作一个安全用电的宣传者。要求：①向你的家人讲述一下家庭电路的组成和作用。②讲解一下家庭电路中灯泡不亮可能的原因和短路的危害。③讲解如何节约用电、安全用电等知识。这是最基础的作业，供基础能力较弱的学生选择，可以使学生获得成就感，同时极大地鼓励学生学习的积极性。第二层作业为复习教材内容。根据自己的理解，用图文并茂的方式梳理本节知识，使知识系统化、网络化，并尽可能地提出新问题。布置这类作业的目的是为了培养和提高学生学习新知识的能力，达到熟悉、巩固知识和技能的基本要求。第三层作业为在家人的指导下进行观察。①观察家庭电路的连接情况，找出家中电路与教材中不同的地方或教材中没有提到的细节问题。②仔细观察电能表，查阅电能表的使用说明书。对比学过的电能表有哪些新的发现。③仔细观察保险装置。保险装置是如何做到保护家庭电路的。④分析一下家用电器的连接情况，结合前面学习的欧姆定律简述家庭电路为什么这样连接。布置这种作业的目的是让学生把自己学到的知识应用于观察，在观察中理解知识、拓展知识，在观察中发现问题、发现自己的不足，从而提高学生的学习兴趣和动力。第四层作业为以小组探究与合作的形式，利用书刊网络等查阅因家电引起事故的原因，以小组形式去观察、调查，讨论石景山区阜石路附近的高压输电线路设计。如何做才能减少高压输电的损耗？通过上述活动写一篇小论文或感想。这种作业主要针对那些自主学习能力强的学生。作业可以弥补课堂的局限性，开拓教学时空，在探究过程中使学生体验发现真理的乐趣，学习到研究物理学科问题的方法，使学生从单一、被动的学习转变为合作主动的学习，也使学生了解物理与现实社会的知识，增强社会责任感，提高学科素养。

三、优化设计巩固类作业，注重物理作业评价

针对物理巩固类作业的设计与实施，教师主要需加强对以下几方面的重视，做好相应的优化改进工作，以更好地落实"双减"政策，推动学生全面发展。

（一）分层巩固作业内容

巩固类作业在内容方面缺少层次性，没有从整体上按照知识、方法和内在的逻辑线索进行设计。作业涉及的知识内容混乱无序，作业之间缺少内在的联系，没有合理的思维线索。教师直接将中考试题、模拟试题作为学生的作业，而不加以任何改编，极易导致以上问题，如以下作业题。

【例】踢毽子是一项集健身、娱乐和表演于一体的活动，拥有非常广泛的群众基础，若不计空气阻力，下列说法中正确的是：

A. 毽子向上运动时速度变小，它的动能在增大

B. 毽子向上运动时速度变小，是把势能转化成了动能

C. 被踢出去的毽子能继续向上运动，是因为毽子有惯性

D. 毽子向上运动时速度变小，是因为毽子受到向上的力越来越小

本作业题涉及的内容多，需要学生掌握的知识也多，难以与学生在一节课中所学的知识相匹配。因此，此类作业作为新授课的巩固作业显然不合适，无法发挥巩固类作业的作用。而且，此题没有合理的铺垫、合理的思维线索，难以展现学生的思维过程。相反，可以设计这样的作业：例如，在《密度》一课知识内容学习后，为考察学生对天平、量筒等工具的运用能力，是否能够正确测量密度参数，教师可根据班级学生的能力情况设计分层性作业。

初级层次主要为使用天平测量固体、液体质量;使用量筒测量固体、液体体积。中级层次主要为依据相应的实验要求、数据条件等,完成天平或量筒的固体及液体密度测量作业。高级层次主要为学生自主完成天平或量筒的固体及液体密度测量,自主叙述测量具体步骤及过程,并能够对实验过程及结果进行评估。按学生的能力及实际情况要求其完成不同层次的作业内容,这种作业不但从不同层次学生需求角度分析,还考虑到学生现有知识能力水平的差异;既可以发挥作业的巩固作用,又可以激起学生的成就感,使学生对学习充满信心。

(二)丰富巩固作业形式

根据"双减"政策的要求,教师应利用课堂时间促进学生完成书面作业,课后尽量减少书面作业量,给予学生更多自主发挥及支配空间。教师可根据所学知识内容布置观察类作业。例如,在学习《家庭电路》这一课前布置观察类作业:①观察家庭电路的组成。②各用电器之间的关系。教师还可以布置自主操作类作业、小组合作探究类作业。例如,学习完《速度》后布置作业:①利用周末小组合作完成登山速度的测量。②骑行速度的测量。这样可以提高巩固类作业的实践性,满足学生的多样化需求。例如,学习完《电流及电路》一课知识后,可以要求学生以小组为单位完成电路连接操作作业,还可以让学生设计个性电路,跟同学交流并在后续实验中去操作验证等。这样可以逐步实现巩固类作业的多样化,更好地满足不同学生学习多样化的需求。

(三)多角度巩固作业评价

作业设计实施后,应完成相应的评价工作。传统作业评价强调和追求学业成绩的精确化和客观化,忽视学生的主体性和能动性,以及参与评价的主体性。新课程标准的实施使评价主体也发生了巨大的变化。我们在作业批改中,分为优、良、合格、不合格四等,由学生本人、同学、家长和教师多方参与,综合评价。在评价中,既要评价结果,又要评价过程。①教师评价。教师的每一次作业批改，都应当及时抓住学生的思想动态，主动介入其学习生活乃至心灵世界；在传授知识的同时，教师应教育学生热爱生活，鼓励学生勤奋学习，解答学生的困惑，指导学生走出挫折，为学生提出合理建议，分享学生的成功快乐等，潜移默化地引导学生学会生活、学会做人。这样以来，做作业和批作业就会成为一种人文活动，成为一种师生共同进行学识交流、情感沟通、志趣相融、教学相长的发展过程。在这里，学生和教师之间是默契的，是最真诚的朋友和伙伴；在这里，学生感受到教师的才华、学识、风度和修养，体验到民主的氛围、平等的交往、纯真的情趣和进步的快乐，极大地促进学生心智发展和人格完善。普通的作业活动也能成为学生人文素养形成的重要方式。②学生评价。除了教师评价作业，还可以采取小组评价、同桌互评等多种形式。在评价中让学生发现别人的优点，找出自己的不足，从而取长补短。③家长评价。与家长取得联系，让家长通过写评语参与评价中来，对学生在家中、社会上的表现作出一个正确的评价。④自我评价。教师不仅要做好自身对学生的评价，还要帮助学生学会做自我评价，使自己从讲台上的传授者转变为学生学习的促进者；使评价过程成为促进学生反思、加强评价与教学相结合的过程，成为学生自我认识、自我评价、自我激励、自我调整等自我教育能力不断提高的过程，成为学生与人合作的意识和技能不断增强的过程。总之，通过主体评价与客体评价有机结合，实现评价多元化、民主化、多层次化，可以让学生在一个充满自信的生长环境中得到可持续性发展。

综上所述，教师应当充分了解目前作业存在的主要问题及成因，充分领会"双减"政策和新课程标准的要求，学习各种类型的作业和设计策略，充分掌握学校、班级学生的实际情况，通过实践提高各类作业设计能力和策略研究，切实发挥作业的提质增效作用。这对于一线教师是一项长期而艰巨的任务。

"双减"背景下初中物理学科建构类作业设计研究

毕媛媛（北京市同文中学）

马宁（北京市同文中学）

"双减"政策作业量和作业时长的压减，要求教师提高作业设计的质量。目前一些作业成了学生的负担、教师的困惑。一些学校的作业数量过多、质量不高、功能异化，既达不到温故知新的效果，又占用了学生大量时间。基于这样的现状，"双减"政策指出，作业布置要更加科学合理，针对物理学科，教研组应设计体现整体性、关联性和发展性，以及促进核心素养综合表现的建构类作业，运用建构主义知识观和学习观中合理的、系统的、有效的成分，引导学生在完成作业的同时，实现思维发展，挖掘学习潜力，促进自主学习。

建构主义认为前人积累下来的科学知识，包括物理学的基本规律、原理和理论等，是科学家群体经过社会性建构的结果，因此学生学习科学知识也要经过一个自我建构的过程。也就是说，学习是学习者主动建构知识的过程。这体现在两个方面：一是对新信息的理解是通过运用已有经验超越所提供的新信息而建构成的；二是从记忆系统中所提取的信息本身也要根据具体情况进行建构，而不是简单提取。

一、当前物理学科作业存在的问题

目前一些作业缺乏系统的设计，内容散乱无序，没有按照知识进阶的逻辑线索呈现，导致作业内容之间缺少内在联系，缺少必要铺垫，没有合理的思维线索，使学生无法梳理思维过程。

（一）忽视学生新知识学习与已有经验之间的联系

教师在设计作业过程中主要关注知识本身，关注知识的定义是什么、公式是什么，而忽视影响学生概念形成的主要因素，如学生的已有经验中哪些与知识一致，哪些不一致甚至矛盾。这些都深刻地影响着学生对知识的理解程度。这些因素如果不体现在作业中，就很难促进学生的思维发展。

（二）难以呈现知识系统的科学性

教师如果没有从知识体系的角度审视作业的科学性，而是在作业中孤立割裂地呈现知识碎片，就会导致学生无法抓住其本质，对学生的后续学习起到阻碍作用。

（三）无视知识的发展变化特点

教师在作业中将知识理解成静态的、固定不变的客观存在，将知识从具体的情境中隔离出来，抽象地讨论和解释，忽视其发展的来龙去脉，不利于学生形成阶段性的、动态的思维链。

二、物理学科建构类作业的设计要点

建构主义理论的主要观点包括知识观、学习观和教学观。建构类作业是依据建构主义理论进行作业设计，重点体现加强对知识赖以生存的情境、实际及知识间相互关系的设计，唤醒学生的有利经验，暴露学生的不一致经验，帮助学生实现同化和顺应，不断深化对知识的理解。

（一）要致力于建立联系

1. 建立知识与情境的联系

教师脱离情境，仅凭抽象的语言描述，导致学生难以建构出知识的本质特征，从而产生各种误区。因此，设计这类作业的主要目的在于，教师通过创设包含知识赖以产生和发展的情境，为学生建构过程提供关键的经验支持，帮助学生建构知识的本质特征。比如，利用镊子、撬棍的使用体会分析杠杆的特点。

2. 建立知识与实际的联系

物理概念是对事物本质特征的反映，是在大量的自然现象和实例的基础上加以抽象、概括而成，常常用语言文字表述。如果缺乏大量实例的支持，学生对概念内涵的理解就容易出现偏差并进入误区，从而难以分辨概念的外延。因此，教师应设计适当的任务和问题，建立概念与自然现象、生活生产实际之间的联系。设计这类作业的主要目的在于，引导学生建立概念与自然现象、生活生产实际之间的联系，从概念的内涵和外延两个方面深化学生对概念的理解。比如，在学习《质量和密度》时，让学生观察生活中的一些日常用品，了解它们分别应用了物质的哪些物理属性。体育竞赛中的铅球是用密度较大的材料制成，而影视拍摄时的道具是用密度小的泡沫制成。

3. 建立知识与知识的联系

物理学知识是一个自洽的、相互联系的有机体系。学生倘若脱离物理学知识体系，只是孤立地学习单个的内容，即便是深入学习，也很难深化对知识的理解。因此，设计这类作业的主要目的在于，教师通过创设适当的任务和问题，引导学生建立知识之间的联系，从知识的逻辑关系及更广的视野深化学生对它的理解。教师在设计此类建构作业时，要采用循序渐进的方式逐步扩大作业的综合和开放程度。在初始阶段，教师务必要做好铺垫和示范，将知识之间的主要逻辑关系呈现出来，如用分子动理论解释物态变化的特点。

（二）要致力于促进思维发展

教育活动是否能促进学生思维能力的发展，促进思维的有序提升，是审视当下课堂教学、学生活动、作业水平的重要标准之一。其中最关键的问题是如何促进思维进阶。建构类作业设计就是要在作业层面，构建思维发展的路径，促使学生的思维发展过程可视化，从而推动思维提升。

1. 明确学生的认知规律

在教学中，实施遵循学生认知规律的教学活动是对学生最大的尊重，这应该成为教师在工作中重要的价值取向。只有按照认知规律进行教学才能达到预期的目标。通过初步的研究认为，学生的认知发展规律主要有以下四条。

第一条：学生的知识是通过主体活动建构的，而认知活动是与情感、意志、心理等活动相互促进、协同发展的。

第二条：学生的认知活动总是遵循从具体到抽象再到具体的顺序，螺旋式上升。

第三条：学生自身的认知结构是继续学习活动的出发点与归宿。

第四条：学生的认知发展是稳定性与可变性、阶段性与连续性、量变与质变的辩证统一。

因此，在设计建构类作业时，也一定要遵循学生的认知规律，激活主体意识，最大限度调动思维的主动性、积极性与创造性，引导学生充分理解知识的发生发展过程，在思维上有质的提升。

2. 体现科学的探究过程

科学探究是指人们通过一定的过程和方法对客观事物和现象进行探究。任何一个科学探究活动必定由几个基本步骤组成，如猜想、设计实验方案、实施实验、数据记录、结论总结、交流评估等。在物理的作业的设计中，教师也应受此启发，在作业中体现出对相关知识进行科学探究的过程，充分呈现知识间的联系，引导学生一步步思考、分析、体验科学过程的同时，形成一定的科学观念。

3. 促进学生的思维发展

思维能力是各项能力的基础，是关键能力的核心。思维能力的发展会带动关键能力的提升，促进核心素养的提高。促进学生思维的发展是我国教育变革的主题，着力推进思维进阶教学的研究对于教育改革深入发展具有重要的意义和价值。

促进发展就是要为学生搭建合适的高度，让每个学生都能够攀上自己的高峰。学生个体的思维水平存在差异，通过学习能够使现有的思维水平进行高一层级的提升。布鲁姆将认知思维过程分成七种层级，即记忆、理解、应用、分析、综合和创造。前三个层级被划分为低阶思维，后三个层级被划分为高阶思维，由低阶思维走向高阶思维就是思维发展的表现。

在建构类作业的设计中，应在每一个部分中都体现思维的逐层递进。既要具备基于课程标准和学情设计问题引领，又要具备展现思维进阶的分析过程，还要有恰当设定所谓的"阶"，以此来考量、矫正学生的思维成果。

三、初中物理学科建构类作业设计实例

依据以上建构类作业的设计原则，我们对原有的作业进行修改和创新，力求建立全方位的知识联系、注重层次感阶段性、体现知识的发展变化并重视研究内容的过程分析。

（一）创设真实情境，促进主动探究

情境创设指在课堂教学中，根据教学的内容，为落实教学目标所设定的，适合学习主体并作用于学习主体，产生一定情感反应，能够使其主动积极建构性学习的具有学习背景、景象和学习活动条件的学习环境。可将生活情境、问题情境等基于实际的需要来作为情境，让学生去体验，在体验中激发兴趣，引发高阶思维，促进真实学习的发生。

例如，很多学生觉得在理解比热容的概念上有一定困难，教师就可以通过创设给水加热的生活情境来帮助学生理解，通过多角度，各种变式建立起立体的概念。

【例1】小明同学用热水壶烧水时，发现热水壶内的水越少，烧开水需要的时间越短。由此他提出了要研究物体吸收热量的多少与哪些因素有关，并进行了以下实验。实验中为同一个热水壶。

【实验1】给热水壶内质量为 1 kg 的水加热，温度由 20 ℃升至 80 ℃，所用时间是 4 min。

【实验2】给热水壶内质量为 2 kg 的水加热，温度由 20 ℃升至 80 ℃，所用时间是 8 min。

【实验3】给热水壶内质量为 1 kg 的水加热，温度由 20 ℃升至 100 ℃，所用时间是 6 min。

【实验4】给热水壶内质量为 1 kg 的植物油加热，温度由 20 ℃升至 100 ℃，所用时间是 2 min。

请回答以下问题：

（1）实验中物体吸收的热量多少用 ＿＿＿＿＿ 来表示。

（2）实验1和实验2，探究的实验问题：＿＿＿＿＿＿＿。

（3）实验1和实验3，探究的实验问题：＿＿＿＿＿＿＿。

（4）实验3和实验4，探究的实验问题：＿＿＿＿＿＿＿。

综合实验实验1、实验2、实验3、实验4，可以得出液体吸收热量的多少与＿＿＿＿＿有关。

（5）比较两种液体的吸热本领。（吸收热量后的储能本领）

根据上面的实验3和实验4提出一种比较两种物体吸热本领方法：

当 ＿＿＿＿ 相同，＿＿＿＿＿越多的物质，吸热本领就越大。

实验方法：＿＿＿＿＿＿＿＿＿＿＿＿＿＿＿＿＿。

自变量：＿＿＿＿ 因变量：＿＿＿＿ 控制变量：＿＿＿＿。

在物理学中，表示两种物质的吸热本领的物理量叫 ＿＿＿＿＿。

例1中通过学生生活中的"烧水"的实际情景，让学生感受针对身边真实的情景提出的可探究问题，能从物理学视角观察周围事物，将情景数据化，理解控制变量的思想，又理解物理量的形成过程。让学生从实验现象出发，发现问题并进行分析，逐步建构概念，形成物理观念。

（二）凸显认知冲突，促进思维发展

利用学生认知的片面性引导学生立足新旧知识之间的"不协调""不平衡"，暴露出已有的片面甚至错误的想法，产生认知冲突。通过归纳与综合发现问题解决的原理、法则，并借助直观、简洁的图形、符号、结构化语言等找到予以表征一套解决问题的框架与程序。

图1

【例2】小东利用如图1所示的装置把物体A打捞出来。已知重物300 N，重物的体积为0.02 m³。当物体浸没在水中，他用竖直向下60 N的力F匀速拉绳（重物没有露出水面前），使物体上升2 m（g取10 N/kg）求该滑轮组提升物体A的过程中滑轮组对物体做的有用功、动力对滑轮组做的总功、滑轮组的额外功和该情境下滑轮组的机械效率。

【变式情景1】质量为90 kg的物体A放在水平地面上，小东利用如图2的装置使物体以0.2 m/s的速度做匀速直线运动10 s，水平地面与物体A的摩擦力是630 N，拉力方向始终保持水平，大小为220 N。

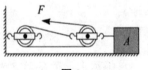

图2

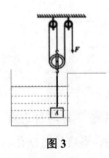

图3

【变式情景2】一名质量为70 kg的工人，用图3所示的装置提升一堆砖，已知托板重200 N，每块砖重100 N，滑轮的摩擦和绳重均可忽略不计。当工人匀速提升10块砖时，此装置的机械效率为80%。那么，这名工人使用此装置提升砖块的机械效率最高可达到多少？（g取10 N/kg）

根据课前诊断习题发现：学生对机械效率的认知存在片面性，认为有用功就是物体重力与物体在重力方向上移动距离的乘积。针对这一情况，教师设计了例2及各种变化问题。学生在问题解决的过程中亲历认知冲突，重新全面理解"有用功"概念，以思维导图的方式呈现出来，将解题方法、思维显性化，以思维方法为线索，形成解决问题的基本思路，让学生的科学思维得以发展。

（三）借助物理过程，建立科学思维

物理过程是物理现象发生、发展及变化的程序，也可以说是各物理量发生变化的内在联系和前因后果，在作业设计中要重视利用多种手段呈现综合问题的不同阶段，即体现物理问题的发展变化过程。

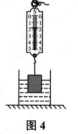

图 4

【**例 3**】小阳在探究"浮力的大小与排开液体的体积是否有关"实验中，用到了弹簧测力计、铜块、两个相同的烧杯、装有相同体积的水。其实验装置如图 4 所示，请按要求回答问题：

（1）如图 4 所示，铜块受到哪些力？画出受力分析图。

（2）长方块从入水前到逐步浸入水中再到浸没，这些力分别如何变化？

（3）若要探究"浮力的大小与物体浸入液体的深度是否有关"，则需要进行的操作是？

（4）在上述实验的基础上，添加合适的物体就可探究浮力大小与物体质量是否有关？

（5）若物块竖直挂在弹簧测力计下，在空气中静止时弹簧测力计的示数 $F_1 = 2.6 \text{ N}$。

将物块的一部分浸在水中，静止时弹簧测力计的示数 $F_2 = 1.8 \text{ N}$，已知水的密度 $\rho_{水} = 1.0 \times 10^3 \text{ kg/m}^3$，g 取 10 N/kg。如图 4 所示，你能计算出哪些物理量？用计算说明。

以浮力为核心概念，以一个物体为载体，对比不同过程中现象的变化、各个物理量的变化，体验物理知识的动态性、阶段性，有助于学生逐步建构概念的内涵，理解知识间的联系，全方位了解知识体系，建立科学思维。

四、初中物理学科建构类作业的实施效果分析

（一）对物理的兴趣逐渐浓厚，愿意并喜欢完成物理作业

实施前对物理学科非常喜爱的学生人数仅有 12.5%，实施后增加了约一倍，不同层次的感兴趣程度均有提升，如图 5 和图 6 所示。

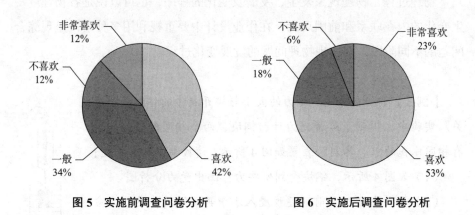

图 5　实施前调查问卷分析　　　　图 6　实施后调查问卷分析

图 5 和图 6 来源于对初二、初三两个年级 232 名学生实施建构类作业前后的调查问卷分析。

（二）问题意识明显增强，能够全方位多角度地提出问题

学生更愿意和教师及同学进行交流，讨论时发言更积极，提出的问题也更广、更深。

（三）思维能力普遍有所提高

学生能够有序稳定地思考问题，能够灵活利用所掌握的概念、规律解决相应问题。他们回答问题时思路清晰，更有条理性。

（四）逐步形成乐于实践的科学习惯

学生面对问题有提出猜想、设计实验、动手实践和交流评估的意识。假期的实践类作业完成率大大提升。

（五）明显愿意关注社会及身边的科学事件

学生对新闻报道中的科学研究活动、航天发展动态等特别感兴趣，对身边的物理现象乐于进行观察和解释。

教师应当充分了解目前作业存在的主要问题及成因，学习各种类型的作业和策略，提高作业设计能力，力争做到让作业"轻"下去，"活"起来，对作业进行"减量提质"。这是一项长期而艰巨的任务，只能依靠我们共同努力，运用科学方法，结合实际经验，在实践中不断探索和完善。

指向提质增效的小学英语分层作业设计与辅导实施策略研究

张静（北京市石景山区炮厂小学）

作业是小学英语教学的重要组成部分，是课堂教学的拓展与延伸。而分层作业，是根据学生个体的认知、能力、理解差异、接受程度等方面的不同，设计不同层次的、有针对性的作业，同时辅以分层评价与辅导，使具有个体差异性的学生获得最大限度发展的一种教学探索。在本文中，教研组旨在理解分层作业内涵的基础上，分析作业的现状与问题，构建一套有效的分层作业设计与辅导的策略，为其他教师优化作业设计、实现提质增效、切实落实"双减"要求提供一定的参考。

一、分层作业的内涵

（一）分层作业

关于分层的概念，其实在我国的春秋战国时期就已经出现。我国著名的教育家孔子强调"因材施教"，为推动我国古代教育理论的形成做出一定的贡献。分层作业，就是教师在教学活动中承认并认清学生之间存在的个体差异性，包括认知差异、能力差异、理解差异等，在充分尊重这种差异性的基础上，结合学生的差异，为不同层次的学生设计适应其发展的学习方法和作业练习，确保学生适应这种学习节奏并尽快找到高效的方法，充分调动学生学习的积极性，缩小不同层次学生之间的差距，使每个学生都取得进步和自我突破。同时，作业本质上是一种评价，作业与教学是一体化的，作业可以反作用于教学，提高教学的效率。

（二）指向提质增效的分层作业

2017 年 9 月，由中共中央办公厅、国务院办公厅印发的文件《关于深化教育体制机制改革的意见》指出："合理设计学生作业内容与时间，提高作业的有效性。"❶ 2021 年 7 月，中共中央办公厅、国务院办公厅发布文件《关于进一步减轻义务教育阶段学生作业负担和校外培训负担的意见》指出："发挥作业诊断、巩固、学情分析等功能，将作业设计纳入教研体系，系统设计符合年龄特点和学习规律、体现素质教育导向的基础性作业。鼓励布置分层、弹性和个性化作业。"❷ 同年 8 月，北京市委办公厅、市政府办公厅正式印发《北京市关于进一步减轻义务教育阶段学生作业负担和校外培训负担的措施》指出："系统设计符合学生年龄特点和学习规律、体现素质教育导向、涵盖德智体美劳全面育人的基础性作业，鼓励布置分层、弹性、个性化作业。"❸有关作业的提质增效，指的是提高作业质量，增强作业有效性。

二、小学英语作业现状与问题分析

（一）作业目标不明确

一些教师在英语作业的设计上只关注低阶目标，如单词和语篇的背诵，却忽略高阶目标（综合、评价等）和能力的培养，造成基础好的学生能力无法提升，创新能力不足，积极性不够等。还有些教师只关注高阶思维，这又使基础差的学生无法完成的任务。

❶ 中共中央办公厅、国务院办公厅 . 关于深化教育体制改革的意见 [EB/OL]. （2017-09-24）[2022-7-31]. http：//www.gov.cn/xinwen/2017-09/24/content_5227267.htm.

❷ 中共中央办公厅、国务院办公厅 . 关于进一步减轻义务教育阶段学生作业负担和校外培训负担的意见 [EB/OL]. （2021-07-24）[2022-7-31]. http：//www.gov.cn/zhengce/2021-07/24/content_5627132.htm.

❸ 中共北京市委办公厅、北京市人民政府办公厅 . 北京市关于进一步减轻义务教育阶段学生作业负担和校外培训负担的措施 [EB/OL]. （2021-08-14）[2022-7-31]. http：//www.beijing.gov.cn/zhengce/zhengcefagui/202108/t20210818_2470436.html.

（二）作业形式单一

常见的英语作业形式有抄写生词、完成配套练习册等。这种作业形式能够巩固知识、规范格式，但是由于它是以机械抄写、做题为主，缺乏从不同角度和层面对学生的考察，缺乏一定的广度与深度，对于学生综合素养的提升不利。教师应该在传统作业的基础上丰富作业类型，激发学生的学习兴趣，满足不同层次学生的需求。

（三）作业评价简单化

由于教学任务重，工作时间有限，一些教师对作业的评价比较简单，很多情况只是在学生的作业上打上"√"或者"✕"，评语也是简单的"come on""good""excellent"等。这种单一的评价方式没有对学生的作业进行有针对性的指导，也无法满足学生对教学评价的期待。

三、指向提质增效的小学英语分层作业设计与辅导实施策略

（一）分层作业设计策略的研究

本文中，教研组教师对分层作业展开深入研究，指向提质增效的分层作业设计主要从目标分层、内容分层、实施策略及评价分层进行构建，以形成一整套适应学生发展的分层作业设计体系。

1. 目标分层

教学活动始终围绕着实现教学目标而进行的，因此对教学目标的分层至关重要。根据美国教育心理学家、教育家本杰明·布鲁姆目标层次理论，对于不同层次的学生，可以提出不同的要求。分层作业学习目标，既要注意培养基础较好的 A 层学生的高层次学习目标（综合、评价等），又要稳定有上升空间的 B 层中等学生学习目标（运用、分析、综合等），还要能消化浅表易懂的 C 层学困生学习目标（记忆、理解）为宗旨。学生在分层学习过程中实现自己的学习目标，就能对后续的英语学习产生积极性并形成学习

动力。因此，分层作业可以满足学生的需要，有助于达成分层的教学目标，以及提升学生的学科核心素养。下面以北京出版社小学《英语》（五年级下册）第二单元"Unit Two What do flowers do？"为例（见表1），围绕主题，依据具体的学情，制订不同层次的作业目标。

表 1　目标分层

（1）能够独立地创造性汇报植物各部分的作用（分析、综合、评价）（A层）
（2）能够根据植物思维导图，复述对话的内容（运用、综合）（B层）
（3）能够掌握文本中的重点词汇，有感情地表演对话（记忆、理解）（C层）

2. 内容分层

教师围绕单元主题，基于单元教学目标，结合学生的需求和个体差异，设计不同主题意义引领下的单元作业和课时作业。特别指出的是，教师准确把握作业的内容和难度，丰富作业类型，设置基础类、应用类和拓展类等多种类型的作业内容，如朗读、角色扮演、复述、书面表达、立体书制作等，满足学生的个性化需求。这些举措促使不同层次的学生在完成作业的过程中，提升语言和思维能力，发挥学习潜能，促进自我发展；同时，使学生形成积极的情感体验，提升自我效能感。以北京出版社小学《英语》（三年级下册）第五单元"Children's Day"为例，教师设置不同类型的作业，同时包含必选作业和可选作业，满足不同层次水平学生的需要。（见图1，选自北京市作业设计一等奖——由教研组时超赫、张静、瞿进、刘媛设计）

3. 实施策略分层

美国学者杰克逊·李和威恩·帕罗埃特提出，家庭作业可以分为以下四种：练习性作业、预备性作业、拓展性作业和创造性作业。❶其中，练习性作业主要是教师用来让学生对所学内容的熟悉与巩固；预备性作业可使学生为接受新的知识打下基础；扩展性作业可帮助学生把已经学过的概念或技能应用到新的情境中去；创造性作业要求学生综合运用各种技能知识，提出创新的想法和做出富有创造意义的事。

---

❶ 钱扑. 谈美国对家庭作业问题的研究——家庭作业的是与非 [J]. 外国中小学教育，1983（1）：21.

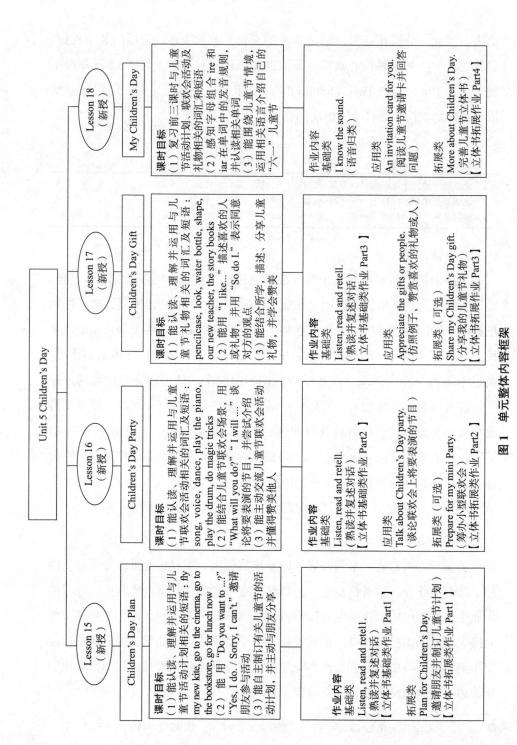

图 1 单元整体内容框架

Unit 5 Children's Day

Lesson 15（新授）

Children's Day Plan

课时目标
（1）能认读、理解并运用与儿童节活动计划相关的短语：fly my new kite, go to the cinema, go to the bookstore, go for lunch now
（2）能用"Do you want to ...?"邀请朋友参与活动
"Yes, I do. / Sorry, I can't."邀请
（3）能自主制订有关儿童节的活动计划，并主动与朋友分享

作业内容
基础类
Listen, read and retell.
（熟读并复述对话）
【立体书基础类作业 Part1 】

拓展类
Plan for Children's Day.
（邀请朋友并制订儿童节计划）
【立体书拓展类作业 Part1 】

Lesson 16（新授）

Children's Day Party

课时目标
（1）能认读、理解并运用与儿童节联欢会活动相关的词汇及短语：song, voice, dance, play the piano, play the drum, do magic tricks
（2）能结合儿童节联欢会场景，用"What will you do?""I will ...."谈论将要表演的节目，并尝试介绍
（3）能主动交流儿童节联欢会活动并懂得赞美他人

作业内容
基础类
Listen, read and retell.
（熟读并复述对话）
【立体书基础类作业 Part2 】

应用类
Talk about Children's Day party.
（谈论联欢会上将要表演的节目）

拓展类（可选）
Prepare for my mini Party.
（筹办小型联欢会）
【立体书拓展类作业 Part2 】

Lesson 17（新授）

Children's Day Gift

课时目标
（1）能认读、理解并运用及短语与儿童节礼物相关的词汇：pencilcase, look, water bottle, shape, our new teacher, the story books
（2）能用"I like... 描述喜欢的人或礼物，并用"So do I."表示同意对方的观点
（3）能结合所听、描述、分享儿童礼物，并学会赞美

作业内容
基础类
Listen, read and retell.
（熟读并复述对话）
【立体书基础类作业 Part3 】

应用类
Appreciate the gifts or people.
（仿照例子，赞赏喜欢的礼物或人）

拓展类（可选）
Share my Children's Day gift.
（分享我的儿童节礼物）
【立体书拓展类作业 Part3 】

Lesson 18（新授）

My Children's Day

课时目标
（1）复习前三课时与儿童节活动计划、联欢会活动及礼物相关的词汇和短语
（2）感知字母组合 ire 和 iar 在单词中的发音规则，并认读相关单词
（3）能用绘线仿照语言介绍自己的"六一"儿童节情境，运用相关语言介绍自己的"六一"儿童节

作业内容
基础类
I know the sound.
（语音归类）

应用类
An invitation card for you.
（阅读儿童节邀请卡并回答问题）

拓展类
More about Children's Day.
（完善儿童节立体书）
【立体书拓展类作业 Part4 】

依据以上理论，教师在课前、课中和课后作业实施过程中，根据学情，关注学生最近发展区，设置设计有梯度、分层性的作业，满足个性化需求，实现素养的提升。教师在布置作业时，课前主要是预习性作业；课中主要是练习性作业、拓展类作业；课后以练习性、拓展性和创造性作业为主。下面以北京出版社出版的小学《英语》（五年级上册）第三单元"Can you tell me more about the Mid-Autumn Festival"为例。在作业实施过程中，教师都会兼顾不同层次学生的需求和水平，使学生都有所收获（见表2）。

表 2　实施策略分层

课前	预习课文，找出困惑点
	由基础好的同学答疑解惑，既能巩固基础好的同学的知识，又能让基础差的同学带着思考进课堂
课中	任务一：分角色朗读课文
	任务二：从日期、特色美食、特色活动等方面介绍中秋节
课后	任务一：背诵或者复述对话
	任务二：完成一个手抄报或录制一段视频，将传统节日（中秋节）介绍给外国游客或朋友

4. 评价分层

　　《义务教育英语课程标准（2022版）》指出："作业评价是教学过程的重要组成部分。教师要根据不同学段学生的认知特点和学习需求，把握好作业的内容、难度和数量，使学生形成积极的情感体验，提升自我效能感。"苏霍姆林斯基主张教师及时评价学生的进步，就是推动他们的道德信念，激发他们的主观能动力。对于作业的评价，教师应根据学生的个体的认知、能力、理解差异、接受程度等不同，进行梯度的、分层的作业评价设计。以北京出版社出版的小学《英语》（三年级下册）第五单元"Children's Day"复述类作业为例。教师和学生评价时，要考虑正确、流利和有感情三个梯度。学生对照自身水平，进行自主性评价。教师也据此调整自己的教学（见图2，选自北京市作业设计一等奖——张静设计）。

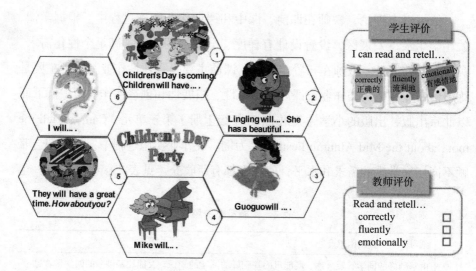

图2 基础复述类作业

（二）分层作业辅导策略的研究

本文中，提质增效的分层作业辅导形式主要介绍动态"导生制"和资源"共享制"。

1. 动态"导生制"

在分层作业的实施过程中，一方面，要优化习题的结构和配置，使不同层次的学生自由选择作业的层次，巩固课堂学习的知识；另一方面，要优化不同层次学生的结构和配置，让学习基础好的学生带动学习基础差的学生向前发展，建立以"导生制"的作业辅导形式。在课外作业这一环节中，教师可以指定"导生"（根据情况轮换）。"导生"只需负责学习基础较差学生的作业检查与辅导，以"一带一"或以"一带二"引导学习基础差的学生在掌握基础练习的同时，向更高层次的作业挑战，缩小学生间的差距。同时，教师根据学习基础差学生的作业情况，对"导生"进行调换，实时动态化管理。学习基础差的学生也可申请"导生"资格。同时，"导生"自身也在学习阶段获得锻炼经验，从而使全班学生共同进步。

2. 资源"共享制"

分层作业实施中对学生的分层，要基于每一门科目的学习情况。有的学生在一门学科中是 A 层学生，而在其他课程中则可能不是，这为不同层次学生"差异合作"的开展提供了现实前提。分层作业实施中的"差异合作"是指学习基础差的学生与基础好的学生合作，这种合作不是"强予弱"的单向"资源输出"，而是激发并依靠学习基础差的学生自身"造血"，充分发掘并利用自身有优势的学习方法、作业心得等与学习基础好的学生进行资源共享。分层作业引进资源"共享制"，激发学习基础差的学生在"差异合作"中充分发挥自身的潜力、创新活力，同时激发学习基础好的学生自身的优势资源与学习基础差的学生所迸发出的优势资源进行"强强合并"，从而实现分层作业实施的最优化。

在"双减"背景下，教师要认真研读教材，分析学情，针对学生个体差异性，在科学分层的基础上，优化作业设计，构建一套分层作业设计与辅导策略，使不同层次的学生获得最大限度发展，最终实现教学的提质增效。

"双减"背景下中学跨学科作业设计与实施的案例研究

师雪峰（北京大学附属中学石景山学校）

安雁超（北京大学附属中学石景山学校）

　　"双减"背景下，要求"发挥作业诊断、巩固、学情分析等功能"，提高作业设计质量。2022 年颁布的各学科义务教育课程标准，强调设计好跨学科作业对于开展跨学科主题学习活动的重要性，并设计了跨学科主题学习活动。本文中的教研组是由历史、地理、思想政治和心理 4 个学科组合而成的。教研组经常开展学科之间作业设计和分享活动，再加上这些学科都是人文学科，有很多相似性。本文的跨学科作业主要是以这 4 个学科关于跨学科作业设计与实施的具体案例，论述"双减"背景下中学跨学科作业设计与实施研究的意义、原则、依据、策略、实施效果等。

一、中学跨学科作业设计的意义、原则与依据、策略

（一）意义

1. 关注跨学科作业设计有利于赋能学生发展

　　作业是教学活动的有机组成部分。在当前的"双减"政策下，初中各学科在作业布置的时候尤其要关注提质增效的问题。因此，教师需要认真学习中共中央办公厅、国务院办公厅印发的《关于进一步减轻义务教育阶段学生作业负担和校外培训负担的意见》文件内容，认真学习《北京市义务教育阶段教师优化作业的十条建议》要求，切实思考自己的学科作业如何布置才能提质增效。各学科教师在布置作业的时候要关注"双减"政策的落实，注意作业的时长和质量，通过作业的设计赋能学生发展。

2. 关注跨学科作业设计有利于学生学习能力提升

作业完成是学生学习生活中的关键环节。一方面作业可以反馈学生的学习效果；另一方面可以利用作业的反馈功能，更好地指导教学，具有诊断性和指导性。因此，教师设计跨学科作业是以立德树人的教育本质为出发点，关注"五育"并举、关注学科教育价值的体现。设计跨学科作业时务必要思考：跨学科作业设计对学生的学习成长有帮助吗？教师要有正确的作业观，还要在作业评价与反思中思考作业体现深度学习和能力进阶等。

（二）原则与依据

1. 跨学科作业设计的原则

跨学科主题学习活动是围绕研究主题开展深入探究、解决问题的综合实践活动，是基于真实情境的学习活动，以学生的经验、个体生活和学科知识为基础，旨在提升学生的学习能力。跨学科作业设计要围绕提质增效进行，把课程、师生、学习和时空等核心元素有效地整合起来，打破学科之间的边界。

2. 跨学科作业设计的依据

（1）基于课程标准设计作业。跨学科作业设计要结合各学科课程标准、学科核心素养、学科教材内容和学生具体学情来设计。作业设计要充分思考通过作业的完成如何涵养学生的学科思维，布置的作业如何具体体现各个学科的核心素养，关注学科价值、学科特点、学科思维、学科方法、学科关键能力、学科核心知识等。教材是学生重要的学习资源，作业应围绕教材的核心内容反馈设计实施，作业反馈需要体现教材的重点，围绕教材设计核心的基础作业，落实好教材的核心概念和核心知识体系，构建好具有学科特色的逻辑体系。

（2）基于学情设计作业。设计作业前要充分了解学情，可以通过谈话法和问卷调查法充分了解学情，结合学生的具体情况，研究学生作业实践中存在的具体问题是什么，学生对这项作业的内心真实感受是什么。可以通过作业的精心设计激发学生的学习动力，分析学生作业完成中的真实感受和翔实数据。教师要结合学科特点和学情设计作业。

以初一跨学科主题课程《百年首钢与奥运情缘》的作业为例，在进行作业设计时，心理教师结合自己的专业和各学科教师联合设计问卷。调查共收集问卷 102 份，其中男生 57 人，女生 45 人。在"是否去过新首钢园"的调查中，有 81.25% 的学生"去过新首钢园"。在"对于首钢有哪些了解"上（多选），88.9% 的学生选择了"冬奥会举办场地"，65.3% 的学生选择了"首钢之前是钢厂"，34.4% 的学生选择了"新首钢园的现状"。同时，调查问卷结果表明，同学们对于目前首钢园产业转型相关情况，以及当前首钢入驻的产业还了解较少，大部分同学没有明确写出所了解的企业。在对于家人职业的调查中，有 17.5% 的学生家长在首钢任职，涉及工程师、技术工人、IT 员工等职业。在对于父母职业值得学习的劳动品质上，"钻研、吃苦耐劳、敬业乐业、严谨认真、无私奉献"等成为高频出现的词汇。在"请选出你所知道的首钢精神"问题（多选）中，90.3% 的学生选择"敢担当、敢创新、敢为天下先"，34.2% 的学生选择"创新、担当"，11.5% 的学生选择"吃苦耐劳"。在"你认为劳动有什么价值"中，"劳动创造价值"是最高频出现的词汇，"劳动创造美好生活""提升自我、创造价值"也是学生提及的内容。

学生对于首钢集团发展的历史沿革、经营产业变化、首钢精神比较关注，因此学科教师根据学生反馈分别确定了各个学科的主题和作业设计。

（3）关注学生的个性成长。学生是教育教学的对象及主体。一方面，学生是不断成长、发展的；另一方面，作业是师生互动完成的，是教师与学生沟通的重要桥梁。因此，作业设计应基于学生的成长，关注学生的个性成长，教师在作业设计时一定要思考：通过作业的完成能够给学生成长带来的影响是什么？与此同时，一定要将作业的设计与学科结合，关注学科教育价值的落实，并根据学生的需求和对作业的感受和想法及时进行调整。

（三）跨学科作业设计的策略

中华人民共和国教育部制定的《义务教育历史课程标准（2022年版）》在课程内容的设置上增加了"跨学科主题学习"，其他新颁布的相关学科的课程标准也要求进行"跨学科主题学习"。这是一个很重要的话题，特别值得研究。设计跨学科作业也成为教育教学关注的问题。教研组结合多学科融合的特点，进行了一些跨学科作业的尝试。

1. 设计单元主题式学科融合作业

教师应精读教材，找出单元主题，围绕主题设计有利于学科核心素养落实的作业。例如，2019年人民教育出版社出版的普通高中历史教科书选择性必修《国家制度与社会治理》教材中的第3单元"法律与教化"，分为第8课《中国古代的法治与教化》、第9课"近代西方的法律与教化"、第10课"当代中国的法治与精神文明建设"3课内容。整个单元的主题是"法治与德治"，因此设计单元作业的时候围绕"法治与德治"主题设计如下作业。

有人说："法律是成文的道德，道德是内心的法律；法安天下，德润人心。法律和道德是两类重要的社会规范，法治和德治是两种重要的治理方式。"请结合中国古代史和现代史的内容，举例说明你是如何理解该观点的。

在分析完成作业的过程中，学生深刻思考法治与德治的内涵及关系，学会思考社会主义法律与社会主义核心价值观在社会发展中的促进作用。

2. 设计与阅读书籍相结合的学科融合作业

阅读能力对于学生提升学习能力帮助很大，因此，设计跨学科作业的时候应注意与阅读书籍相结合。结合2020年新冠肺炎疫情的社会背景，各学科教师引导学生共同阅读《口罩里的春天》书籍，启发学生在同读一本书的过程中从不同学科的角度思考。在这一共同的主题下，历史学科布置"口罩的历史变迁思考"，道德与法治学科布置"正确佩戴口罩的价值思考"，心理学科布置"口罩里为什么藏着春天""口罩在人与人之间交往的具体作用"

等思考问题。阅读《口罩里的春天》书籍时将跨学科作业与现实热点和学生生活实践结合设计和实施。

与阅读书籍相结合的学科作业设计,有利于学生阅读能力的养成和提升,引导学生逐步学会将阅读和作业完成相结合,有利于学生成长。

3. 设计与热点主题相结合的学科融合作业

设计学科大作业的时候要关注热点话题。以高一和高二年级学科融合作业为例。2021 年是中国共产党建党 100 周年,因此根据同学的具体情况,历史学科开展了"学党史,懂党恩,跟党走"百年党史学习教育活动,政治教育学科开展了"始终走在时代前列的中国共产党——建党 100 周年"探究活动,地理学科开展了"寻找百年党史红色足迹"系列探究活动。通过这些活动,学生争做有中国心和世界眼光的社会主义建设者和接班人的观念意识得到提升,并结合学科融合作业积极付诸实践。

跨学科作业设计的时候也要关注一般作业设计、学科作业设计。无论哪一种类型的作业设计,都要关注科学性,都要符合学科的特点,符合学生学情,符合学生的认知规律,符合学科教育规律,符合学科的逻辑层次。学科语言表述要规范,表述要有层次性和逻辑性,要符合课程标准和学科核心素养,满足学生发展的内在需求。

二、跨学科作业设计的实施效果

跨学科作业设计的时候可以参考系统论理论设计。作业设计,尤其跨学科作业,要有整体系统的设计理念。主题的立意、设计的目标、设计具体实施及注意问题,问题的及时解决及其调整,以及落实的效果等都要考虑进来。

(一)促进教师个人精心研究与思考

教师要认真学习文件,深刻领悟文件精神内涵,切实思考如何结合自己的学科教学实际,精心设计好跨学科作业。虽然中学教师每天都很忙,但是也要深入思考：忙的目的是什么？布置跨学科作业的目的是什么？跨学科作业如何布置会更优质和高效？日常规划很重要，每天的学习思考也很重要，教师应做到见贤思齐，在学习思考中学会减轻学生的学业负担和提升作业效果，在布置跨学科作业的过程中学会规范调整。跨学科作业不是简单的叠加，而是各学科的有机融合，要凸显跨学科作业的育人效果。要通过不同学科之间的交叉，运用不同学科的知识，引导学生从不同角度理解首钢发展历史，给予学生新的启发。

总之，在作业设计中，教研组要意识到学会改变，规范设计和分析作业，学会研究，提升教育教学能力。教师在教育教学中要关注跨学科作业的设计，这会对教师的专业素养提升和学生的学习效果提升有很大帮助。

（二）促进学生综合素养能力的提升

开展跨学科《北京冬奥会的文化价值研究》研究性学习的时候，教师布置了相关的跨学科作业。学生在全面解读北京冬奥会的开幕式和闭幕式等各种活动中蕴含的文化价值过程中，理解和传播中华优秀传统文化、北京历史文化、奥林匹克精神文化，学生的文化传承与素养得到提升。学生创作了"一起向未来"的书法作品、设计了北京冬奥会校园吉祥物主题形象（见图1）和北京冬奥会纪念邮票（见图2）。北京冬奥会的成功举办对中国、对世界都影响很大。许多同学都写出了自己的研究感受和想法。一位同学写道："在新冠肺炎疫情严重的当今，面对各种压力，中国没有乱阵脚，在党和人民共同的努力下迎难而上，通过闭环管理不仅解决了疫情防控的问题，还成功举办了备受好评的冬奥会。开幕式和闭幕式的演出振奋人心，运动员赛场创造的佳绩谱写在奥林匹克历史上，中国智慧与中国实力助力北京冬奥会。我骄傲，我自豪，我是新时代的一名中国人。"通过完成这次跨学科作业，学生在文化传承、审辨思维、创新、合作与沟通五大方面的素养得到了很大的提升。

原稿设计：李笑仪　　　　　　　　原稿设计：李笑仪

电子制图：姜思研　孟云天　　　　电子制图：杜雨默　孟云天

图1　校园吉祥物（北京冬奥会主题形象）　　图2　2022年北京冬奥会纪念邮票

时光是最忠实的记录者，时间看得见努力和探索，《荀子·修身》中也提到："道虽迩，不行不至；事虽小，不为不成。"作为中学教师，要静心思考，学会改变，多学习多反思跨学科作业的设计，不断以研究的目光思考跨学科作业的科学设计，珍惜平台和珍惜机会，让学生参与跨学科作业的设计和选择中，对作业进行数据分析、让作业更有效。正如杜威说："作业的选择必须把从事作业的人和发展着的生活的基本需要联系起来，既要求协作，又要求分工，要求相互交换意见和记录。"❶真正让跨学科作业陪伴学生教师共同走过的一段人生幸福成长旅程。在共同体的集体智慧中，教研组教师共成长，在学习共同体教研组中遇见和成就更好的自己。

---

❶　方臻，夏雪梅.作业设计：基于学生心理机制的学习反馈[M].北京：教育科学出版社，2014（10）.

"双减"背景下基于 AI 大数据的初中地理作业实践研究

全露霞（北京市石景山区实验中学）

2021 年 7 月，中共中央办公厅、国务院办公厅印发了《关于进一步减轻义务教育阶段学生作业负担和校外培训负担的意见》（以下简称《意见》）。关于作业部分，《意见》明确提出要"提高作业设计质量"，指出要"发挥作业诊断、巩固、学情分析等功能，将作业设计纳入教研体系，系统设计符合年龄特点和学习规律、体现素质教育导向的基础性作业。鼓励布置分层、弹性和个性化作业，坚决克服机械、无效作业，杜绝重复性、惩罚性作业"。

作业是教学流程的重要组成部分，也是课堂教学的延伸和补充。教师通过布置、批改和讲评作业，可以检查学生对课堂知识的掌握情况，发现学生在知识掌握、理解过程中遇到的困难并通过再次讲解使学生真正掌握知识。学生通过完成作业，可以实现自我检测，发现学习中的疑点，再次深入学习直至完全掌握。❶

在地理学科中，以往的作业是以教辅练习册为主，教师根据课时内容布置的实践性作业，作为教学内容的补充和巩固手段。这样的作业面向全体学生，形式较为单一，不能兼顾不同层次的学生。通过 AI 大数据平台设计作业，在教学不同阶段，教师可以通过作业数据精准、快捷地把握学生学情，及时调整教学策略，让作业与教学相辅相成，提高教学效率。同时，AI 数据平台提供的学生个性化数据还有助于教师进行分层指导，实现作业"千人千面"，激发学生学习兴趣。

---

❶ 任威 . 浅谈如何提升地理学科课后作业的有效性 [J]. 课程教育研究，2016.

一、初中地理作业教学的问题分析

在地理学科以往教学实践中，教师通过作业布置取得了一定的预期效果，但也存在一些问题，主要表现在以下四个方面。

（一）作业的形式比较单一

以往主要根据课时进度布置匹配练习题、画图题，学生对地理作业完成度主要停留在完成习题、满足将作业交给老师的层面上。而地理学科是一门实践性非常强的学科，与学生的生活、世界联系很紧密，学生仅通过习题练习无法解决生活中的实际问题。同时，实践类作业往往需要较长的时间完成，如观测物体影长的变化，可能需要一学年的时间观测。因此，受课时量少、授课场所的限制，教师无法布置太多实践类作业。

（二）作业考题化严重

在传统大班额制和缺乏有效工具的情形下，教师往往会统一布置习题作业，在作业难度和数量上，对所有学生的要求是相同的。作为综合性很强的学科，章节教学之间联系很大，如果割裂为课时作业，无法兼顾学科综合性，与课堂内容联系不够紧密，常出现学生课堂听懂了但是不会做题的现象。同时，作业的考题化严重，目标直指各个阶段性测验，学生更关注对错，而忽视知识之间的联系。

（三）作业个性化不强

地理学科教师普遍带的班比较多，所教学生数量较大，批改作业任务繁重，容易忽略学生个性化问题。在批改过程中，记录和整理的错题主要是集中性的问题，少数学生遇到的个性化问题容易被忽略。随着教学理论的发展，尤其是分层教学理论的发展，教师开始尝试在初中学段实施分层作业。一般采用 A、B 层作业的形式，为不同学习能力和处于不同学习层次的学生提供较有个性化的作业。然而，由于缺乏对学生作业数据的有效分析，分层作业仍然带有一定的主观性，分层手段也略显粗糙。要实现个性作业、分层作业，还要通过作业精准分析学情，这在大班额制和学生学习时间恒定的情况下，仅靠教师手工设计与批阅作业是无法做到的。

（四）作业的评价与反馈缺乏针对性

在作业讲评中，教师的作业讲解更多指向知识本身，无法具体到某个学生，往往容易出现耗时低效的情况。

二、基于 AI 大数据下的地理作业研究

（一）基于 AI 大数据的初中地理作业设计的优势及设计要点

为了解决传统地理作业存在的问题，引入十六进制课堂，为课堂教学和作业设计助力，由原来的统一作业、分层作业，转变为在大数据技术支持下的基于学生学情的个性化作业。这种转变为教学赋能，关注学生学习差异，靶向定位学生学习薄弱环节，精准辅导，让学生的学习更积极、更主动、更有创造性。

基于 AI 大数据设计的作业，第一，作业的设计贴近实际，设计者以一线教师为主，根据初中阶段地理学科特色和学生认知发展规律设计作业。作业分为三种类型：①课前预习，能力层级设定为识别与描述，形式为填空、填图、连线题，学生通过课前查阅教材、图册完成，目的是熟悉基础知识，对学习内容有所了解。②同步检测，能力层级设定为识别与描述、说明与归纳，形式为选择题，学生在课后完成，目的是熟悉主要知识。③拓展提升，能力层级设定为说明与归纳和分析与应用，形式为综合题，目的是通过解题实现综合能力提升。第二，作业批改方便快捷，在学生作业完成后，教师通过配备的扫描仪完成批改。这既减轻了教师的批改负担，又提高了批阅速度。第三，作业中一项重要的功能就是教学诊断。在未开展大数据分析前，教师全面了解学情并进行教学诊断主要靠经验。有了大数据平台后，教师可以根

据学生的作业数据和错题开展实证教研。在教学的不同阶段，教师均可以通过 AI 大数据平台提供的作业数据调整教学策略。第四，学生的个性化得到充分尊重，AI 大数据平台会记录学生在作业过程中所有的错题，形成年级错题、班级错题库和个人错题库。这样一来，学生作业具有靶向性，能对学生进行精准的补偿性训练，避免机械性、重复性作业，减轻学生作业负担。

（二）于 AI 大数据的初中地理作业设计的实施与反馈

1. 基于 AI 大数据的作业设计

基于 AI 大数据的作业设计从形式上可以更加多样，作业类型可以分为平台版本和纸质版本。在平台上引入互联网资源、嵌入高质量的地理视频，让学生更直观地了解地理现象，设计实践类作业。学生完成后，上传视频、图片等材料。纸质版本可分为三个层级。第一层级是学情了解阶段，布置统一作业，教师根据课程标准要求和教材所学内容布置基础性作业，学生要在课前完成。通过数据，教师可以精准把握学生的学习基础，从而设计作业教学内容。第二层级为整体突破难点阶段，教师讲授完成课时内容后，学生完成作业，通过数据找出学生作业中存在的共性问题，精准定位学生学习难点，进行专题或专项的讲解，借此帮助多数学生解决学习障碍。第三层级为个性化问题解决阶段，前两次作业之后，绝大多数学生的学习问题得到解决，但数据显示部分学生依旧存在学习困难。教师针对小组或一对一的作业布置，实行个性化对症下药。

2. 学生完成方式

学生的作业完成不再拘泥于习题，课前、课后均可以通过平台提交录音、视频、图片等。课中完成教师基于平台设计的与课时内容相关的纸质版本作业，提交后，用配备的扫描仪扫描完成就可得到自己的作业数据。

3. 评价反馈

平台版作业以《地理》（七年级上册）第 1 单元为例，教师在平台上嵌入地球运动相关背景介绍视频，教师示范演示视频。学生观看完成后，尝试制作地球仪,演示地球自转,并将视频上传至平台。教师示范演示视频,如图 1 所示。学生上传视频截图,如图 2 所示。

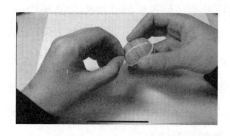
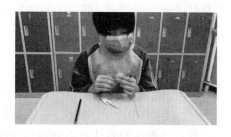

图 1 教师示范视频截图   图 2 学生上传视频截图

纸质版作业以《地理》(七年级上册)第 5 单元和第 6 单元作业为例。教师首先结合学习内容布置作业:课前完成课前预习,课中完成同步检测,课后完成拓展提升。学生完成纸质版本后,由数据扫描仪完成作业批改。第 5 单元和第 6 单元练习班级得分率,如图 3 所示。教师可以看见每道题的班级的得分率,进而进行有针对性的作业教学。在平台完成自动批改后,教师根据学生出现的问题,对得分率较低的知识点及题型,进行针对重难点的作业布置。例如,5-3(2)交通运输第 2 课时,不同交通运输方式的特点,交通运输方式的选择,6-1 地方文化特色,民居与自然环境间的关系。最后,再根据批改结果,对二次作业错误仍然很多的学生进行一对一作业布置,如民居与自然环境间的关系等,力争帮助所有学生扫除学习障碍。这样的作业布置具有精准化、灵活性和个性化的特点,丰富了作业内容,减轻了教师负担,也实现了对症下药。

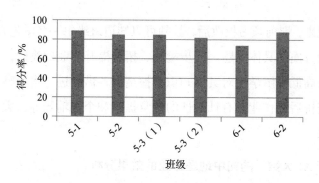

图 3 第 5 单元和第 6 单元练习班级得分率

基于 AI 大数据的作业批改快捷准确，数据多样化。每项作业批改后都会呈现成绩单和题目分析两项内容。在成绩单中，教师可以一目了然看出谁是最佳的专项学习者，同时了解学生的作业完成情况，如此次作业的平均分、及格率、学生作业用时和分数分布区间等。6 次课时作业得分率均在 85% 以上同学，如图 4 所示。6 次课时作业得分率均在 85% 以下同学，如图 5 所示。两图分别呈现了单元作业练习中不同层次学生的做题数据。教师可以通过 AI 平台中提供的数据看到每一道题的得分率，哪一名学生具体做错了哪一道题以及学生对具体某个知识点或话题的掌握情况。

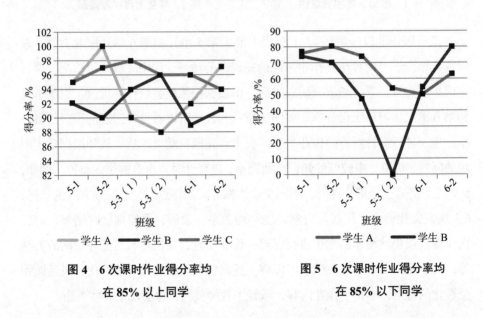

图 4　6 次课时作业得分率均　　　图 5　6 次课时作业得分率均
　　　　在 85% 以上同学　　　　　　　　　　在 85% 以下同学

具体说来，课前预习批改后，教师可以知道班级每一名学生在查阅教材，读图、填图方面的具体问题。同步检测、拓展提升作业批改后，教师可以通过准确率的高低了解学生对具体知识掌握情况，借此进一步调整课堂教学方法，合理安排后续作业及有针对性的课堂提问和个别辅导等，大大提高学生的学习效果。

4. 基于 AI 大数据的初中地理作业的效果分析

相对于传统模式的作业教学，基于 AI 大数据的作业具有科学、高效、精准、生动的特点，不仅能更好地解决学生存在的学习问题，还能激发学生学习兴趣，建立学生自信心。以第 5 单元和第 6 单元作业讲评为例：第一步，教师呈现学生各成绩单，展示得分率一直保持在 85% 以上的同学。这样做一方面肯定优秀学生，树立学科学习榜样；另一方面让学生在伙伴示范这样轻松愉悦的心情中进行学习。第二步，教师根据数据统计找出学生错误较多的习题，找出做题中存在的问题，然后以习题为载体对知识点进行再次讲解。在这一过程中，教师有针对性地讲解代替原来的全讲或不讲，既提高了效率又解决了学生切实存在的问题。第三步，对于得分率不理想的学生，进行再次提问，让学生复述解题思路。这种现场解决问题、立竿见影的变化利于增加学生的自信，让他们找到学习的成就感，进而以更好的状态投入后续学习。对于学生错误分散的试题，教师可选择做对或做错的学生进行讲解，实现生生互动，加深知识印象，培养学生的学习能力。基于大数据的作业讲解能让每一名学生得到充分关注，让每一个问题得到解决。课堂因为有效而得到学生认可和喜爱，学生因为进步而更投入课堂、更认同教师，教师在此过程中找到认同感和成就感，教学因此进入良性循环。

三、结语

AI 数据平台通过学生的做题数据生成个性化提升手册，班级错题和学生个人错题一目了然。教师在作业数据的支撑下，获取每一个班级和每一个学生的学情档案，精准定位学生知识缺漏，并以此为中心开展学情分析和学习诊断，再根据学生的学习行为记录薄弱项，制定有效的教学方案，为学生"量身定制"个性化作业，规划最佳学习路径。通过专属错题本中的巩固习题，学生也能清晰了解自身学习情况，节省整理错题的时间，保证精准练习。

通过学期作业的数据对比，基于 AI 大数据平台的作业实施提高了教师的教学效率，减轻了学生的作业负担。学生的作业完成度和答题准确率有了一定程度的提高。对于初中地理教师来说，要跟上时代的脚步，学会利用大数据、分析大数据，将大数据变成对教学有指导意义的有效数据。经过一段时间的实践后，教师能够熟练利用数据指导教学，使学生从教师的改变中获益，使地理学习真正实现精准化和个性化。

综上，在地理学科，AI 大数据平台提供的学生习题数据，可以帮助教师运用数据，在课前高效备课、课中精准指导、课后布置靶向作业，做到每次作业各有侧重，每个学生的作业"因人而异"，从而提高教师的教学效率和学生的作业效率。但地理学科又是实践性非常强的一门学科，除了纸面作业，地理实践活动也是重要的组成部分。在实践作业的指导和实施方面，AI大数据平台目前还不能得到充分利用，在后续的教学中我们会继续探索更有效的方式。

"双减"背景下教研组支持课后服务的研究

学校课后服务整体设计与推进实施的研究与思考

王朝霞（北京市石景山外语实验小学分校）

一、课后服务工作实施的意义与价值

国家出台了一系列政策，如《关于做好中小学生课后服务工作的指导意见》《关于进一步减轻义务教育阶段学生作业负担和校外培训负担的意见》《北京市关于进一步减轻义务教育阶段学生作业负担和校外培训负担的实施意见》《石景山区关于进一步减轻义务教育阶段学生作业负担和校外培训负担的实施方案》《关于做好预防中小学生沉迷网络教育引导工作的紧急通知》《综合防控儿童青少年近视实施方案》等。在落实国家政策的过程中，课后服务无疑可以作为解决问题的突破口。因此，结合学校自身的特点开展丰富多彩的课后服务，是进一步增强教育服务能力，帮助家长缓解接送孩子困难的民生工程，是贯彻落实"双减"精神，减轻学生过重作业负担和校外培训负担的重要举措，也是促进学生健康成长、落实立德树人根本任务、全面实现"五育并举"的重要途径。因此，以学生发展为本，以学校丰富多彩的课外活动为补充，做好课后服务性工作的整体设计、研究有效的推进策略非常必要。

二、课后服务整体设计包含的主要内容

（一）明确课后服务的来源

课后服务是由于家长下班时间与孩子放学时间不匹配而产生的一种社会

活动，家长下班迟而孩子放学早，导致家庭无人接送孩子和辅导孩子功课，无人指导孩子参加体育、艺术、娱乐活动，缺少时间培养孩子课外阅读、音乐、美术和体育等课后兴趣。《北京市教育委员会关于加强中小学生课后服务的指导意见（试行）》指出："在坚持教师自愿的前提下，充分调动教师参与课后服务工作的积极性和主动性。引入具有一定资质和良好社会声誉、满足中小学发展需求、服务供给能力强且入校人员具有专业资质或专长的社会力量参与课后服务。积极动员家长委员会、校外教育机构、社区、志愿者团体、公益组织等方面的力量，联合开展课后服务工作。"❶学校可以在教育部门的指导和监管下，引入符合条件的校外培训机构进校，在校内为中小学生提供课后服务。课后服务是为学生课后活动提供的服务。

（二）整体设计课后服务方案

学校课后服务工作开展好的基础就是要做好工作开展前的顶层设计，做好课后服务工作实施中的改进设计，做好课后服务工作实施后的提升设计。这几个设计直接影响课后服务工作开展的质量，以及课后服务工作是否能够顺利和有实效。学校要将课外活动计划纳入学校整体教育教学管理工作中，科学合理制定课后服务工作方案，精心组织实施。

1. 课后服务工作的顶层设计

第一，加强对课后服务工作的领导。建立健全组织机构，明确人员及分工。学校成立由学校书记和校长任组长的领导小组，全面负责此项工作。书记、校长担任组长；副校长、德育负责人担任副组长，全体行政干部、学科组长、年级组长担任组员；保卫干部作为安全工作负责人；教学干部和德育干部作为课外活动负责人；后勤主任作为学校保障部门负责人；学校行政及一线教师作为课后服务主要成员的一体化团队。

❶ 北京市教育委员会.北京市教育委员会关于加强中小学生课后服务的指导意见（试行）[EB/OL].（2018-09-18）[2022-7-31]. http://jw.beijing.gov.cn/xxgk/zfxxgkml/zfgkzcwj/zcjd/201912/t20191205_867178.html.

第二，明确课后服务工作的原则。依据《关于做好中小学生课后服务工作的指导意见》，课后服务必须坚持学生家长自愿原则。因此，在开展学校课后服务工作中，要坚持遵循协商共治、坚持自主自愿、坚持公益惠民、坚持因地制宜的原则。

第三，明确服务时间及内容。课后服务的时间一般在课后 15：30~17：30。课后服务需要学校提供场地、设施设备等服务。学校课后服务主要包括安排学生做作业、自主阅读，开展体育、艺术、科普活动、娱乐游戏，组织拓展训练、社团及兴趣小组活动、观看适宜儿童的影片等。鼓励教师发挥个人专长带领学生进行多彩的实践活动，对学习有困难的学生提供个别辅导。杜绝借助课后服务组织学生集体补课、上新课或集体教学，坚决禁止以课后名义乱收费。

2. 人员安排分工明确

在整体设计上，学校从师资结构、服务内容设计、时间安排、人员分配、学生统计、应急预案、学生延时服务等方面思考服务团队建设。因此，学校要明确课后活动内容、服务团队人员的主要任务、不同时间段的责任等。不同时段负责人的管理责任，如表 1 所示。

表 1　不同时段负责人的管理责任

时间	内容		负责团队项目（负责人）
15：30~16：25	体育大课		锻炼指导（体育教师、班主任 / 副班主任）
16：30~17：30	周一	学科辅导	学科辅导 / 答疑辅导团队 / 阅读 / 书法（学科教师 / 中层以上干部 / 骨干教师）
	周二	大扫除	劳动教育（班主任 / 副班主任）/ 学科辅导（学科教师 // 中层以上干部 / 骨干教师））
	周三	自主选课	社团活动（社团服务机构教师）/ 特色活动（学校特色）学科辅导（学科教师 / 中层以上干部 / 骨干教师））
	周四	学科辅导	学科辅导 / 答疑辅导团队 / 阅读 / 书法（学科教师 / 中层以上干部 / 骨干教师）
	周五	自主选课	社团活动 / 特色活动

此外，学校课后服务团队还包括学校管理团队、外聘教师团、后勤服务团队、安全团队、防疫保障等。为保证课后服务的质量，学校还要针对不同团队提出相关的管理要求。例如，学科辅导（管理）教师在课后服务中的要求，如表2所示。

表 2　学科辅导（管理）教师在课后服务中的要求

不得以任何理由利用课后服务时间讲授新课
关注学生作业是否完成、完成的质量如何？看管并完成作业
关注学生用眼卫生及体育锻炼情况，认真组织，注意安全
可带领学生进行阅读课外读物、名著等
可发挥教师个人专长，带领学生开展丰富多彩的活动，如魔方
大赛、成语接龙、古诗背诵等学科拓展类的内容或动手实践类的内容

学校聘请校外聘团队要具有良好声誉、能够满足学生发展需求、服务性能力强的机构（最好是教委审核通过的机构）或有一定专长的教师（教师要具有教师资质），能够积极参与学校课后服务性工作，确保课后服务学生学习质量。在新冠肺炎疫情期间，特别要加强对外聘教师体温、健康码、行程码管理、每次进校前加强防疫常规检查、登记等要求。

3. 做好教师待遇及奖励方案设计

学校从教师薪酬发放原则、发放范围、发放考虑因素等方面做详细安排。对课后服务经费使用要建立健全使用管理制度，确保专款专用；在教师待遇上，多劳多酬，教师薪酬不与岗位、职称挂钩，根据教师提供的课后服务实际发生的工作量计次发放，确保所有费用用于参加学生课后服务工作人员。

4. 设计服务方案的可行性阶段安排

制定发展规划与评价标准，建立动态调整机制。保证"长期有规划，定期有评价"是课后服务高质量开展的必要条件。为确保课后服务工作顺利实施，学校在设计方案中可以设计调研阶段、试行阶段、实施阶段、总结调整几个阶段，有利于工作实施与自我评价。

三、课后服务的推进与实施

（一）围绕一个中心，推进课后服务工作

课后服务工作要以育人、提质、服务为中心，坚持以习近平新时代中国特色社会主义思想为指导，全面贯彻党的教育方针，落实立德树人根本任务，着眼建设高质量教育体系；落实"双减"工作，提高教育教学实效，促进学生全面健康成长；以学生发展为本，积极回应家长和学生需求，提高人民群众的教育获得感和幸福感。

（二）做到"两个坚持"，落实课后服务工作

1. 坚持不同阶段自查与反思

在课后服务工作的推进过程中，学校要结合自身的特点，不断加强对学校课后服务工作的自查与反思。

第一，要落实课后服务工作宣传。学校将课后服务的师资、场地、设施设备等实际情况、具体实施内容与要求，通过多种渠道告知每位家长，尽可能满足学生需求，便于家长自愿选择参与并能按照学校提出的要求积极支持学校课后服务工作。

第二，逐步完善课后服务体系。在实施推进过程中，管理团队和实施团队要反思遇到的问题、管理的空白点、人员安排与现实操作体系构建中的问题。自我检查课后服务实施是否科学合理、各个时间段管理是否落实。

第三，确保每天的课后服务作业时间，落实"双减"政策，提高质量。学校每天坚持作业公示制度，将各个学科的作业内容公示在班级黑板上。这样每位学科教师就都能根据要求控制作业总量，丰富作业形式，激发学生学习兴趣，落实"双减"政策，提高学习实效。

第四，加强课后工作调研与评价。了解学生和家长的基本需要，努力满足学生个性需要。评价的内容可以涉及时间安排、人员安排、学生作业管理、答疑活动设计、学生活动设计、不同层次学生学习需求等；评价的方式可以是家长调查问卷、学生访谈、教师访谈、干部会议等。

第五，加强对学生考勤管理，确保学生安全。学生在课后服务期间是自愿参与，学生离校情况是动态的。在学生课后服务工作中，要加强对学生离校管理和考勤管理非常必要。学校要建立每周上报课后服务学生管理机制，每周了解课后服务学生动态，确保学生离校安全和在校内的安全。学校要建立一支课后服务安全应急小组，选择年级组长、参与课后服务教师、年级配班教师、行政领导等组成安全疏导团队，为不同时段离校的学生保驾护航。

2. 坚持统筹兼顾、校内外相结合

怎样能够让有不同需求的学生都能在学校学习有收获、作业完成有保证、学业质量有提升、兴趣发展更加丰富？这不仅需要学校的努力，更需要全社会的共同努力。

第一，着眼学生多方面发展需要，科学制定课后服务内容，建立多元化学生自选内容。课后服务的 5 天内安排不同主题的内容，如阅读书吧、体育锻炼、社团体验、书法、绘画、手工制作、劳动教育等，安排不同时段的内容和不同主题的体验，能增强学生自主学习、自我锻炼的能力。

逐步构建校园课后服务小课堂。可以是集团内优秀课程分享的年级课程、中小衔接的特色课程，也可以是学校开展的特色活动课程，如打造精品课后服务月课程、主题文化课程。

第二，充分利用社会教育资源，拓宽课后服务渠道，逐步构建社区、家长参与的课后服务支持体系。

要实现课后服务价值最大化，还必须充分利用社会教育资源。2004 年，文化部、发展与改革委员会、教育部等部门印发《关于公益性文化设施向未成年人免费开放的实施意见》，其中提出："文化馆（站）、文化宫（工人文化宫、工人俱乐部）、青少年宫、儿童活动中心要坚持面向未成年人、服务未成年人的宗旨，并与学校综合实践活动相衔接，积极开展教育、科技、文化、艺术、体育等适合未成年人参与的活动。"❶ 如果能够将社会资源、社

---

❶ 文化部、国家发展改革委、教育部、科技部、民政部、财政部、国家文物局、解放军总政治部、全国总工会、共青团中央、全国妇联、中国科协 . 关于公益性文化设施向未成年人免费开放的实施意见 [EB/OL].（2004-09-19）[2022-7-31]. http：//www.moe.edu.cn/edoas/website18/info8398.htm.

区资源、家长资源予以充分利用，会有事半功倍的效果。比如，请社区工作人员介绍社区、引导孩子们从爱身边社区开始爱国；请社区志愿者带孩子跳跳舞，做做健身操；还可以结合各种节日契机，请武警、消防、公安、法院工作人员进校做视频讲座学习；在学生参与活动中，学校一个年级留 2~3 个老师，其他由家长义工服务。此外，家长资源不容忽视，家长可以给孩子们介绍自己的工作岗位，让孩子体会家长的辛劳等。把主题教育作为一种常态融入课后服务教育的内容之中，也是一种尝试。

（三）在整体推进实施中做到"六个关注"

做好课后服务工作要坚持做到"六个关注"：关注政策发布、关注数据做好监控、关注学校管理、关注服务内容设计、关注外聘机构、关注意见反馈。

只有政策清晰、方向明确，工作才不会走弯路，减少无效的工作；数据来自参与学生和教师的数量、学生和家长的调研数据、课程设计数量、教师分层参与的数量等，为顺利开展课后服务工作提供支持；做好学校内课后服务制度的制定和人员岗位职责，确保人员到位、岗位职责清晰；关注课后服务活动内容设计，结合学生心理特点积极稳妥地满足各类学生发展的需要；关注外聘进校参与服务的机构的资质，教师队伍情况、教师资源合理运用，最大化发挥其效能；关注意见和反馈为课后服务工作改进和提升提供保障。

课后服务在石景山区各中小学实施以来，进一步增强了学校教育服务能力、石景山区人民群众拥有了更多获得感和幸福感，家长更加信任学校、家校关系更加和谐。各个兄弟学校积极参与，结合学校实际不断实践、改进、提升，有很多优秀的做法和经验值得学习和借鉴。"办人民满意教育"从来都不是一句口号，更是一种责任与担当。在课后服务整体设计和推进中，学校仍有很多需要学习、需要改进和提升的空间。

学校课后服务中的团体活动形式及策略研究

邢东燕（北京市石景山区炮厂小学）

王月（北京市石景山区炮厂小学）

中共中央办公厅、国务院办公厅印发了《关于进一步减轻义务教育阶段学生作业负担和校外培训负担的意见》（以下简称《意见》）。从《意见》的名称表述中不难看出，此次"双减"的目标就是减轻学生作业负担，减轻校外培训负担。聚焦目标，《意见》给出了多条路径。其中，"提升学校课后服务水平，满足学生多样化需求"就是其中重要的一项。

一、课后服务团体活动的原则

学生是课后服务的对象，家长是课后服务的最大关切者。课后服务一是要解决家长上班时的后顾之忧，二是要满足学生发展过程中的个性化需求。因此，在做好课后服务工作中要注意以下原则。

（一）按需选择，趣味多样

课后服务要注重时间和内容的选择性，让家长可以根据自己不同的需求选择不同时段的不同内容参加课后服务。学校开设课后服务要求把学生从课外培训机构吸引到学校中，只有增强课后服务内容的趣味性，让学生喜欢课后服务所开设的课程，才能真正让学生参与课后服务中。只有课后服务的内容丰富了，学生才能在课后服务的过程中得到更好的个性化的发展。

（二）对标"双减"，基础保障

课后服务有明确的要求，即满足大部分学生在校内完成家庭作业，保证每天体育运动时间。这是基础的课后服务要求。因此,在课后服务课程设置中,要注意这些基础环节工作的落实,以保障课后服务达到基本要求。

(三)关注安全,服务保障

课后服务不同于一般的教学行为,它的地点、内容都会发生变化,学校以不同的团体形式开展。要注意课后服务的安全性,确保设计科学、规范,为孩子提供一个健康安全、细致贴心的生活服务。

二、寻找适合的团体活动形式

(一)团体活动,自主选择

目前,学校将 15:30~17:30 分成两个不同时段,在每个时段中制定不同的课后服务内容。家长可以根据不同的需求选择参加不同时段的课后服务,15:30、16:30、17:30 均可接学生。要将周一至周五每天的课后服务课表提前发到家长手中,家长可以自由选择课后服务的天数,大大提高家长的自主选择权。

(二)团体多样,内容多选

团体活动可以打破年龄界限,根据需求和爱好等力求多元设计。团体力求多样化,包括全体共同参与、班级形式、校内成立社团根据兴趣选择(打破年级)、校外课程自愿自选(打破年级)、特色团体活动。课后服务课程安排,如表 1 所示。

团体多样化的安排:在第一时段,既保证学生每天一小时阳光体育运动又丰富学生课程设置,提供多种课程内容供学生选择。让学生在融入不同团体活动中学会适应,每天都有不一样的收获。在第二时段,主要是保障学生在校内完成家庭作业,由于学生人数有变化,会有高、中、低段分班的情况,这样又有新的团体出现。为完成作业后的学生提供丰富的内容,如阅读、益智棋类、劳动技能、体育游戏、大扫除等，让学生每天都能在愉悦的氛围中结束一天的学习生活。

表 1　课后服务课程安排

时间	周一	周二	周三	周四	周五
15：30~16：30	武术 大课间 全校 军事课程 全校	班级体育活动 特色团体 活动 个性定制	科技课程 绘画课程 音乐课程 信息课程 武术课程 （学生自行选择， 以社团形式）	体育大课间 全校	硬笔书法 水墨画 立体纸工 传拓艺术 武术课程 （校外自选课程）
16：30~17：30	辅导答疑	辅导答疑	辅导答疑	辅导答疑	辅导答疑
	阅读课程	益智棋类	体育游戏	绘画课程	劳动技能

（三）依据特色课程开展团体活动

根据学校地理位置资源优势，在课后服务时段，适时打通课时安排，15：30~17：30开设多学科整合探究实践主题课程，以教师研究团队带领的学生研究小组为一个研究团体开展活动。例如，可持续发展课程：情系天泰山系列"打卡南马场"，前期全体学生参与，但在课后服务时段以研究团体的形式进行深度学习共20人，分别为四至六年级的学生。本次活动进行再次实地探访、现场采访，设计讨论，实践探究……在教师的带领下形成促进天泰山地区发展的提案和研究性学习成果，并参加模拟政协提案，得到政协委员的赞许并被评为北京市优秀提案。随即学校继续开展围绕天泰山开发的新课程，在课后服务时段又开设了新的团体活动"寻秋慈善寺"。共有两个研究小组，其中一个为讲解团由8人组成，课程实践由14人组成，探究慈善寺爱国主义教育基地、慈善寺制香文化、慈善寺多样化植被等内容。在课程不断推进中，学校在慈善寺还开辟了中草药种植园，于是又开展了新的团体活动，以中草药种植与开发为课程内容，利用课后服务团体活动进行相关研究与实践。

学校课程开发与课后服务团体活动的深度融合，为学生打开了学习与成长大门，根据学生特长、个性、自我展示能力、动手实践能力等，增强学生责任意识，提升学生综合素养。

（四）军校共建国防军事团体活动

学校与周边某部队共同携手共建"国防课程"与"军事体验课程"，并将其纳入课后服务团体活动中。活动共组建 6 个团体，每个团体 20 人左右，让学生通过国防理论内容提升国防意识，理解"强国必须强军"。通过军事体验课体验军训，学生感受到军人的艰苦训练和优良作风，为自己树立榜样，在心里埋下一颗爱国、爱党、爱人民军队的种子。每学期期末，开展全校汇报表演，学生将自己的历练成果进行展示，增强国防观念和组织纪律性，养成良好的学风和生活作风。

三、课后服务团体活动中应注意的问题

加强课后服务管理，保证课后服务质量。由于学校在课后服务中开展较多的团体活动，在每个时段就需要增加监管力度，教师均要实行点名制度，以确保每个学生到位参加活动。在课后服务管理中，学校成立巡视监控小组，对课后服务质量提供保障，每一位参与课后服务的教师都要针对课后服务内容的完成情况、纪律情况或者学生完成作业情况等进行反馈。学校掌握课后服务的真实数据，以此保证课后服务的质量。学校根据每月总结不断完善安全管理制度，明确课后服务人员责任，加强对师生安全卫生意识的教育，落实严格交接班和应急管理预案，确保学生人身安全。

为保障课后服务质量，学校对校外培训机构也制定了准入机制，与学校共同设计教学计划。学校会随时听课，保证每次上课都有本校行政人员或教师巡视，发现问题并及时解决，以保证课程质量。每次课后，校外培训机构要将学生的学习情况和学习效果发到相应群中供学校随时验收。

四、课后服务效果评价

在每学期期末，设计家长和学生课后服务满意度调研。2021—2022 学期调研结果如下：学生 100% 参与学校的课后服务中，其中参加课后服务到 16：30 的比例为 1000%，到 17：30 的比例达到 70% 以上。

（1）家长问卷中，家长支持学生在校参加课后服务的占全校学生人数的 94.87%。学校开展课后服务后，孩子在课外机构或者线上课程减少了 35.90%。可见，家长对课后服务有巨大需求，并对学校开展课后服务具有较高的信任度和认可度。

（2）家长对课后服务的满意度达到 97%，学生对学校课后服务的满意度达到 100%。学校开设以提升学生综合素质为基础的课后服务课程的形式多样、服务内容丰富，为学生提供了学习和发展空间，得到了家长和学生的认可。

（3）参加全程课后服务的同学中，在学校完成作业率的情况是：三年级 93%，四年级 100%，五年级 83%，六年级 100%。这说明课后服务有效地减少了学生回家做作业的时间，使学生能够有更多的时间参加体育锻炼和其他活动，有利于学生的健康发展和家庭的和谐幸福。

小学课后服务中的课业辅导形式及策略研究

陈晨（北京市石景山区红旗小学）

在"双减"政策出台之前，"减负"在 2000 年就在全国各地展开了，但效果并不明显。2018 年，教育部门对北京市城六区的五年级学生参加课外培训结构调查结果也显示，超过半数的学生参与了校外辅导。只为提升分数的校外的课业辅导俨然影响了正常的教育体系，到底是"谁在培养人"的问题已成为一个社会问题。2021 年，"双减"政策出台，学校提供有质量的课业辅导，让教育回归学校成为当下刻不容缓的议题。

一、课后服务课业辅导的特征

探究形式和策略前，要研究透"双减"政策要求。2021 年 7 月 24 日，中共中央办公厅、国务院办公厅印发的《关于进一步减轻义务教育阶段学生作业负担和校外培训负担的意见》（以下简称《意见》），从中可以概括出关于学校提供课业辅导的几点特征，以此设计符合要求的课业辅导形式及策略。

（一）课业辅导的战略性

从《意见》总体要求来看，学校站位和认识要高。因为教育既是民生，更是国之大计、党之大计，要着眼高质量教育体系建设，充分发挥学校育人主渠道作用。现在坐在教室里的是未来的社会中坚力量，学校要担起把他们培养成合格建设者和可靠接班人的责任。2021 年中国已经全面建成小康社会，提供校内课业辅导，不仅是为了构建教育的良好生态，也是为了增强人民小康社会的幸福感，构建社会和教育的和谐生态。

（二）课业辅导的规范性

《意见》中对课业辅导有明确的具体要求，为学校全面贯彻落实"双减"工作提供了标准。《意见》第十条提出，学校要"充分用好课后服务时间，指导学生认真完成作业"，明确了课业辅导是学校课后服务中的一项要求，学校必须要提供课业辅导服务。在丰富服务内容中，《意见》要求学校"组织优秀教师对学习有困难的学生进行课业答疑和辅导，为学有余力的学生拓展学习空间"。《意见》还明确了课业辅导的服务时间、内容、方式、对象和提供者等。这就需要学校建立健全课业辅导相关制度及方案，确保课业辅导的规范性。

（三）课业辅导的多元化

《意见》对课业辅导的要求之一是体现出其多元化。一是辅导内容多元。与日常教学不同，课业辅导需要提供作业、补习、辅导、答疑和拓展等服务；二是辅导形式多元，鼓励教师打破行政班的统一授课，面对不同的对象，因材施教，切实提供有效的辅导服务。也就是说，不同层次的学生能够在学校基本完成书面作业，并有相应能力的提升。文件还建议，学校可以充分利用"互联网＋基础教育"工程，做强做优免费线上学习服务。例如，打造"双师课堂"，让学生享受跨校甚至跨区域的优质资源，但限于校与校之间的信息技术硬件差异，目前推进有一定困难，但线上辅导是今后的发展趋势。

（四）课业辅导的优质性

《意见》的第十一条指出"课后服务一般由本校教师承担，校级干部、特级教师、市区级学科带头人、骨干教师应主动承担课后服务工作任务"。也就是说，课后服务不仅由本校教师承担，骨干教师等优秀教师应主动承担课后服务工作任务，必须主动发挥自身优质服务属性及辐射作用，以提升本校的校内课业辅导质量，努力达到家长满意的程度。

二、本校课业辅导现状

为更科学、合理地探究课业辅导的形式及策略，我们对目前学校的课业服务及课业辅导工作进行了梳理和调研。

（一）参与人员

北京市石景山区红旗小学是一所义务教育学校，共有六个年级，每年级有两个行政班，共有学生 356 人。课后服务做到了全覆盖，同时秉持家长自愿参加的原则。目前，全体学生参与学校课后服务中，其中 348 人选择周一至周五 15：30~17：30 参与课后服务。学校专任教师 28 人，语文教师 9 人、数学教师 6 人、英语教师 3 人，全部本科以上学历。其中，骨干教师 4 人，全员参与课后服务工作。

（二）制度保障

在时间上，学校课后服务方案中具体安排为两个时段，分别为 15：30~16：30 和 16：30~17：30。目前，第二时段为学生课业辅导时间。

在提供服务的人员上，为了保障教师工作权益和参与课后服务的积极性，学校按照工作量和参与课后服务的时间，建立了教师弹性上下班的工作制度。由班级的正副班主任轮流负责课后服务工作，确保班班有人负责，同时也减轻了教师的工作压力。

在作业控制上，为贯彻落实"双减"政策要求，严格控制各年级作业总量和作业时长。学校细化原有的作业管理机制，发挥中小学最基本的"育人单元"——学科组和年级组，统筹规划作业总量，合理调控作业结构。同时，为避免作业管理流于形式、缺少监督，在原有教研组作业检查的基础上，学校建立健全作业"双公示"制度，在学校大厅对每周的三至六年级每天的作业进行公示；班级内对每天语、数、英三科的作业进行公示，确保作业总量和时长符合政策要求。

（三）学生在校完成作业情况统计

为真实了解学生目前在校完成作业情况，我们也对三至六年级班级学生在校完成作业情况进行了调查统计（见表1）。

表1　学校三至六年级学生在校完成作业情况统计表

班级	班级人数	在校基本完成人数	完成率	班级	班级人数	在校基本完成人数	完成率
三（1）班	31	28	90.3%	三（2）班	30	28	93.3%
四（1）班	24	22	91.7%	四（2）班	22	19	86.4%
五（1）班	28	21	75.0%	五（2）班	31	23	74.2%
六（1）班	19	16	84.2%	六（2）班	19	16	84.2%

（四）现状分析

首先，从学校师生比1：13来看，教师能够有精力去关注大部分学生，有助于取得更好的教育效果。但从单一学科来看，数学教师和英语教师的课业辅导工作量是比较重的。尤其英语这种专业性较强的学科，非英语学科教师是很难给予学生科学有效的指导。学科骨干教师虽然作为正副班主任，参与了课后服务工作，但还没能充分发挥出自身的优秀服务属性及辐射作用。

其次，从数据分析能直观发现在校大部分学生已经能够在学校完成作业，但年级与班级学生作业完成情况差异大。通过访谈不能在校完成作业的学生发现，在作业内容相同情况下，学习有困难的学生在校完成三科作业是有困难的。在这些学生中，有少部分存在学习习惯差和专注度不够的问题。同时，我们也对能够完成作业的学生进行了考察。少部分学生能超前15分钟完成作业，剩余时间能够自主安排活动，对自身提升有一定的帮助。

三、课业辅导形式及策略

基于学校的课业辅导现状分析，"双减"领导班子商讨决定，要以"充分满足学生和家长需求，推进课后服务全面覆盖"为出发点，以"提质增效、减轻学生作业负担和加强课后服务供给"为原则，结合学校工作实际科学合理制定课业辅导实施方案。具体工作将围绕"发挥骨干教师作用"和"组织优秀教师对学习有困难的学生进行课业答疑和辅导，为学有余力的学生拓展学习空间"这两点展开。

（一）课业辅导形式

1. 跨学科、跨学段、跨班级的师生辅导

为解决师资紧张的情况，发挥骨干教师作用，学校采取跨学科、跨班级的师生辅导形式。跨学科是基于教师都有一定的知识储备，所有学生遇到的问题都可以先寻求当天服务教师来答疑解惑。

对于专业性过强的问题，学校打破行政班级限制。例如，在数学教师排班上重新进行了调整，同学段的数学教师尽量交错弹性上下班。这样学生遇到问题时，都能找到本学段的教师进行有效的"一对一"辅导。

同时，为了充分发挥骨干教师的作用，同时不增加教师的工作时间，学校根据骨干教师的课后服务时间进行了统筹安排（见表2）。骨干教师当天除了提供本班"一对多"辅导，还要在本班教室承担起"一对一"辅导任务。学生可以根据具体安排，到规定教室去寻找学科骨干教师，体现出学校课业辅导的优质性。

表 2　学校骨干教师课业辅导具体安排

周一 语文课业辅导	周三 数学课业辅导	周四 语文课业辅导	周五 英语课业辅导
四（1）班教室	五（1）班教室	六（2）班教室	一（2）班教室

2. 生生辅导发挥学生主体作用

本着"以生为本"的原则，学有余力的学生完全可以发挥自己的主体作用，为学习有困难的学生提供帮助，学校开展了"共同成长，牵手未来"的主题活动。通过教师安排或者学生自愿结合的形式，让班级中有能力的学

生帮助小伙伴好好学习，解决学习上遇到的难题，让学习有困难的学生感到大家庭的温暖，使之快乐学习和成长。这一措施帮助学生能力得到了提升，体现出了学校课业辅导的多元性。

（二）课业辅导策略

1. 课上诊断，课下提供科学有效的课业分层辅导

作业完成时间并不能说明学生在校内学足和学好了。前期调研中，依据作业完成时间来判定学生学习是否有困难或是否学有余力是比较片面的。教师要想在课业辅导中给予学生有针对性的指导，就要像上课前备好课一样。于是，数学组设计课上学习任务单，使学生的思维过程不再是不可检测，而是由浅入深地呈现在任务单上。每一个学生的问题都可依据课上学习任务单来诊断，这样教师就可以在课业辅导中对学生进行科学分层。

2. 优化作业设计，兼顾巩固与提升的分层辅导属性

学生完成作业时间的个体差异大，多由对作业兴致、学习习惯和专注度等不同造成。为突破这一难点，就要在作业设计的质量上下功夫。针对分层，各教研组对教材深度剖析，研究教材习题，对其进行选择、分层、改编、拓展，增强学生作业的针对性和选择性。例如，语文组就聚焦学生阅读能力，将教材同步阅读作为课外阅读书籍。其选文较其他文章合集相比，更符合课程标准的要求，也更贴近教材。教师结合单元学习要素，仿照教材课后习题，自主设计教材同步阅读分层作业。

3. 依据学段、学科特点设计可供选择的课业辅导

小学是义务教育阶段跨度最大的学段，课业辅导内容也要"以学生为本"，依据学生成长规律及意愿进行设计。例如，中段正是培养习惯和学生具象思维向抽象思维转化的过渡时期，在课业辅导时间，中段语文教师可以鼓励学生利用班级和楼道图书角进行课外阅读，帮助学生养成良好的阅读习惯，也为今后自主阅读打下基础。数学教师则可以给学生设计数独等提升思维能力的实践活动，大大激发学生对数学学习的热情。学生还可以根据自己

当天完成作业情况及三科学习情况进行自主选择学习内容及学习方式，极大地满足学习需求及家长需求。

四、实施效果

为客观了解课后服务形式及辅导的实施效果，我们还对三至六年级家长进行了问卷调查。统计数据显示，实答 208 人，其中参加课业辅导时段的人数为 203 人。其中，第四题"您的孩子在校内课业辅导时间完成作业情况"的调查数据显示，在校完成作业率高达至 90.2%，提升了 4%。第六题"您觉得您的孩子参加校内课业辅导后进步是否明显"，有 167 位家长认为学生有明显进步。其中，有 85.6% 的家长认为孩子进步原因是教师给予有针对性的答疑辅导，对教师辅导答疑的满意度高达 97.6%。这说明短短一个月的时间，学校所实施课业辅导的形式及策略取得了一定成效，切实减轻了学生的课业负担。

本次问卷也对学生参加校外学科类辅导的情况进行了调查。数据显示，三至六年级有 44 名学生参与校外学科类辅导，占比 21.3%；但在第九题"结合学校目前课业辅导情况，今后您会选择"中，有 198 名家长选择校内课业辅导，只有 10 位家长依旧选择校外辅导。这在一定程度上显示出了家长对学校课业辅导工作的认可。

同时，我们也对本校参与教师课业辅导教师进行了访谈。大部分教师谈到，在探究和推行课业辅导策略的过程中对"双减"工作的认识不断深入，并在研究过程中提升了自身的专业素养；也有小部分教师反馈压力与成长并行。

综上所述，"双减"背景下，学校应该要主动面对学生及家长的需求，承担起学校育人主渠道的责任，结合本校实际情况，研究本校的课业辅导工作，尽可能为学生提供规范、多元、优质的课业辅导，构建学生、家长、教师都满意的课业辅导形式与策略。

基于项目学习提升课后服务质量的实践研究

吴悦（北京市高井中学）

2021 年 7 月，中共中央办公厅、国务院办公厅印发了《关于进一步减轻义务教育阶段学生作业负担和校外培训负担的意见》，其中明确要求"提升学校课后服务水平，满足学生多样化需求"。由此可见，提供课后服务是"双减"政策落地的重要一环，学校教研组开展了一系列的项目学习研究。

一、"双减"背景下学校课后服务的机遇与挑战

（一）相关政策要求

《关于进一步减轻义务教育阶段学生作业负担和校外培训负担的意见》提出："要坚持政府主导、多方联动，强化政府统筹，落实部门职责，发挥学校主体作用，健全保障政策，明确家校社协同责任……提高课后服务质量。学校要制定课后服务实施方案，增强课后服务的吸引力。充分用好课后服务时间，指导学生认真完成作业，对学习有困难的学生进行补习辅导与答疑，为学有余力的学生拓展学习空间，开展丰富多彩的科普、文体、艺术、劳动、阅读、兴趣小组及社团活动。"❶ 因此，推进"双减"工作，学校的主体作用不可或缺，同时教师也要基于学情合理设计课后服务内容。

在 2022 年 4 月发布的《义务教育课程方案（2022 年版）》对课程实施部分也提出了建议，特别是在深化教学改革中提倡坚持素养导向、强化学科实践、推进综合学习、落实因材施教。"引导学生参加学科探究活动，经历

---

❶ 中共中央办公厅、国务院办公厅. 关于进一步减轻义务教育阶段学生作业负担和校外培训负担的意见 [EB/OL].（2021-07-24）[2022-08-01]. http://www.moe.gov.cn/jyb_xxgk/moe_1777/moe_1778/202107/t20210724_546576.html.

发现问题、解决问题、构建知识、运用知识的过程，体会学科思想方法。加强知识学习与学生经验、现实生活、社会实践之间的联系等。鼓励积极开展主体化、项目式学习等综合性教学活动。"❶

从上述政策中不难看出，全面落实"双减"政策，就势必要下大力气优化校内教育，健全学校教育质量服务体系，切实做到教师应教尽教、学生学足学好。

（二）学校面临的机遇和挑战

在近几年落实相关政策的过程中，学校结合学生实际情况积极行动，充分利用在管理、人员、场地和资源等方面的优势，主动承担起学生课后服务主体责任。在强化学校管理的同时，学校努力健全课后服务制度，从组织相关人员到制定应对方案再到监督检查等，都在一步一步跟进落实，保障学生课后服务质量。这也为学校整体规划教育教学方案，构建本校的课程体系提供了新的抓手和思路。

但在实际探索中也遇到了很多挑战，学校需要基于学生自愿原则，在课后服务的内容和时间上做出合理规划。不同年级、不同学生如何做到"因材施教""有效分层"？如何以学生为本，遵循教育规律，着眼学生身心健康成长，保障学生休息权利的前提下整体提升学校教育教学质量？如何平衡课堂教育与课后服务的内容，避免重复性、单一性的课业辅导？这些也是我们需要深入思考的问题。

（三）项目学习的内涵、特征与意义

1. 项目学习的内涵和特征

项目学习作为建构主义理论下的一种情境式学习方式，是从学生的视角出发，通过理解概念并将所学运用到真实情境之中，在实践过程中通过发现

---

❶ 中华人民共和国教育部.义务教育课程方案（2022年版）[M].北京:北京师范大学出版社,2022（4）: 14.

问题、研究问题和解决问题。项目学习管理积极地将知识与实践有机整合在一起，使学生能够像科学家、历史学家、经济学家一样参与真实且有意义的问题中，从而获得更好的学习效果。

项目学习的特征包括从一个需要解决的问题开始，即驱动型问题，科学的标准，真实参与协作性活动，技术在学习中运用和创作有形的产品等。

2. 课后服务中的特殊要求

课后服务工作要遵循教育规律和学生成长规律，有利于促进学生全面发展。课后服务内容主要是安排学生做作业、自主阅读，开展体育、艺术、科普活动，以及组织娱乐游戏、拓展训练、社团及兴趣小组活动、观看适宜儿童的影片等。在课后服务中，学校提倡对个别学习有困难的学生给予免费辅导帮助；坚决防止将课后服务变相成为集体教学或"补课"；鼓励与校外活动场所联合组织开展学生综合实践活动，或组织学生就近到社区、企事业单位开展社会实践活动。

3. 项目学习与课后服务相结合的意义和价值

（1）项目学习有利于提升学科素养。初中阶段，课程方案中每个学科的课时制定，在学习活动中总有不能深入开展的学习内容。因此，项目学习可以很好地将其整合在一起，借助课后服务时间，在知识广度和深度上帮助学生进一步提升学科素养。

（2）项目学习有利于提高学习的自主性。基于课后服务学生情况的差异，不同的学生可以选择自己感兴趣的项目，既可以从学生自身的兴趣点出发，也可以解决的一些真实的问题。总之，学生在内容上具有高度的自主性，同时也正因为自己所选来源于自身对项目的热爱，大大提高了学习动力。

（3）项目学习有利于建构学习共同体。学习共同体本身所包含的对象既有学生也有教师。在这里，教师除了是学习的组织者更是指导者和同伴，见证学生从兴趣到问题，从问题到实践，从实践到成果。在项目学习过程中，教师帮助学生学会运用知识，将学习内容最大化，在"做中学"。

二、项目学习助力课后服务的探索

（一）项目学习的主要过程

1. 提出驱动性问题

良好的开端是成功的一半。这里提出的驱动性问题应具有可行性、价值性、情境性、意义性。在提出驱动性问题后，教师鼓励学生提出与项目驱动性问题相关的思考，它也是未来该小组的项目研究的核心。

2. 制订项目学习目标

目标往往会决定着项目学习发展的方向，因此也是开展主要活动前需要深思熟虑的部分。其出发点和归宿都应该是助力学生的成长，在此过程中，需要学生具备哪些知识、哪些方法或能力，需要在开展活动前有一个清晰的认知。就好像开展课题研究一样，制订清晰和切实可行的目标有利于后期项目的推进。

3. 开展项目学习活动

在这一阶段，各组学生都已经选定了自己的项目，提出了相关问题和主要思路，而教师需要借助信息技术或其他必要技术帮助学生在研究问题的过程中更具规范性和科学性。当然，方法指导课也可以在此阶段先开展，随后在跟进中不断调整。

4. 制作与推广项目产品

每一个项目最终需要有产品产出，这一阶段也是学生最感兴趣和激动的部分。这里的产品既包括实体模型、报告、研究记录，也包括制作的视频、编演的戏剧等。总之，形式是多彩多样的，学生可以选择自己希望呈现的样子。在最终成果展示中，学生可以通过介绍产品，重新复盘或审视自己的项目，从而能够有所收获或发现新的问题。

（二）项目学习助力课后服务的原则

1. 注意与课堂教学的差异性

课后服务不是课堂教学，因此课后的服务内容要有意识地区别课堂的项目学习活动，即不能直接将课堂中的学习内容放在课后服务中。基于学生的差异，更需要教师选择新的项目内容，但是它又需要与本学科在知识上有所关联。教师可以从《义务教育课程标准（2022年版）》中找到适合自己学科的活动内容，当然也可以考虑跨学科主题活动。

2. 注重内容的趣味性

基于项目学习自身的特点，有趣的内容上利于学生积极参与。因此，在设计整个活动前，选择学生感兴趣的内容是十分关键的一环。在兴趣的驱动下，学生的积极性与主动性会大大提高。

3. 关注问题的真实性

项目学习的初始便是一个有价值、真实情境下的驱动问题，因此选择什么样的问题也是非常重要的。问题是否真实直接影响整个活动过程，特别是最后项目的产品产出。因此，在选择时，需要内容上基于学科特点，慎重考虑驱动问题的设置。

4. 把握方法指导的持续性

任何一种学习都不能是放养式的，都应基于科学的方法指导，项目学习也不例外。在此过程中，教师的角色十分重要，既是陪伴者，也是指导者，对学生要导之以方向、辅之以方法。在学生遇到问题时，教师要搭建"脚手架"，帮助学生通过自己的努力去解决问题，这样的指导更有效。

5. 侧重评价的有效性

"教—学—评"的创新已经成为现阶段义务教育在实施中越来越重视的部分，尤其是项目学习评价更注重过程性。由于时段和内容不同、方法和问题不同，评价的方式也需要多元化。教师要关注学生真实的进步（包括必要的失败和经验总结），注重综合运用和适度推进表现性评价，让学生在评价中有所收获，提高自我效能感。

（三）项目学习助力课后服务的积极实践

1. 教研组关于项目学习助力课后服务的主要研究历程

随着教育改革的推进，教学方式的变革发展，自 2020 年起，项目学习开始在学校的课堂教学中不断得到实践和探索。从 2022 年 3 月起，学校以政治、历史、地理教研组为主力，开展组织项目学习提升课后服务质量的专题教研活动。此活动以项目学习助力课后服务为专题研究对象，开展相关的问题研讨，并借助不同平台和资源，帮助教师完善课后服务的形式与内容，提高课后服务量。

依据教研组计划，首先教师开展关于"双减"问题的研讨和主题确定。其次将研究问题聚焦为"双减背景下基于项目学习提升课后服务质量的实践研究"；最后，组内教师整理已有的实践经验和做法、反思问题，并在组内活动中进行分享。在规划时间内，组内教师在原有基础上设计适合本年级本学科的课后服务活动方案，并跟进实践活动方案、做好过程记录，收集整理相关实践资料。

2. 项目学习助力课后服务前后教研组服务内容的变化

在以往的课后服务中，政治、历史、地理教研组提供的课后服务基本以课业辅导为主，在项目学习引入课后服务后，选择的范围也有所扩大（见表 1）。

表 1　政史地课后服务内容变化

年级	学科	之前服务内容	变化后的内容（部分）	
初一年级	地理	课业辅导	项目学习课业辅导	物候、天文观测
	历史			历史人物故事会
初二年级	历史			中国传统文化推荐
	地理			模型制作
	道法			社会调查
初三年级	政治、历史、地理			课业辅导

三、成效与反思

（一）成效

1. 项目学习助力课后服务丰富内容和形式

学校课后服务主要形式包括体育训练、艺术培养、课业辅导等。项目学习本身实践性极强，在不同的项目中所用的方法和呈现的方式多元，这就为课后服务提供了更丰富多彩的形式。课后服务内容和形式也多种多样，让学生基于兴趣的基础上可以自主地选择，更加注重对在真实情景下解决问题能力的培养。学生的主动学习、合作学习、探究学习贯穿活动始终，发挥了同伴互助的积极作用。地理学科中我国传统民居的模型制作（见图1），让学生在了解我国地理环境和自然气候的基础上，通过小组的合作探究，延伸发展学习的内容，丰富课余生活。

图1 地理学科的项目学习成果

2. 项目学习活动助力师生共同发展

（1）教师层面。借助项目学习在课后服务中的推进，让教师在教学资源开发与利用、组织实施能力、针对性指导等进行方面合理地思考和设计。每一个项目的有序开展，都离不开教师的前期准备和过程中的必要指导。在此过程中，不同学科教师也进行了有效合作。例如历史学科与美术学科的"中国式浪漫我来推荐"这一项目内容就利用本学期每周四下午的课后服务时间，在初一年级积极展开，共有14名同学主动参与。两位老师和14名同学通过积极努力组建了一个关于中国传统文化的学习共同体，学习从线下一直延续到线上。

由于在课后服务中学生需求的差异较大，所以学校打破了年级限制，允许不同年级、班级的学生在同一个或多个教师的指导下开展项目学习活动。这让学生在新的环境中认识了不同班级、年级的同伴，也有利于他们从这些同伴身上汲取智慧。同样，教师也可以更加有针对性地因材施教，借助团队力量，为学生按需提供相关帮助。这样就建构起一个以项目学习为主的学习共同体，在解决真实问题的过程中，大家发挥各自的特长，在教师的指导下感受学习的过程，提高不同学科的素养。

（2）学生层面。借助项目学习，学生能够在做中学，学生的参与度高，自我效能感得到提升。同时，进行项目研究的学生在科学规范的学习方法的指导下，全面发展，每一个项目产品的产出都不开小组成员共同的努力。在产品推介过程中，学生也表现出了与以往不同的热情和兴趣（见图2）。在"中国式浪漫我来推荐"这一项目中，96%的学生对小组所选的内容感兴趣，97%的学生很享受每一次小组活动的时间。92%的学生对于小组项目成果的制作感到非常满意。这些都能充分说明项目学习带给了他们学习的乐趣。

图2 历史、美术学科的项目学习

（二）反思

1. 问题与困惑

由于学生的差异性，在具体实施中还需要关注内容的选择和方法是否合适。除此之外，课后服务中的学生不是自己所任教年级，也在管理上给教师提出了新的挑战。如何利用好课后服务时间做好项目学习，需要合理统筹的思考。

2. 展望与设想

在下一阶段，尤其是下学期的重点工作中，教研组会发挥团队力量，不同年级的教师针对学情进行信息的共享，同时合理统筹课堂学习内容与课后服务衔接，将可做的项目进行有机整合，可以从组内跨学科进行尝试。例如，对北京文化、国家安全教育等多个项目进行活动的设计。

综上，基于项目学习提升课后服务质量的实践研究是我们给自己找到的新课题，也是未来推动我们继续在教育改革道路上不断前进的新挑战。

小学课后服务中名著阅读活动的实践与研究

——以《三国演义》阅读活动为例

武雪梅（北京市石景山区金顶街第二小学）

一、在小学课后服务中开展名著阅读活动的背景

（一）贯彻"双减"政策的现实需要

2021年7月，中共中央办公厅、国务院办公厅印发《关于进一步减轻义务教育阶段学生作业负担和校外培训负担的意见》❶。"双减"政策的实施是为了贯彻党的教育方针，落实立德树人的根本任务，强化学校教育主阵地作用。其中，提升学校课后服务水平，有效实施各种课后育人活动，满足学生多样化需求，有效缓解家长焦虑情绪，是学校尤其是教研组一项非常重要的工作。

（二）落实课程标准的教学需求

对于第三学段的文学阅读与创意表达，《义务教育语文课程标准（2022年版）》提出："阅读表现人与社会的优秀文学作品，走进广阔的文学艺术世界，学习品味语言、欣赏艺术形象，复述印象深刻的故事情节，积累多样的情感体验，学习联想与想象，尝试富有创意的表达。"❷

---

❶ 中共中央办公厅、国务院办公厅.关于进一步减轻义务教育阶段学生作业负担和校外培训负担的意见 [EB/OL].（2021-07-24）[2022-08-01]. http://www.moe.gov.cn/jyb_xxgk/moe_1777/moe_1778/202107/t20210724_546576.html.

❷ 中华人民共和国教育部.义务教育语文课程标准（2022年版）[M].北京：北京师范大学出版社，2022：27.

"经典名著阅读过程中的情感共鸣一方面可以丰富学生的情感世界,另一方面能够提升学生的道德品质,由此实现文学的教化功能。经典名著的美学价值、语言魅力和情感影响力是体现其文学价值的三个主要方面。"❶优秀的文学作品蕴含着丰富的人文内涵。学生品读文章,跨越时空与优秀人物展开对话,能够从他们的身上习得自强不息、扶危济困、孝老爱亲等中华优秀的传统美德。经典名著阅读,尤其是古典小说阅读,还能让学生在潜心阅读中感受中华人文精神和传统文化的魅力。

(三)当前阅读教学的实践需要

1. 名著阅读教学的重要意义

2019 年,推动全民阅读第六次被写入《政府工作报告》,校园阅读是全民阅读的基础工程,对于提升中小学生阅读素养至关重要。统编版语文教材形成了"精读""略读""课外阅读""三位一体"的阅读理念,使课外阅读与课内阅读有机整合,共同促进学生阅读能力的提升。名著阅读教学更是为学生提供了丰富的阅读素材,学生恰当地运用阅读方法开启阅读,能丰富阅读生活和阅读体验,获得可持续的学习能力,进而推动校园阅读工程的开展。

2. 名著阅读教学在实施过程中存在的问题

在语文教学中推进名著阅读,还存在一些亟待解决的实际问题。由于学生目前学业和课时的安排问题,学生缺乏完整的阅读时间和阅读空间。如果将学生置身于相对孤立、简单的阅读环境中,学生的阅读也只是单一的输入输出,无法形成阅读共同体去交流读书心得,分享阅读的体验。而教师在依据学情推进阶段性阅读实践活动时,需要时间和空间的保证。

为了落实"双减"政策,发掘课后服务的课程资源,使之丰富化、多样化、个性化,同时又为教学实际需求服务,我们对于小学课后服务中开展名著阅读活动进行了实践和研究。

---

❶ 吴欣歆.培养真正的阅读者:整本书阅读理论基础 [M].上海:上海教育出版社,2019:46.

二、名著阅读实践活动之《三国演义》阅读活动实施过程

（一）学校课后服务的整体安排

根据学生的成长需要和家长的教育需求，目前学校开展课后服务的时间及课时内容分配如下：第一时段 15：30~16：30 为课程内容，安排丰富多彩的课程，拓展学生的学习空间和课余生活。第二时段 16：30~17：30 由语文、数学、英语主科教师共同承担，进行学科辅导和答疑，开展实践活动。学校课后服务的整体安排，体现课后服务内容的多样性和丰富性，促进学生的全面发展和健康成长。

（二）学生在阅读名著过程中的真实需求

在开启名著单元学习之前，我们对学生进行了简单的前测（见图1）。从前测结果看出，大部分学生熟知四大名著，这与学生的阅读经历和阅读环境有很大的关系。学生可以从动画作品，影视作品和简化版等途径更多地了解四大名著。一部分学生有了心中喜欢的特定人物，这是学生对名著内容、人物形象和主题思想的内化过程，是沉浸式有效阅读的体现。在经历了简化版的阅读经历后，一部分学生尝试阅读原著并进行对比，这也是名著阅读进阶的体现。当然，在阅读中学生出现阅读障碍也是正常的，这是真实阅读的一种体现。在四大名著的阅读上，学生更偏重《三国演义》这部名著的阅读。教师根据前测的反馈情况设计课堂教学活动和语文实践活动，为学生更好地阅读名著、解决阅读中的问题提供助力。

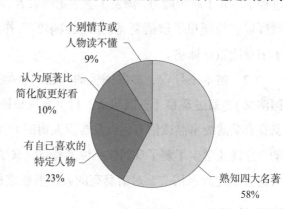

图1　名著阅读前测数据呈现

（三）课后服务中名著阅读实践活动的具体实施

《义务教育语文课程标准（2022 年版）》提出："义务教育语文课程围绕立德树人根本任务，充分发挥其独特的育人功能和奠基作用，以促进学生核心素养发展为目的，以识字与写字、阅读与鉴赏、表达与交流、梳理与探究等语文综合实践活动为主线，综合建构素养型课程目标体系。"❶

为了落实语文课程标准，立足学生核心素养发展，结合学校课后服务的整体安排和学科特色，我们设计了以阅读与鉴赏、表达与交流、梳理与探究为主线的"'读经典名著，赏人物形象，品文化魅力'——走进《三国演义》"名著阅读实践活动。根据教学进度、学生需求、时间安排，活动共分为以下四个环节。

1. 第一环节：知人论世，走进名著

（1）初识人物形象，培养学生思辨能力。在课堂教学活动中，教师以自主、合作、探究的模式，围绕核心问题"诸葛亮的神机妙算体现在哪里？"展开教学。学生可以结合课文或者自己前期的阅读实践对人物形象进行梳理，从而归纳出诸葛亮的神机妙算体现在"上知天文""下晓地理""巧识人心"这三个方面，对神机妙算的诸葛亮、嫉贤妒能的周瑜、忠厚守信的鲁肃和谨慎多疑的曹操有了初步的认识。学生在分析文章、评价人物的过程中培养了思辨能力，激发了学生走进名著、全面了解人物的兴趣。随后，教师以"你还想了解诸葛亮的哪些故事？"作为本节课的阅读拓展，为整本书导读做好铺垫。

（2）整本书导读，激发阅读的兴趣。教师按照《草船借箭》引出《三国演义》，通过观察《三国演义》目录发现章回体小说特点，通过梳理与诸葛亮有关的故事品读情节，以及赏析人物四个教学步骤开展导读课的教学活动。这既让学生了解了章回体小说的特点，又了解了《三国演义》内容，同时通过梳理故事情节，对诸葛亮的人物形象进行再认识。在初读整本书后，

❶ 中华人民共和国教育部. 义务教育语文课程标准（2022 年版）[M]. 北京：北京师范大学出版社，2022：2.

可采用以故事情节梳理选择一个人物进行再阅读的方法，激发学生走进名著深入了解人物性格和命运的阅读欲望。

（3）畅读《三国演义》，习得阅读方法。有了前期阅读课的铺垫，学生可以采用不同方式进行阅读，进行个性化阅读。学生可参考的阅读方式如下：可视阅读与纸质阅读相结合，鼓励学生观看《三国演义》的电视剧，将立体鲜明的人物形象还原到书中；有声阅读与纸质阅读相结合，鼓励学生通过喜马拉雅、凯叔讲故事等 App 及百家讲坛等节目，多元化地感知人物；原著与青少版对比阅读，学有余力的学生还可以挑战原著阅读，将自己在青少版中喜欢的故事情节还原到原著中进行对比阅读，更真切地感受人物的真实写照、作家的创作风格及古典文学独特的文化魅力。同时，学生还可以选择五名经典人物完成人物排行榜的设计。

2. 第二环节：讲述故事，再现形象

（1）梳理人物故事，制作人物素描卡。有了前期的阅读积累，利用课后服务时间，学生根据自己的阅读收获，结合人物排行榜选择自己喜欢的经典人物形象，进行人物性格和故事的梳理，制作人物素描卡，为讲述经典人物故事做好准备。

（2）讲述经典人物故事，小组成员进行评价。利用课后服务时间，学生在小组内先进行经典人物故事讲述，小组按照评价表（见表1）选出在全班展示的优秀学生代表。

表1 讲述经典人物故事评价表（星级评价，最高评价为五星）

评价内容	自评	他评
人物形象经典		
故事情节鲜明生动		
讲述过程吸引人		
激发阅读名著的兴趣		

评价表的设计让学生有了评价的标准和依据，鼓励组员全员参与，培养学生口语表达能力，促进生生之间的互动。

（3）进行讲述经典人物故事的全班性展示。有了前期的小组内的展示与筛选，每一组派出一名学生进行讲述经典人物故事的全班展示，激发学生再次走进名著、走近人物形象的阅读热情，从而推动《三国演义》的深入阅读。

（4）评选优秀讲述员。根据讲述效果评选优秀讲述员，对学生前期充分的准备给予肯定和激励，并进行实践活动阶段性总结，为课本剧的撰写做好准备。

3. 第三环节：个性阅读，撰写剧本

（1）讲授课本剧的撰写。教师利用课堂教学时间讲授课本剧的撰写，为学生编写创作课本剧打下基础。

（2）进行"围炉"式阅读。利用课后服务时间，小组成员选择需要编写创作的故事情节，进行"围炉"式阅读，可以谈自己对故事情节的理解，也可以谈对人物形象的理解，还可以谈结合故事情节和人物形象如何巧妙进行课本剧的改写。"围炉"式阅读是学生对文学作品进行再理解和再加工的过程，为课本剧的撰写打下基础。

（3）进行课本剧撰写的分工。各小组同学根据组员的特点及"围炉式"阅读的分享，进行课本剧撰写的分工，鼓励组员发挥所长全员参与。

（4）进行课本剧的撰写。利用课后服务时间进行课本剧的撰写，教师根据每组的情况，进行一对一个性辅导，为学生创意性表达提供助力。

（5）评选优秀剧本及优秀编剧。前期课本剧的创作完成后，进行实践活动阶段性总结。评选优秀课本剧和优秀编剧，既是对学生个性化阅读和创意性表达的肯定，也为其他组完善更优秀的剧本树立典范，促进学生创新思维的发展，为课本剧的展演做好准备。

4. 第四环节：人物演绎，异彩纷呈

（1）利用课后服务时间，研读自创剧本。小组对自创剧本进行"围炉"式阅读，再次结合自己对名著内容的理解和人物形象的感知修改剧本。

（2）结合人物形象，进行课本剧展演分工。根据小组成员各自的特点进行角色的分工，为排演做好准备。

（3）利用课后服务时间，进行课本剧的排演。小组成员对课本剧进行完整排演，在排演的过程中对剧本和角色进行再次调整，教师一对一个性化指导，提高课本剧排演的质量和实效性。

（4）进行课本剧的展演，评选优秀小演员和优秀团队。展演课本剧，并根据舞台效果和角色的领悟及展现评选优秀小演员以及优秀团队，为《三国演义》语文阅读综合活动画上圆满的句号，为推动名著阅读完成阶段性成果。

三、活动实施的效果

（一）激发学生阅读名著的兴趣与热情

6~12 岁是孩子阅读的黄金期，而这一时期也处于小学学习阶段，因而教师潜移默化的引导作用是非常重要的。教师要做好学生阅读的点灯人，不仅要陪伴学生阅读，更应该用巧妙的教育智慧和丰富的教学策略激发学生阅读的兴趣和热情，让阅读成为学生生活不可或缺的内容。

在课后服务时间开展《三国演义》名著阅读的实践活动，教师以各种形式带领学生走进名著进行沉浸式阅读，鼓励学生与书中的人物进行对话，尊重个性化阅读和体验式阅读。这样可以大大激发学生走进名著、阅读名著、体悟写法与风格的兴趣与热情，从而扩大阅读量，丰富学生的阅读经历和体验。

（二）在实践活动中发挥学习任务群的作用

《义务教育语文课程标准（2022 年版）》提出："义务教育语文课程结构遵循学生身心发展规律和核心素养形成的内在逻辑，以生活为基础，以语文实践活动为主线，以学习主题为引领，以学习任务为载体，整合学习内容、情境、方法和资源等要素，设计语文学习任务群。"❶

---

❶ 中华人民共和国教育部. 义务教育语文课程标准（2022 年版）[M]. 北京：北京师范大学出版社，2022：2.

在语文教学中，教师不仅可以将学习任务群建立在课堂教学中，还可以根据学生需求，把它延伸到课后服务中，体现任务的驱动性及连贯性。在利用课后服务进行《三国演义》阅读实践活动中，学生可以根据自己的兴趣和特长参加不同的任务群并形成不同的学习群体。体验式读书分享会、讲述经典人物形象的故事会、基于形象和情节的"围炉式"讨论会、基于名著的创作式课本剧表演等"群聚"形式，能够激励学生深入走进文本，与名著中的人物进行对话，丰富学生的阅读经历和阅读体验，突出学生自主、合作、探究学习过程。学生在不同的任务群中获得更多的内驱力，以书会友、以思辨表达成长，能够使学习能力得到不同层次的提升，发挥以任务群育人、以活动育人、以实践育人的重要作用。

（三）落实学生核心素养的培养

开展名著阅读推广的实践活动，不仅是为了落实课程标准，更是为了落实学生核心素养的培养，为提升语文综合学习能力搭建平台。核心素养着眼的是人的发展，在此项活动中，学生在各个环节不同的任务中，读经典名著，析人物形象，赏语言风格，品文化魅力。在这个过程中，学生的思辨能力、口语表达能力和创意写作能力等语文综合学习能力都有所提升，学生呈现了立体的生长过程，促进了文化自信、语言运用、思维能力和审美创造四个方面核心素养的发展，体现了名著阅读课程的育人价值。

（四）有效地发掘课后服务的延伸价值

课后服务作为与义务教育紧密相关的一种教育延伸服务，为学生提供了更多的学科实践的时间和空间。利用此时段开展名著阅读活动，将阅读和语文实践活动相结合，是名著教学的一种延伸，同时有效地解决了教学中整本书推广中的实际问题，让学生的阅读体验和收获真实发生。学生在此时段品读名著、赏析人物、撰写剧本、展现形象，让课外阅读不再流于形式，而是真正地走进学生的生活，成为学生的生长点，同时发掘课后的延伸价值，丰富课后服务的课程内容，激发学生的学习兴趣和热情。

四、结语

课后服务作为教育延伸服务，是契合时代需求的产物，在"双减"工作中承担着不可或缺的重要任务。有效利用课后服务应该与学生的学习需求和教学实践活动有机地结合在一起。将名著阅读的语文综合实践活动与课后服务内容相结合作为语文教学的延伸，能够充分发挥学生自主、合作、探究的学习能力，激发学生对阅读名著的兴趣，激活名著延伸阅读的思维，提升名著延伸阅读的品质，培养学生的创新能力，让学生在品味名著的同时，感受中华优秀传统文化的魅力，在有限的时间里发掘课后服务无限的空间价值。

小学课后服务中的"汉字小先生课堂"研究

崔红艳（北京市京源学校小学部）

王琦（北京市京源学校小学部）

一、"汉字小先生"课后服务研究背景

（一）社会需求

1. 落实"双减"要求

为落实中共中央办公厅、国务院办公厅于 2021 年 7 月印发的《关于进一步减轻义务教育阶段学生作业负担和校外培训负担的意见》，全面压减学生作业总量和时长，减轻学生过重的作业负担。学校充分利用资源优势，在课后设置不同种类的课程，有效实施课后育人活动，满足学生多样化学习需求。语文学科的教研组教师立足课程标准要求，联系学生实际进行探索，开展了"汉字小先生课堂"的研究与实践。

2. 传承传统文化

传统文化是语文教学的一个组成部分，语文教学要将语言文字、民族文学与传统文化三者有机结合起来，努力把弘扬优秀传统文化和发展现实文化有机统一起来，在继承中发展，在发展中继承。教师有责任、有义务引导学生感受汉字文化的丰厚博大，从中汲取智慧。

（二）课程标准要求

《义务教育语文课程标准（2022 年版）》要求学生在小学阶段累计认识常用汉字 3000 个左右，会写 2500 个左右。此阶段学生识字量较大，且低中年级学生以形象思维为主，抽象思维尚未形成，汉字的构造和音节符号对小学生来说相对抽象，在理解和实际上会出现不同程度的困难，如丢笔画、错

笔画、左右写反、写错字等现象，无法实现弘扬中国优秀文化和建立文化自信的要求，因此掌握汉字是小学生语文学习的基础。

《义务教育语文课程标准（2022年版）》提出："义务教育语文课程内容主要以学习任务群组织与呈现。设计语文学习任务要围绕特定学习主题，确定具有内在逻辑关联的语文实践活动。语文学习任务群由相互关联的系列学习任务组成，共同指向学生的核心素养发展，要具有情境性、实践性、综合性。""基础型学习任务群旨在引导学生在语文实践活动中，积累语言材料和语言经验，形成良好语感；通过观察、分析、整理，发现汉字的构字组词特点，掌握语言文字运用规范，感受汉字的文化内涵，奠定语文基础。"❶同时，文件也倡导教师根据学生年龄特点和认知规律，紧密联系学生的生活实际，结合识字内容，选择适宜的学习主题，创设学习情境，激发学生识字、写字、诵读、积累、探究的兴趣。教师在有限的课时内开展语文实践活动，时间很紧张，如果能够利用课后服务时间开展相关活动，既能解决课时紧的问题，又能有效丰富课后服务课程内容。

（三）学生需求

小学是打基础的阶段，学生从低年级到高年级识字学习的时间随着年龄增长而逐渐减少，但并不是汉字知识的减少，而是学生掌握了一定的识字方法，自主识字能力提高了，所以课堂上讲字、学字的时间会大大缩减。在实际教学中，学生作业中的错别字居高不下，反复地抄写生字也并未得到良好的效果。"汉字小先生"课堂能为有效减少错别字的出现起到一定作用，同时提高了学生自主识字能力，激发了学生学习汉字的兴趣。

二、"汉字小先生课堂"的教学模式

"汉字小先生课堂"是以提高学生语言文字的学习能力，激发学生探究

---

❶ 中华人民共和国教育部.义务教育语文课程标准（2022年版）[M].北京：北京师范大学出版社，2022：19-22.

汉字文化为目的而开展的一系列活动。教师引导学生通过个人探究、小组交流讨论、全班体验等形式开展课后服务课程。我们在实践过程中，逐步摸索出以下课堂教学模式（见表1）。

表1 "汉字小先生"课堂教学模式

"汉字小先生"课堂教学模式	具体活动及内容	实施年级
探索型	汉字小档案：追根溯源解汉字、火眼金睛辨汉字、图说字卡画汉字、十字开花理汉字	1~6 年级
展示型	汉字小讲堂：啄木鸟课堂（纠正错别字）、汉字故事	3~6 年级
体验型	汉字游戏：走迷宫、五子棋、猜谜等	1~6 年级

"汉字小先生"课堂教学主要分为三种模式，分别为探索型、展示型、体验型。探索型主要以梳理汉字小档案为主的课堂教学模式，教师设计探究主题，学生围绕主题通过查找字源了解汉字演变过程，丰富汉字知识。同时，教师利用错字集，通过图说字卡画汉字、火眼金睛辨汉字、十字开花理汉字等形式巩固对汉字音、形、义的掌握，丰富学生语言积累。汉字小档案的内容还为汉字小讲堂提供了讲解内容。

展示型主要是以汉字小讲堂为主的课堂教学模式，学生围绕主题设计汉字小档案后，教师给学生提供展示的舞台，可以针对同学常出现的错别字介绍识记区分方法；还可以讲与汉字文化、演变过程有关的汉字故事。展示、交流汉字的过程能激发学生学习兴趣，锻炼学生语言表达能力，同时提高学生的自主学习能力。

体验型是以学生体验汉字游戏为主的课堂教学模式，教师在平时的语文作业设计中将学生不易掌握的汉字或者需要重点学习的汉字通过汉字小游戏的方式进行巩固，比如，走迷宫、汉字九宫格的游戏（见图1、图2）。教师可以引导学生在游戏中巩固识记带某个偏旁的汉字，增加汉字积累量。

汉字九宫格，请找出"犬"在九宫格内组成的字。

穴	厂	口
南	犬	自
亻	黑	户

我找到的汉字：_____

图1 走迷宫   图2 汉字九宫格

比如，词语五子棋（见表2），学生想走哪一步，就要准确读出相应词语的读音，通过这样的方法巩固字音。

表2 词语五子棋

浙江	网罗	开端	拥挤	簇拥	移动
源头	气势	杜鹃	观赏	心情	漆黑
辩解	聚集	石笋	狭窄	臀部	蜿蜒
挤压	牡丹	肩膀	郁闷	社会	脚跟
登陆	扩大	范围	移动	石钟乳	祥瑞
清净	昏暗	宽广	努力	刹那	夺目
额角	不仅	重荷	灿烂	分辨	范围

教师鼓励学生自己设计汉字游戏，以小组为单位进行游戏体验，在体验的过程中帮助学生掌握汉字，激发学生的创新意识。

教师带领中高年级同学在课后服务时间交替体验这三种课堂教学模式，学生通过梳理的汉字小档案帮助自己区分错别字，汉字游戏以积累词语学会运用为主要目的。中高年级同学还会将自己的梳理成果在课后服务时间进入低年级课堂进行展示。同时，低年级的同学也在哥哥姐姐的带动下尝试做汉字小档案，以了解汉字演变，丰富字词积累，为学生升入三年级以后做"汉字小先生"打下基础。

三、"汉字小先生课堂"实施策略

（一）创设多种主题营造探究情境

在课后服务时间开展"汉字小先生"课堂，要以主题活动的方式推进，教师定期公布不同的主题，让学生有选择地进行汉字研究。比如，当学到"神话故事"单元，教师可以以"《山海经》里那些生僻字"为主题，引导学生阅读《山海经》的过程中认识里面生僻的怪兽名、地名，同时还可以根据形旁表义的方法进行汉字归类，了解造字规律。在活动过程中，学生既丰富了阅读经历，又探究了汉字文化，一举两得。再比如，结合节日开展"端午节里的汉字文化"主题活动，教师引导学生归纳与端午节有关的关键词，如"粽子、端午、龙舟"等词语，学生围绕这些关键词去了解节日文化及汉字演变。到了期末复习阶段，教师还可以用"改正错字有妙招"的主题活动，让学生梳理易错汉字，探寻解决方法，进行交流展示。

（二）通过多元评价激发学生兴趣

"汉字小先生"课堂的评价相对灵活，汉字小档案主要以自评为主，学生完成"汉字小档案"，根据自己听写的正确率来判断"汉字小档案"的梳理成效。同时，如果学生作为"汉字小先生"将自己的成果进行展示，那么班中其他同学就会以留言条的方式来评价，谁因为借助某位同学的"汉字小档案"而正确掌握了平时的易错字，就可以给作者写下赞美留言条。同时，汉字游戏也会定期进行评选，每个月可以评选出各班的最受欢迎汉字游戏并将其推广到其他班级。这样的平台会激发学生对汉字的探究兴趣。

（三）开拓多个角度探究汉字文化

语文是综合性很强的学科，在研究汉字的过程中，学生可以讲汉字故事、画汉字演变、品汉字文化、写汉字形态，从多个角度丰富对汉字的认识。

讲汉字故事能让学生在故事情境中认识汉字、理解汉字。比如，"草菅人命"这个词语，学生先讲解"菅"这个字的字理，上面是草字头，是多年生草本植物，多生于山坡草地。它很坚韧，可做炊帚、刷子等；继而通过讲"草菅人命"的成语故事，让大家更容易理解这个词语的意思。

画汉字演变不仅能让学生了解汉字演变过程，还可以帮助学生更好地记住字形。例如，牙齿的"齿"字，学生很容易把里面的"人"写成"✕"，于是有的学生就用绘画的形式呈现这个字的字源，帮助识记。

品汉字文化能够让学生感受我国传统文化的博大精深。由于汉字的历史很悠久，社会的变迁、文化制度的废兴、文化心理结构的改变、风俗习惯的变化、词义的扩大缩小转移、用字的假借等，都会使汉字与其所蕴含的文化信息隐晦不现。因此，探寻汉字与文化的关系能够帮助学生更好地掌握汉字。教师可以引导学生从汉字结构入手品味汉字文化。比如"物"，从造字来看，它是个形声字。《说文》："物，万物也。牛为大物，天地之数起于牵牛，故从牛，勿声。"从用字来看，"物"的本义为杂色牛，其用例在甲骨文中多见。而"物"的常用义指世间一切客观存在之物，这是众人皆知的。但"物"为什么从"牛"？本为一种牛的特称，为何成为天下之物的共称呢？这种不可解之处正是它的文化蕴含所在。古人造"物"从"牛"，以"牛"来称说万物，可以想象"牛"在古人心目中的重要地位。人类进入农耕社会之后，牛因为体壮力大、易听使唤，成为人们不可缺少的得力助手，所以古人重视牛。这也是"物"字从"牛"的历史文化原因。学生通过一个字，去探究这个字背后的社会文化过程，品味汉字文化的深厚，会让学字变得更有趣味。

写汉字形态更多地要结合书法课，学生通过书写不同的字体感受汉字形态美，在书法作品的展示、欣赏过程中提高学生研究汉字文化的兴趣。

（四）提供多种支架促进思维发展

"汉字小先生"是课后服务对课堂教学的巩固补充，教师在课堂中引导学生归纳错别字出现的原因及改正方式，梳理高频错字，然后根据总结的方法、思路探究病因，引导学生借助字源字典等工具书从中提取有用信息，让学生学会用字源识字法设计"汉字小档案",形成自己的错字集。这样学生在出现错别字时就不会盲目地改错,而是养成一种思维习惯,先去思考错误原因,再去寻找改正错误的方法,从根本上学会改错。

比如,学生在写"念"这个字时,总是把上面的"今"写成"令",学生通过探究"念"的字源字理发现,念的上半部分"今"是口朝下的伸舌的象形,下面是心,合起来是心中想而口中念叨的意思。学生形象地总结道:"今下面不能加点,不然舌头上就有东西了。"出现错别字,学生可以从字源字理的角度进行识记,而这样的"汉字小先生"将自己的梳理成果讲给大家听,也能激发其他学生探究汉字的兴趣。

除了从字源字理方面探究识字方法,学生还可以通过创编儿歌来正确区分形近字。比如,"辩、辨、瓣、辫"这四个形近字,学生根据形声字形旁表意的方法,了解每个字偏旁的意思,然后编成儿歌"花瓣落了结大瓜,丝带来把小辫扎,能言善辩把理辩,竖撇理性来分辨"。这样就很容易就将四个形近字区分开了。

学会改错的方法不仅能让学生减少错别字的出现,而且能为学生提供思维的支架,在以后出现错别字的时候就可以选择合适的方法来梳理汉字档案。这样学生就能在记住字形的同时,还能把学习成果以"汉字小先生"的形式讲给同学听,让班中同学受益。

四、实施效果

(一)丰富课后服务,课上课下互促

教师可以利用课后服务时间从多个角度引导学生去探究汉字,在探究过程中掌握汉字,产生探寻汉字文化的兴趣。随着学生的交流实践机会增多,学生的探究也更为深入。这样既解决了课堂中教学时间有限,语文实践活动相对耗时的矛盾,又丰富了课后服务内容,让课堂教学的识字更有效率。

（二）开拓学生视野，提升多种能力

在开展"汉字小先生课堂"研究前，教师分两次对学生进行问卷调查。在具体实施"汉字小生先课堂"之前，教师先了解学生在汉字学习方面的学情，再通过第二次调查了解"汉字小先生课堂"的实施效果。

第一，通过对两次调查数据分析发现，在没有开展"汉字小先生课堂"之前，梳理识记汉字的方法比较单一，如说"加一加""减一减"等，或者查找工具书、询问他人。在开展"汉字小先生课堂"之后，学生的思维更开阔了，他们会用多种形式，如汉字开花、追根溯源等方法掌握汉字。

第二，在实践之前，学生多用观察、朗读、抄写几遍的方式改错。在实践之后，学生不仅学会观察汉字，还会自主思考识记方法，再有的放矢地查找资料，完成汉字小档案，进行自主理探究和纠正错误。

第三，在开展实践之后，学生学习的内容更加丰富多元，除了掌握汉字的音、形、义，还拥有探索字源字理、了解汉字故事、掌握同部首的一类字这样的自主意识。

在探索与梳理时，学生阅读了《汉字字源识字手册》《爱上汉字课》《少儿说文解字》等汉字类书籍，丰富了对汉字文化的了解。可以说，在"汉字小先生课堂"实践中，学生的学习视野更加开阔，表达能力、自主探究能力、思维能力也得到了提高。

五、结语

对于"汉字小先生课堂"的探究还在继续，教师力求通过设计更多的教学模式探究主题，激发学生对汉字的探究热情，产生探究中国传统文化的动力。同时，丰富课后服务的课程，也让课后服务成为语文实践活动的平台。这样的课堂探究必将会把语文这一学科对学生培根铸魂、启智增慧的作用由课堂延展到课后。

以综合实践活动为载体开展小学课后服务的设计与实施研究

——以冰雪活动为例

杨薇（北京市石景山区电厂路小学）

一、研究背景

2021 年 7 月 24 日，中共中央办公厅、国务院办公厅印发《关于进一步减轻义务教育阶段学生作业负担和校外培训负担的意见》❶中指出："保证课后服务时间，学校要充分利用资源优势，有效实施各种课后育人活动，在校内满足学生多样化学习需求，引导学生自愿参加课后服务。学校要制定课后服务实施方案，增强课后服务的吸引力，为学有余力的学生拓展学习空间，开展丰富多彩的科普、文体、艺术、劳动、阅读、兴趣小组及社团活动。"

从文件精神可知，学校要充分挖掘自身资源为学生提供多种课后服务菜单，教师需要坚持以立德树人为根本任务，以培育学生核心素养为目标，以培养学生兴趣爱好为方向，构建符合学生年龄特点的课后服务课程。

小学生的学习兴趣日趋广泛，对事物表面现象向深层因素探究充满好奇，愿意主动探索，并且有丰富的想象力和独特的视角；中高年级学生已经初步具备从互联网、书籍上收集信息的能力。基于学生现有的特点和能力，如何利用课后服务时间提高学生的学习兴趣，帮助学生提高分析问题和解决问题的能力是我们需要着重思考的问题。

---

❶ 中共中央办公厅、国务院办公厅.关于进一步减轻义务教育阶段学生作业负担和校外培训负担的意见 [EB/OL].（2021-07-24）[2022-7-31].http://www.gov.cn/zhengce/2021-07/24/content_5627132.htm.

综合实践活动课程面向学生的整体生活世界，活动内容具有开放性，可以根据学校资源和学生兴趣设计不同的活动内容，根据学生的探究兴趣进行及时调整，既有实践性又具有灵活性，符合现代学生的心理发展规律。

因此，教研组构建基于综合实践活动的课后服务，能够激发学生的学习兴趣，提升学生的综合素养，提高学校的课后服务质量。

二、以综合实践活动为载体开展小学课后服务的设计原则

根据《关于进一步减轻义务教育阶段学生作业负担和校外培训负担的意见》要求，学校在设计课后服务内容时要以发挥学校现有资源优势来满足学生兴趣，培育学生核心素养为原则。综合实践活动的特点是源于生活和综合运用，因此基于综合实践活动的课后服务内容设计应该遵循以下三个原则。

（一）趣味性

课后服务的目的是减轻学生的负担，为学生提供丰富的课程菜单。因此，课后服务中的综合实践活动要基于学生已有的经验和兴趣专长，以学生感兴趣的内容为主，激发学生参加课后服务的兴趣。

（二）综合性

课后服务不同于学科教学，不应专注于某一类知识的讲解，而应以学生的综合素养提升作为目标。课程设计时应统筹规划，考虑课程内容的综合性和完整性。

（三）实践性

基于综合实践活动的课后服务要以实践为主要活动方式，活动内容要具有开放性，让学生能在实践中体验、感悟，在实践中生成新的问题，又能带着问题去探索，获得更深的体验和收获。

三、以综合实践活动为载体开展小学课后服务的设计思路

基于综合实践活动的课后服务设计要充分挖掘学校资源，根据已有资源为学生设计适合学生发展、能够激发学生学习兴趣的实践探究活动。学校办学理念为"互·动"教育，激发学生成长动力，使学生在学校生活中互助互爱、自信自强，积蓄充沛的成长力量。2015年，学校结合北京冬奥会申办成功的契机，以及冬奥组委离学校较近的有利资源，开设了冰雪主题综合实践活动。学校以冰雪运动为主线，构建了丰富多彩的冰雪实践活动。本次课后服务设计就是以冰雪课程为主要内容（见表1），根据学生年龄的特点和能力，每个年级设计一个主题综合实践活动。低年级学生较小，选择可以在校内冰壶馆开展冰壶相关活动。活动具有趣味性、实践性，符合低年级的年龄特点。高年级学生在校内活动的基础上增加了首钢园区的活动，教师引导学生关注身边的事物，激发学生对问题的思考，对收集与整理资料能力的提升，以小主人的身份为家乡的建设出谋划策，增加学生的社会责任感。活动开展主要集中在课后服务时间，通过多学科联动、课上课下结合等多种方式实施。

表1　一至六年级课后服务整体设计

年级	主题	主要内容	涉及学科
一年级	冰壶运动员初体验	学习冰壶运动的基本方法，尝试进行冰壶运动，感受冰壶运动员的训练辛苦，体会每个职业都是不容易的	体育、语文、数学、道德与法治、美术
二年级	我是小小冰壶裁判员	了解冰壶运动的比赛规则，尝试作为冰壶裁判员参与学校冰壶比赛，体会敬业精神	体育、语文、数学、道德与法治、劳动
三年级	神秘的制冰师	通过了解制冰的基本方法，尝试制冰实验，了解制冰师的工作内容，能够按时维护学校冰壶馆的冰面，养成认真负责的好习惯	体育、语文、数学、道德与法治、科学、劳动
四年级	中国冰雪文化初探究	通过查资料了解中国冰雪运动历史，能够通过小组合作的方式对资料进行梳理和介绍，选择自己喜欢的方式宣传中国传统冰雪文化	语文、道德与法治、劳动、美术、体育、信息
五年级	首钢无人车设计	了解无人车的基本原理，能够通过调查梳理需求，根据需求设计适合在首钢运行的无人车	语文、道德与法治、劳动、美术、科学
六年级	制作首钢攻略手册	了解攻略手册的组成，能够根据需求收集资料，对资料进行整理和筛选，绘制出首钢攻略手册	语文、道德与法治、劳动、美术、数学、信息

四、以综合实践活动为载体开展小学课后服务的实施阶段与策略

（一）实施"三"阶段

基于综合实践活动的课后服务，主要分为准备阶段、实践阶段和展示阶段三部分。

1. 准备阶段

学生需要根据活动主题进行头脑风暴，提出感兴趣的问题，再对问题进行讨论梳理，合并重复的问题，去掉缺少探究价值和无法操作的问题，最终形成探究小主题。将对同一探究小主题感兴趣的学生分为一组，组内进行分工，初步确定小组长、记录员、汇报员等。组员在组长的带领下完成任务。制作首钢攻略手册主题活动时，学生通过思考，确定了制作首钢美食、古建筑遗迹、工业遗迹和冬奥场馆这四个主题攻略手册。首钢美食组的学生不仅确定了分工，还把头脑风暴这种方法运用到实践前的讨论中。确定本组要收集的资料包括首钢园内美食的分类、位置、照片和各餐厅的推荐菜等，为下一步行动确定了方向。

2. 实践阶段

实践活动一般包含调查访问、实地考察、设计制作、职业体验等方式，根据方案的确定选择合适的实践活动。在此过程中，教师观察学生的动态并及时给予方法上的指导，如调查问卷的设计、采访问题的设计、设计制作的方法等。

3. 展示阶段

实践是把学到的知识变为自己的，展示是把自己的设计给他人讲明白；实践是吸收外界的能量，展示是与外界交流，实践和展示是相辅相成的。学生既要有想法，又要敢表达。在展示部分中，鼓励各个小组全员参与汇报。各小组可根据组员的内容和意愿安排汇报内容。站在众人面前讲话是一种勇气，胆子较小的学生可以在同伴的陪同下讲解。教师可以给予一定的心理

安慰，在表达过后得到正向反馈能够增强学生的勇气。展示环节既是分享相互的想法，又是锻炼学生语言表达能力的关键时刻。

（二）实施"三"路径

1. 课内课外融合

基于综合实践活动的课后服务并不是单独的一门学科，而是要依托学科知识开展活动，学生在活动过程中要结合课内外知识，并将其应用于解决问题。因此，各年级确定主题后，要梳理主题活动中的关键知识点，与学科课堂结合起来。比如，"神秘的制冰师"这一主题活动会有制冰实验活动，让学生设计制冰方案，并根据方案完成制冰过程，这就需要运用科学课水的三种形态的知识。科学教师在这节课上要引导学生思考如何让水从液体变成固体。学生先设计出合理的方案，如果学生设计通过酒精挥发降温的方式，则要在课后服务时间进行实验。如果是通过冰箱对水进行降温，则可以在家中完成。

2. 线上线下融合

综合实践活动本身就是从学生的真实生活和发展需求出发，从生活情景中发现问题，再将其转化为活动主题，通过探究、服务、制作和体验等方式，培养学生综合素养。新时代的特点就是用先进的科学技术让生活、交流和学习变得更加便捷，学生在周围环境的熏陶中对网络世界接触得越来越早，信息技术应用也越来越多。中国学生发展核心素养提出 18 个基本要点包含培养学生的信息意识，让学生能够主动适应"互联网＋"等社会信息化发展趋势，利用互联网资源进行更加有效的学习活动。因此，把信息技术融入课后服务中，让学生通过线上组织学习和线下实践探究相结合的模式开展活动，不仅能够让活动开展得更加顺利，而且能顺应时代的特点，为培养新时代的社会主义建设者和接班人做准备。在线上和线下结合的模式中，线上教学以学生组织学习为主，小组长召集组员进行线上讨论、查找资料、视频制作、汇报准备等内容，线下教学以动手实践为主，包含确定主题、分成小组、整理资料、实地考察等内容（见图 1）。

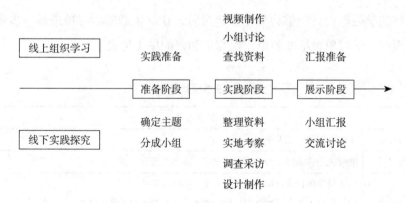

图1 线上线下融合流程图

比如,《首钢里的无人车》一课,学生需要先收集资料了解无人车的基本原理。因为无人车属于新科技,资料中有许多专业名词学生独自理解起来较为困难,如果拿到学校讨论的话,遇到不理解的词语又很难及时查询,所以在进行收集资料这部分活动时,由组长组织组员约定好时间在线上完成。学生可以收集资料和讨论同时进行,提高学生小组活动效率。

3. 多学科融合

课后服务课程是基于主题实施的,学生在活动过程中会运用多学科知识,不同学科教师在学生实践过程中要给予相应的指导。比如,在"制作首钢攻略手册"主题活动中,学生需要把景点资料进行改写。这就需要运用语文学科知识,语文教师就可以指导学生如何把资料改写成导游词。在绘图过程中艺术字的设计、插图的选择和颜色的搭配又需要美术教师给予指导。有的小组选择镂空版面设计,需要劳动教师指导学生设计、剪刻漂亮的建筑物等。总而言之,在一个主题活动中包含多学科知识与技术,学校可以统筹规划,合理安排不同学科的教师提供指导。

(三)设计三单工具

学习单是学生进行自主探究的重要工具,也是学生探究活动的脚手架。

一个好的学习单设计能够为学生搭建台阶，让学生顺着学习单进行一步步学习。因此，学习单包括准备单、探究单和延伸单（见表1）。

表1　三单设计范例

无人车学习单	
学习任务	了解首钢园区无人车
学习目标	能够说出首钢园区内无人车的名字、基本原理和功能
学习记录	（1）请简单记录首钢园区内无人车的名字和功能 （2）通过工作人员的介绍，你知道无人车自动驾驶的秘密吗？ （3）如果让你设计一款无人车，你想让它拥有什么功能？
学习收获	自动驾驶技术越来越成熟，将来我们还会看到更多方便人们生活的无人车，你有什么想说的吗？
记录人	

准备单包括学生实践前的知识准备、技能准备和探究方案准备，如查阅相关资料、了解冰壶比赛的基本规则或者对主题的探究计划。

探究单是实践过程中应用的学习单，可以是采访、调查方案记录单，也可以是实验计划单，还可以是实践活动记录单。比如，周末前往首钢园区调查无人车时，可以在考察的过程中完成学习单的填写；制冰实验时记录数据，包括冰形成的时间、不同温度下水的形态变化等。

延伸单是对主题学习完成后延伸活动的思考与记录，包括制冰师活动中的维护学校冰壶馆记录单，小组根据探究结果设计宣传方案等。

教师在设计学习单时应该以引导性任务为主。比如，在"神秘的制冰师"主题学习单中，第一个问题就是引导学生回忆冰壶场的冰面，把学生的思考引导到赛道冰面与普通冰面的区别上，激发学生探究的兴趣。如果是高年级学生，也可以放手让小组围绕本组主题进行学习单的设计，为下一步活动开展提前进行有目的性的规划，避免活动过程中的无用功，在设计中提高学生自我管理能力。

三单的设计既可以是提前准备好的，也可在实践中随时补充调整。教师通过三单的设计帮助学生找到探索中的重点和难点，提高学生解决问题的能力。

五、实施效果

（一）提高学生问题解决能力

基于综合实践活动的课后服务关注学生实际生活中的问题，活动过程也是不断提出问题、不断解决问题的过程。在这个过程中，学生遇到了多种类型的问题，如面对读不懂的资料怎么办？小组讨论时出现分歧怎么办？成果展示时不敢表达怎么办？线上和线下融合的综合实践活动为学生提供了解决问题的多种思路，能够根据实际情况科学分析，选择合适的解决方案。

（二）促进学生学科核心素养的形成

课后服务设计时采用多学科融合的策略，引导学生主动应用学科知识解决实际问题，帮助学生把学科技能转化为自身经验。这些实践过程不仅提高了学生解决问题的能力，而且加深了学生对学科知识的理解与应用，促进学生学科核心素养的形成。比如，线上和线下结合的方式把信息技术和互联网资源结合起来，让学生能够掌握有效获取、评估和使用信息的能力，能够对互联网上大量的资料进行筛选和整理；让学生能学习更多信息技术，比如摄影、后期制作、照片处理、PPT 制作等技术，选择合适的工具完成活动任务。在线上活动时，教师引导学生安全、文明使用互联网，提高了学生的信息素养。

（三）提高教师课程开发意识

在课后服务开展综合实践活动，能够激发教师对于课程的设计能力。教师可以结合学生兴趣和发展需求自主开发课程。课后服务的时间、空间与学科课程相比较为宽泛，教师发挥的空间较大。在服务过程中，教师不断摸索、不断研究，开发出更多学生喜欢的课后服务课程。这样不仅能够提高课后服务质量，还能有效提高教师课程开发的意识。

总而言之，在课后服务中开展综合实践活动，关注学生的兴趣和发展需求，结合学校的资料，通过有趣的、系统的、开放的课后服务设计，能够激发学生学习的兴趣，提高学生解决问题的能力，促进学生综合素养的形成，提高学校课后服务质量。

初中课后服务中的古诗词沉浸式阅读策略研究

杨丹（北京市第九中学分校）

一、研究背景

（一）时代关注

2021 年 7 月，中共中央办公厅、国务院办公厅印发的《关于进一步减轻义务教育阶段学生作业负担和校外培训负担的意见》提出，"充分用好课后服务时间……开展丰富多彩的科普、文体、艺术、劳动、阅读、兴趣小组及社团活动"❶。北京市第九中学分校语文教研组教师借助课后服务的平台，开展对初中古诗词沉浸式阅读策略的研究实践，提升学生对古诗词的阅读兴趣，全面提升语文素养。

（二）课程标准要求

《义务教育语文课程标准（2022 版）》要求："重视古代诗文的诵读积累，感受文学作品语言、形象、情感等方面的独特魅力和思想内涵，提升审美能力和审美品位；鼓励学生在口头交流和书面创作中，运用多样的形式呈现作品，发挥自己的创造性；引导学生成长为主动的阅读者、积极的分享者和有创意的表达者。"❷

---

❶ 中共中央办公厅、国务院办公厅 . 关于进一步减轻义务教育阶段学生作业负担和校外培训负担的意见 [EB/OL].（2021-07-24）[2022-7-31]. http：//www.gov.cn/zhengce/2021/07/24/content_5627132.htm.

❷ 中华人民共和国教育部 . 义务教育语文课程标准（2022 年版）[M].北京：北京师范大学出版社，2022：28.

可见，作为继承弘扬传统文化的主要内容，诗词阅读是提升学生的语文核心素养的有效手段。

（三）考试改革的需要

1. 教材改革，古诗文比重变大

2019 年，中小学语文教材开始统一使用部编版。其中，最大的变化就是古诗文比重加大。初中 124 篇，占所选篇目的一半以上。在中高考中，古诗文的比例明显上升。

2. 中考改革，古诗文难度增加

回溯近几年的北京中考，2018 年前，古诗文约占 15 分，之后则增至 17、18 分。值得注意的是，从 2008 年开始，北京语文中考满分由 120 分降至 100 分，而同时古诗文占比有所上升。这一降一升足见古诗文在初中语文学习的重要性。

北京中考语文对古诗文考察变成了"古诗文阅读"，包括古诗文默写、结合语境理解字词句、课外诗词的积累等。这要求学生对古诗词的学习不仅停留在会背会默上，还要由课内延伸到课外，积累内容关联、主题相近、难度和长短适中的教材外的古诗词，并理解其内容和表达情感等，而这些往往是学生的弱项。

（四）教学实际

古诗文如此重要，但是对于学生来说，古诗文尤其是更加凝练的古诗词是学习中的难点。很多学生本来就在枯燥的背诵中逐渐失去对古诗词的兴趣。更何况，学好古诗词背诵只是第一关，还要领会诗句含义，明白诗句道理，从而灵活运用。而且学生对古诗词的学习不能仅仅停留在教材里，应由课内拓展至课外，加大积累。这一点在中高考指挥棒的试卷中有明确的导向。

鉴于此种情况，语文教师可以利用课后服务的时间，尝试使用沉浸式阅读的方法引导学生学习古诗词，希望学生能够通过沉浸式体验学习阅读古诗词的方法，获得审美感受，培养阅读兴趣，促进思维发展，传承传统文化，全面提升语文素养。

二、初中课后服务中古诗词沉浸式阅读策略的具体实践

（一）学习语文课程标准，分析中考试题，把脉学生短板

《义务教育语文课程标准（2022 年版）》对教师和学生都提出了更高的要求。新课标将初中学生的语文素养凝练成"文化自信""语言运用""思维能力"和"审美创作"四个方面，注重培养学生的整体素养。古诗词作为中华优秀传统文化的重要载体之一，对培养学生的语文核心素养具有重要的意义。

古诗词既是学生学习的重点，又是学习的难点。北京教改考改一直大步前行，语文教师应认真学习新课标，分析北京中考语文试题及本年各区县模拟题的特点与走向，发现自己学生的弱点和不足。近几年，北京中考更加注重学生对古诗文的学习体验，把知识和方法放到阅读理解中去考查，而不是死记硬背。2022 年中考古诗词考察既强调了古诗词积累的基础性，又强调在课内外学习资料比较中深化理解，进而形成新的认识——这些都是学生的弱项。

如何引导学生由浅入深，从浅层次的字面理解进入篇章结构等深层次理解，产生深刻、独特的感受？语文老师群策群力，基于学生体验开展沉浸式阅读的实践研究，探究阅读古诗词的策略。

（二）聚焦沉浸读诗，借助课后服务，落实核心素养

"沉浸"，意为浸入水中，多比喻完全处于某种境界或思想活动中，全神贯注在某事物上。"沉浸式"源于加拿大，为当地学生学习法语创设了语言环境；后来引入美国，为对外汉语的学习提供了帮助。现在，"沉浸式"教学就是一种追求完全投入的教学，"沉浸式"课堂就是一种生命对话的课

堂。❶"沉浸式阅读,指的是学生高度地、全身心地、聚精会神地投入阅读文本中,用思想和智慧、情绪和感情沉浸在文本构造的文学世界中,通过直观的情感体验获取文本所传递的信息。"❷

"沉浸式"阅读的特点是注重学生的参与感和体验感,使其在阅读诗词时全身心地投入。教师利用课后服务时间引导学生进入古诗词所营造的情境中,积极实践、亲身参与、真实体验,采用"沉浸式"阅读的方法全身心地投入诗词阅读中,从而复习课内所学、积累课外诗词,获得适合自己的读诗方法。

课堂教学中,教师使用设置情景、多媒体技术等方法调动多种感官引导学生沉浸式阅读。但是每位学生都是独立的个体,他们的个性和体验是有差异的。想要每一位学生都能成功体验,走进古诗词之中与诗人对话,课堂时间远远不够。课后服务可以成为课堂教学的重要延伸与补充。利用课后服务时间,师生共同参与对古诗词的欣赏之中,互相交流讨论、教学相长。学生通过与老师和同伴的交流,可以深化自己的理解和感悟,与诗人形成情感上的共鸣,获得沉浸体验。

通过尝试学生能够培养积累古诗词的意识和习惯,学会自主阅读古诗词的方法,通过实践发展思维能力,提升思维品质,形成自觉的审美意识,培养高雅的审美情趣,积淀丰厚的文化底蕴,继承和弘扬中华优秀传统文化,全面提升核心素养。

(三)把握年级特点,开展研究实践,汇总学生成果

在课后服务中,学生是当之无愧的主角。学生分为学习小组,以组为单位,自选诗词作为学习对象。教师点拨指导,组长制订计划,带领组内成员沉浸读诗。初一、初二年级学生以所在年级教材内的古诗词为圆心向外拓

---

❶ 沈坚.初中语文"沉浸式"教学研究 [M].苏州:苏州大学出版社,2010.

❷ 汤丽丹.初中古诗词沉浸式阅读教学的思路与方法 [J].语文教学通讯·D 刊(学术刊),2022(2):69-70.

展,以学习读诗方法为主。初三年级学生面临升学压力,以三年课内古诗词为基础,分主题拓展。

初一年级是学生转变和适应的时期,学生不仅要打好知识基础,更要学习阅读古诗词的方法。全体语文教师在课堂上对于课内古诗词精讲精练,在课后服务时间有效利用教材中的课内外古诗词资源,进行古诗词沉浸式阅读教学,带领学生以诗解诗、创意朗读,从而收获沉浸阅读的多样化和个性化的学习成果。

初二年级是学生学习的关键期,由于生理因素很多同学对学习的兴趣减退,需要教师充分调动学生的阅读兴趣。语文教师依托八年级语文教材中的古诗词资源,从文化记忆、多样化朗读等方面开展实践,充分利用课后服务时间开展形式多样的实践活动,如朗读比赛、诗配画展示、古诗新作交流、聆听与诗词相关的音乐歌曲等,带领学生充分进行古诗词沉浸式阅读。

初三年级面临学习新内容和复习旧知识的双重压力,语文教师针对初三学习内容和学生特点,关注学生个体阅读经验,把重点聚焦语言表达形式上。在具体的教学过程中,教师通过情境还原、细节想象、诵读体验等方式,和学生一起进入情境、沉入词语、挖掘细节、想象联想、改写小故事,以达到充分沉浸阅读的目的和效果。

三、初中课后服务中古诗词沉浸式阅读策略研究的初步成果

(一)查找资料,搭建支架

古诗词距离学生比较遥远,教师需要给学生搭建一些阅读支架,帮助学生正确理解诗词内容和诗人情感,如了解诗人的生平经历、人际交往、性格特点,别人对诗人的评价,还有诗歌的写作背景等,甚至一些文化常识、典故传说都需要注意。

以《望岳》为例。由于教学进度,教师最多一节课就要完成此首古诗的讲授,于是可以借助课后服务时间和学生一起进行沉浸式阅读,引导学

生一步一步走近杜甫，走进泰山：杜甫家族探秘、不同时期诗歌探秘、唐文人漫游情结探秘、泰山文化探秘；以诗人视角朗读诗歌、描写所见所感……学生们自主收集相关内容，整理归纳分析得出结论，需要大量的信息资料作为支撑，丰富积累。

学生学会阅读方法后可以迁移到其他古诗词阅读上。

另外，以诗解诗也可以帮助学生沉浸阅读。补充诗人相关题材主题的诗歌作品，比如，在读《登幽州台歌》时，补充陈子昂的《燕昭王》《郭隗》，能帮助学生了解诗人的经历志趣性格等，从而走近诗人。

教师指导方法，布置任务。各个学习小组查找资料、归纳整合，尽量让学生多了解诗人，利用课后服务时间交流所得，为沉浸式阅读古诗词打下坚实的基础。学生通过动手实践、真实体验，通过多种形式，如制作PPT、制作思维导图、知识卡片、绘制年代表、生平时间轴等，培养收集信息和处理信息的能力、获取新知识的能力、分析和解决问题的能力及交流与合作的能力。

经过了几次锻炼，学生有意识地总结学习古诗词的方法：围绕诗词主题收集诗人经历和写作背景等资料、挑选梳理信息、整理历代对诗人和诗作的评价，并在组内成员互帮互助下归纳概括自己的发现，形成对诗人和诗作比较完整的认识。

（二）感情朗读，指导方法

读诗千遍，其义自现。诗词是语言的精华，需要学生通过反复朗诵入境入情。早在宋代，大儒朱熹就提出了"朱子读书法"，即循序渐进、熟读精思、虚心涵泳、切记体察、着紧用力、居敬持志。朱熹认为读书要涵在作品之中，反复诵读才能感受作品的精彩之处。读书的过程是求精的过程，需细细品味，深入思索，不能盲目贪多。读诗也是如此，需要反复咀嚼，诵读吟咏，才能感受其中的诗味，洗涤自己的心灵。

每次活动都留出尽量充足的时间让学生们大声朗读诗词，鼓励学生进行古诗创意朗读，如配乐、吟诵、表演读、唱读等。学生们在反复朗读之中逐渐走近诗词、走近诗人，通过细细品味词句意象，理解诗词内容画面，体会诗人内心情感，忘却周遭环境，全身心地赏读诗词。教师需要注意对学生朗读的方法指导，比如读准字音（诗词是高度凝练的语言，读准字音有助于准确理解内容）、关注诗题（题目是文章的眼睛，往往能够明确诗词的内容）、把握意象（尤其关注被赋予特定文化内涵的意象）、进入意境（意象组成完整画面，情景交融）等。当学生逐渐形成了自主读诗的方法，可以读懂诗词并体会其中的妙处时，就能提高读诗词的热情，逐渐沉浸在诗词阅读之中。

（三）转换视角，知人论世

知人论世，教师可以补充时代背景、家庭探秘、诗人经历等阅读资料，从社会、家庭等方面帮助学生探求诗人自身的志向追求以及对其性格、志趣的影响。学生在资料充足的情况下，会不自觉地体会作者作诗时的心理状态。

学生们转换读诗视角，将自己化身为诗人，站在诗人的角度，真正了解诗人当时的处境，看到诗人身处的环境风景，切身体会诗人的真实情感，以第一人称写出作者所见、所闻、所感、所想和所悟。

教师随时关注学生状态，在学生不能入境时，适当提示或帮助。比如，教师可以提供容易被学生忽略的背景知识；或者利用多媒体技术，从视觉、听觉等角度多方面调动学生的感官；也可以设置情境帮助学生共情；还可以提供服装或者其他小道具帮助学生进入诗词中，进入诗人的时代……使学生身临其境，对诗歌进行沉浸式体验。教师要积极鼓励，尊重学生在语文学习过程中的独特体验，帮助学生认识到继承和发扬中华优秀文化传统的必要性。

（四）从心演绎，个性表达

提倡学生用多种方式演绎诗词。相较于课堂，课后服务可以给学生更大的展示空间，因此教师要引导学生使用多种方式表达对诗词的理解。学生展现的方式有：诗配画、诗词书签、诗词朗诵、诗词大会、诗词改编剧本及展演等。教师要对学生多鼓励，表扬创意表达，保护学生的积极性。

教师还可以通过设置任务启发学生对阅读的古诗词进行新演绎或再创造，鼓励学生的个性化表达和创新。

下面就是学生将《望岳》改写而成的新诗：

望岳

日暮斜阳，

洒在被树木染绿的岱宗上。

闪耀着点点金光。

山的那面，

一片深绿。

我分不清楚

是太阳斜着照，

还是山峰割开了光。

天边的云，

环绕着山峰，

被夕阳晕上明艳的色彩；

层层叠叠，

自由飘渺。

这怎能不令人

心胸激荡！

最后，汇集学生成果，将其分类整理汇集成册或进行改编剧展演。

四、结语

"双减"背景下，语文教师借助课后服务的时间，使用沉浸式阅读的方式设置恰当的情境,帮助学生入情入理。学生通过真实独特的体验,走进古诗词的情境中,在理解诗意的基础上,发挥想象力沉浸在诗歌的意境和氛围中,体验和理解诗人的际遇、心境,感悟诗歌情感和哲理意蕴,实现跨越时空的共鸣,体会"无限风光在险峰"的成就感。在沉浸体验中,学生能够了解传承优秀传统文化,提升知识涵养,锻炼运用语言的能力,发展多种思维,全面提升语文核心素养。